10 neue Rezept-Ideen für jedes KNORR Fix

Knorr®

Fixibilität®

Das Kochbuch

über 400 Rezepte

10 neue Rezept-Ideen
für jedes KNORR Fix

Rezept Seite 188

Kochspaß ohne Grenzen

südwest

Inhalt

Das ist Kochspaß ohne Grenzen:
Zu jeder Varietät KNORR Fix finden Sie hier
10 neue Rezept-Ideen und viele Tipps.

KNORR Fix für knuspriges Brathähnchen

KNORR Fix für Broccoli-Gratin

KNORR Fix für Chili con Carne

KNORR Fix für Currywurst

KNORR Fix für Geschnetzeltes »Züricher Art«

KNORR Fix für Gulasch

Inhalt

KNORR Fix für Hackbällchen Toscana

KNORR Fix für Hackbraten

KNORR Fix für Hackfleisch »Jäger Art«

KNORR Fix für Hackfleisch-Käse-Suppe mit Lauch

KNORR Fix für Jägerschnitzel

KNORR Fix für Kartoffel-Gratin

KNORR Fix für Kräuter-Rahmschnitzel

Inhalt

KNORR Fix für Kräuter-Sahne-Hähnchen

KNORR Fix für Lachs auf Blattspinat

KNORR Fix für Lachs-Sahne-Gratin

KNORR Fix für Lasagne al forno

KNORR Fix für Nudel-Broccoli-Auflauf

KNORR Fix für Nudel-Hackfleisch-Gratin

KNORR Fix für Nudel-Schinken-Gratin

Inhalt

KNORR Fix für Paprika-Gulasch »Zigeuner Art«

KNORR Fix für Paprika-Rahmschnitzel

KNORR Fix für Pfeffer-Rahm-Medaillons

KNORR Fix für Puten-Geschnetzeltes

KNORR Fix für Rahm-Champignons

KNORR Fix für Ratatouille

KNORR Fix für Rouladen

Inhalt

KNORR Fix für Sauerbraten

KNORR Fix für Schmorbraten

KNORR Fix für Schweinebraten

KNORR Fix für Spaghetti alla Carbonara

KNORR Fix für Spaghetti Bolognese

KNORR Fix für Spaghetti Napoli

KNORR Fix für Spinat-Käse-Suppe

Inhalt

KNORR Fix für Tomaten-Bolognese

KNORR Fix für Tomaten-Mozzarella-Schnitzel

KNORR Fix für knuspriges Wiener Schnitzel

KNORR Fix für Würstchen-Gulasch

KNORR Fix für Zucchini-Pfanne Toscana

KNORR Fix für Zwiebel-Rahmschnitzel

KNORR Fixibilität

Einfach flexibel

Kochbücher gibt es viele. Das Buch, das jetzt vor Ihnen liegt, ist anders als alle anderen. Sein Dreh- und Angelpunkt: KNORR Fixibilität. Was versteckt sich hinter diesem Wort? Eine neue Idee und eine einfallsreiche Art zu kochen.

Monatelang brutzelte und dampfte es in der KNORR Versuchsküche. Was kommt heraus, wenn man mit ein paar frischen Zutaten und einem Beutel KNORR Fix an den Herd geht? Fixibilität! Die Gleichung heißt: KNORR **Fix** plus Flex**ibilität** gleich KNORR **Fixibilität**. Kochspaß ohne Grenzen. In diesem Buch finden Sie das Ergebnis: zu jeder Fix-Varietät 10 neue Rezept-Ideen, also 40 KNORR Fix-Produkte, 40 Kapitel, 400 Rezepte und dazu viele Tipps und Anregungen. Auf diese Weise ist eine abwechslungsreiche Küche entstanden, so intensiv, so einfach und unbeschwert wie keine andere.

Bereiten Sie zum Beispiel mit Ihrem Lieblings-Fix, KNORR Fix für Spaghetti Bolognese, die schnellste Pasta der Welt oder eine pikante Chili-Bolognese mit Oliven, vielleicht auch eine herzhafte Pizza Bolognese. Ganz easy gelingen Bruschetta Bolognese oder der italienische Nudelauflauf – und die griechischen Blätterteigtaschen schmecken mit KNORR Fix für Spaghetti Bolognese super. Einfach fixibel.

Hungrig, müde und keine Lust auf lange Einkaufstouren? Den oft erheblichen Aufwand beim Zubereiten konventioneller Gerichte scheuen viel beschäftigte Genießer gerade im Alltag. Sie möchten ohne Umschweife etwas Selbstgemachtes auf den Tisch bringen. Fixibilität hilft dabei. Die Rezepte in diesem Buch sind vielseitig, modern und überraschend kreativ. Und sie kommen ohne lange Zutatenlisten aus. Wer zum Beispiel zu KNORR Fix für Hackbraten greift, braucht weder Eier, Kräuter noch Zwiebeln für herzhaft-lockere Frikadellen. In jedem Beutel Fix stecken die richtigen Gewürze, die typisch sind für eine jede Spezialität. Ganz gleich, ob Chili con Carne, Ratatouille oder Putengeschnetzeltes, mit KNORR Fix ist's garantiert perfekt gewürzt und gut gebunden.

Auf Wochenmärkten verfällt man leicht in einen Kaufrausch und trägt schnell einen großen Korb mit frischem Gemüse nach Hause. Nicht verzweifeln. Ein kurzer Rundruf – und alle kommen gern zum Essen. Schließlich lassen sich mit KNORR Fix aus der Gemüseküche ohne viel Aufwand die hinreißendsten Gerichte der Saison zaubern. Das finden übrigens nicht nur Vegetarier.

Experimentierfreudige Naturen, die sich mit neu entdeckten Zutaten gern auf unbekanntes Terrain wagen, verbuchen garantiert großen Erfolg beim Kochen, wenn das richtige Fix-Produkt im Spiel ist. Lockt etwa der Supermarkt mit einem Sonderangebot für frischen Lachs? Dann steht am Abend vielleicht ein köstliches Fisch-Gratin auf dem Familientisch – perfekt gelungen, auch wenn es das allererste seiner Art ist. Oder wollen plötzlich alle Schnitzel essen? Kein Thema. Einfach gleich mehrere in den Backofen schieben. Statt neben der Bratpfanne zu stehen und später die Fettspritzer vom Herd zu wischen, können Sie sich mit anderen Dingen vergnügen, bis der Küchenwecker klingelt und Schnitzel plus einer leckeren Sauce fertig sind zum Servieren.

Nichts macht mehr Spaß als ein Abend mit netten Gästen. Hausgemachtes Essen, das duftend und frisch aus der eigenen Küche kommt, trägt viel zur Atmosphäre bei. Soll ein Menü besonders stimmungsvoll geraten, verringert KNORR Fixibilität den Aufwand und sichert den Erfolg. Das ist besonders schön, weil dann Zeit bleibt, den Tisch trendgerecht zu dekorieren. Es lässt sich einfach herrlich genießen, wenn Kochen so fixibel und einfach ist.

EIN BEUTEL FÜR ALLE FÄLLE

Fix-Produkte haben Tradition: Seit 1975 gehören KNORR Fix für Gulasch und KNORR Fix für Sauerbraten zu den beliebtesten Produkten im Supermarkt. Zwei Drittel aller Bundesbürger haben schon einmal zu einem Beutel Fix gegriffen; viele kaufen ihre Lieblingssorten immer wieder. KNORR Fix begleitet die großen kulinarischen Trends Jahr für Jahr mit neuen Varietäten. Ganz gleich, ob prima Pasta, leichte Mittelmeerküche oder pfiffige Gemüsegerichte. Knorr hat zu jeder Zeit für jeden Geschmack das richtige Fix – und ab sofort zu jeder Sorte 10 weitere Rezept-Ideen.

10 Rezept-Ideen

Fix für knuspriges Brathähnchen

Für saftiges Fleisch
und delikate Haut

Zubereitungszeit ca. 40 min

Scharfe Chicken Wings

Pro Portion: 2815 kJ/673 kcal, 42 g E, 53 g F, 8 g KH

Zutaten für 4 Portionen:

1 Beutel KNORR Fix für knuspriges Brathähnchen
5 EL Öl
1 EL flüssiger Honig
2 TL Chilipulver
1 kg Hähnchenflügel (Chicken Wings)
evtl. 1 Limette oder Zitrone

1. Fix für knuspriges Brathähnchen mit Öl, Honig und Chilipulver verrühren. Hähnchenflügel damit bestreichen.
2. Auf einem Backblech ausbreiten und im vorgeheizten Backofen bei 200 °C (Gas Stufe 3, Umluft 175 °C) 25 Minuten braten.
3. Nach Belieben Limette oder Zitrone achteln und zu den Chicken Wings servieren. Zum Essen die Hähnchenflügel evtl. mit Limetten- oder Zitronensaft beträufeln.

Dazu einen Dip aus 150 g Crème fraîche, 2 EL Aprikosenkonfitüre oder Orangenmarmelade und je 1 bis 2 TL Currypulver und Zitronensaft servieren.

tipp

Chicken Wings sind Fingerfood. Sie schmecken am besten aus der Hand.

Zubereitungszeit ca. 1 h 20 min

Zitronen-Hähnchen

Pro Portion: 2810 kJ/674 kcal, 54 g E, 37 g F, 27 g KH

Zutaten für 4 Portionen:

1 Beutel KNORR Fix für knuspriges Brathähnchen
5 EL Olivenöl
1 Hähnchen (ca. 1 kg)
500 g kleine Kartoffeln
1 Bund Frühlingszwiebeln
2 unbehandelte Zitronen
1–2 Zweige Thymian

1. Fix für knuspriges Brathähnchen mit Olivenöl verrühren. Das Hähnchen damit bestreichen und auf ein tiefes Backblech (Fettpfanne) legen.
2. Kartoffeln mit der Schale gründlich waschen, evtl. halbieren und um das Hähnchen verteilen. Im vorgeheizten Backofen bei 200 °C (Gas Stufe 3, Umluft 175 °C) 40 Minuten braten.
3. Frühlingszwiebeln putzen, waschen und in Ringe schneiden, Zitronen in Stücke schneiden. Frühlingszwiebeln, Zitronen und Thymian um das Hähnchen verteilen und weitere 30 Minuten braten, das Gemüse ab und zu wenden.

Zubereitungszeit ca. 60 min

Sesam-Hähnchen mit Auberginengemüse

Pro Portion: 2030 kJ/488 kcal, 32 g E, 35 g F, 10 g KH

Zutaten für 4 Portionen:

1 Beutel KNORR Fix für knuspriges Brathähnchen
8 EL Öl
2 EL Sesamsaat
4 Hähnchenschenkel à 250 g
500 g Auberginen
500 g Zucchini
Salz, Pfeffer
1–2 Zweige Thymian

1. Fix für knuspriges Brathähnchen mit 5 Esslöffel Öl und Sesam vermischen, die Hähnchenschenkel damit bestreichen und auf ein tiefes Backblech (Fettpfanne) legen. Im vorgeheizten Backofen bei 200 °C (Gas Stufe 3, Umluft 175 °C) 30 Minuten braten.
2. Auberginen und Zucchini waschen, putzen, in Würfel schneiden und in restlichem, heißem Öl etwa 2 Minuten dünsten. Mit Salz und Pfeffer würzen.
3. Gemüse und Thymian um die Hähnchenschenkel verteilen und weitere 20 Minuten bei 200 °C braten.

tipp

Hähnchen und Gemüse auf einem Bett aus Langkornreis anrichten. Den Reis beim Kochen mit 1/4 Teelöffel Kurkuma gelb färben.

Zubereitungszeit ca. 30 min

Hähnchenbrustfilet mit Spinatfüllung

Pro Portion: 1300 kJ/315 kcal, 38 g E, 15 g F, 5 g KH

Zutaten für 4 Portionen:

225 g TK-Blattspinat
Salz, Pfeffer, Muskat
2 EL Doppelrahm-Frischkäse
4 Hähnchenbrustfilets à 150 g
1 Beutel KNORR Fix für knuspriges Brathähnchen
5 EL Öl

1. Blattspinat im Topf oder in der Mikrowelle auftauen, gut ausdrücken und mit Salz, Pfeffer und Muskat würzen. Frischkäse darin schmelzen lassen und unterrühren.
2. In jedes Hähnchenbrustfilet von der Seite eine Tasche schneiden. Spinat hineinfüllen und die Öffnung mit Holzspießchen verschließen.
3. Fix für knuspriges Brathähnchen mit Öl verrühren. Hähnchenbrustfilets auf ein Backblech legen und mit der Ölmischung bestreichen. Im vorgeheizten Backofen bei 225 °C (Gas Stufe 4, Umluft 200 °C) in 25 bis 30 Minuten goldbraun backen.

tipp

Die Hähnchenbrust mit Röstkartoffeln und gedünstetem Gemüse anrichten, mit Minze garnieren.

Zubereitungszeit ca. 55 min

Paprika-Hähnchen

Pro Portion: 2510 kJ/602 kcal, 53 g E, 38 g F, 11 g KH

Zutaten für 4 Portionen:

- 1 Hähnchen (ca. 1 kg)
- 1 Beutel KNORR Fix für knuspriges Brathähnchen
- 5 EL Öl
- 2 TL Kreuzkümmel
- je 2 rote und gelbe Paprikaschoten
- 2 rote Zwiebeln
- 1 TL Chilipulver
- Salz, Pfeffer
- 1/8 l (125 ml) Gemüse-Kraftbouillon

tipp

Das Rezept ist ideal für Gäste. Dann die Zutaten verdoppeln und auf einem tiefen Backblech garen.

1. Hähnchen in 6 Teile zerlegen. Fix für knuspriges Brathähnchen mit Öl und Kreuzkümmel verrühren. Hähnchen damit bestreichen und in eine große Auflaufform legen. Im vorgeheizten Backofen bei 200 °C (Gas Stufe 3, Umluft 175 °C) 30 Minuten braten.
2. Inzwischen Paprikaschoten waschen, halbieren, entkernen und klein schneiden. Zwiebeln abziehen und in Spalten schneiden. Gemüse mit Chilipulver, Salz und Pfeffer würzen.
3. Gemüse um das Hähnchen verteilen, Gemüse-Kraftbouillon dazugießen und weitere 20 bis 30 Minuten braten.

Zubereitungszeit ca. 35 min

Chicken Nuggets

Pro Portion: 1195 kJ/287 kcal, 31 g E, 14 g F, 10 g KH

Zutaten für 4 Portionen:

500 g Hähnchenbrustfilet

1 Beutel KNORR Fix für knuspriges Brathähnchen

2–3 EL Öl

3 EL Semmelbrösel

3 EL Chilisauce

3 EL Thousand Island Sauce

3 EL Asiasauce

1. Hähnchenbrustfilets in etwa 3 × 3 Zentimeter große Würfel schneiden. Fix für knuspriges Brathähnchen mit Öl und Semmelbröseln verrühren. Das Fleisch damit bestreichen.
2. Hähnchenbrustwürfel (Nuggets) auf ein Backblech verteilen und im vorgeheizten Backofen bei 200 °C (Gas Stufe 3, Umluft 175 °C) etwa 20 Minuten braten.
3. Die Saucen in kleine Schalen füllen und zu den Nuggets servieren.

tipp

Nuggets lassen sich auch mit Putenbrust zubereiten.

Zubereitungszeit ca. 60 min

Asia-Hähnchen

Pro Portion: 2020 kJ/485 kcal, 37 g E, 35 g F, 5 g KH

Zutaten für 4 Portionen:

1 Beutel KNORR Fix für knuspriges Brathähnchen

5 EL Öl

2 TL Fünf-Gewürze-Pulver

1 EL Sojasauce

4 Hähnchenschenkel à 250 g

1. Fix für knuspriges Brathähnchen mit Öl, Fünf-Gewürze-Pulver und Sojasauce verrühren.
2. Hähnchenschenkel damit bestreichen und nebeneinander auf ein Backblech legen. Im vorgeheizten Backofen bei 200 °C (Gas Stufe 3, Umluft 175 °C) 50 Minuten braten.

Dazu passen Wok-Gemüse und Curryreis.

tipp

Das Fünf-Gewürz besteht aus Sternanis, Fenchel, Zimt, Nelken und Pfeffer.

Zubereitungszeit ca. 60 min

Tomaten-Hähnchen

Pro Portion (bei 4 Port.): 1341 kJ/320 kcal, 37 g E, 16 g F, 7 g KH

Zutaten für 2–3 Portionen:

1 Beutel KNORR Fix für knuspriges Brathähnchen
5 EL Olivenöl
4 Hähnchenbrustfilets à 150 g
3 Fleischtomaten
1 Zucchini
Salz, Pfeffer
1 TL Oregano
2 EL schwarze Oliven

1. Fix für knuspriges Brathähnchen mit Olivenöl verrühren, Hähnchenbrustfilets damit bestreichen und in eine große Auflaufform legen. Im vorgeheizten Backofen bei 200 °C (Gas Stufe 3, Umluft 175 °C) 25 Minuten braten.
2. Fleischtomaten mit kochendem Wasser überbrühen und abziehen. Fruchtfleisch entkernen und in Spalten schneiden. Zucchini waschen, putzen und in dünne Scheiben schneiden.
3. Gemüse mit Salz, Pfeffer und Oregano würzen, zusammen mit den Oliven um die Hähnchenbrustfilets verteilen und weitere 25 Minuten braten. Fleisch in Scheiben schneiden und mit dem Gemüse anrichten.

Gut dazu: Baguette oder Kartoffeln.

tipp

Zum Entsteinen von Oliven einen Kirschentsteiner benutzen.

Zubereitungszeit ca. 35 min

Orangen-Chicken-Wings

Pro Portion: 1480 kJ/355 kcal, 17 g E, 29 g F, 8 g KH

Zutaten für 4 Portionen:

5 EL Öl
1 EL Orangenmarmelade
1 EL Orangensaft
2 TL brauner Zucker
1 Beutel KNORR Fix für knuspriges Brathähnchen
8 Hähnchenflügel (Chicken Wings)
evtl. 1 unbehandelte Orange

1. Öl mit Orangenmarmelade, Orangensaft und Zucker verrühren. Fix für knuspriges Brathähnchen einrühren und die Chicken Wings darin wenden.
2. Die Chicken Wings auf ein Backblech legen und im vorgeheizten Backofen bei 200 °C (Gas Stufe 3, Umluft 175 °C) 25 Minuten braten.
3. Eventuell zum Anrichten die Orange so schälen, dass die weiße Haut mit entfernt wird. Fruchtfilets herausschneiden. Die Chicken Wings mit den Orangenfilets und Streifen von der Schale garnieren.

Gut dazu: frischer Salat.

Zubereitungszeit ca. 60 min

China-Hähnchen

Pro Portion: 2510 kJ/602 kcal, 52 g E, 40 g F, 8 g KH

Zutaten für 4 Portionen:

- 1 Hähnchen (ca. 1 kg)
- 1 Beutel KNORR Fix für knuspriges Brathähnchen
- 6 EL Öl
- 1 TL Cayennepfeffer
- 400 g Chinakohl
- 250 g Möhren
- 1 TL Currypulver
- 1 TL Hühner-Kraftbouillon
- 2 TL Sojasauce

1. Hähnchen in 12 bis 14 Teile zerlegen. Fix für knuspriges Brathähnchen mit 5 Esslöffel Öl und Cayennepfeffer verrühren. Hähnchenteile damit bestreichen und auf ein Backblech legen. Im vorgeheizten Backofen bei 200 °C (Gas Stufe 3, Umluft 175 °C) etwa 50 Minuten braten.
2. Chinakohl waschen, putzen und in Stücke schneiden. Möhren schälen und in Streifen schneiden. Das Gemüse im restlichen, heißen Öl kurz andünsten, Curry darüber stäuben, umrühren und zugedeckt bei schwacher Hitze 5 Minuten garen, dabei falls nötig etwas Wasser zufügen.
3. 1/8 Liter (125 Milliliter) Wasser dazugießen, aufkochen und Hühner-Kraftbouillon einrühren. Gemüse mit Sojasauce würzen und zum Hähnchen servieren.

tipp

Chinakohl liefert reichlich Vitamine und Mineralstoffe. Er ist leichter verdaulich als Weißkohl, schmeckt nur dezent nach Kohl und erzeugt wenig Abfall.

10 Rezept-Ideen

Fix für Broccoli-Gratin

Klassiker der französischen Gemüseküche

Zubereitungszeit ca. 45 min

Broccoli-Schinken-Gratin

Pro Portion: 1380 kJ/331 kcal, 21 g E, 23 g F, 10 g KH

1. Frischen Broccoli putzen, waschen und in Röschen teilen. Für 3 Minuten in kochendes Salzwasser geben. Herausnehmen und abtropfen lassen. Gefrorenen Broccoli auftauen lassen.
2. Schinken würfeln und in einer Pfanne in heißem Öl anbraten. 1/4 Liter (250 Milliliter) kaltes Wasser dazugeben, Fix für Broccoli-Gratin einrühren und 1 Minute kochen. Schmelzkäse in der Sauce schmelzen. Dabei mehrmals umrühren.
3. Broccoli in eine gefettete Auflaufform geben und die Sauce darüber gießen. Im vorgeheizten Backofen bei 225 °C (Gas Stufe 4, Umluft 200 °C) in etwa 20 Minuten goldbraun backen.

Zutaten für 2 Portionen:

- 400 g frischer Broccoli oder 300 g TK-Broccoli
- Salz
- 100 g gekochter Schinken
- 1 EL Öl
- 1 Beutel KNORR Fix für Broccoli-Gratin
- 60 g Sahne-schmelzkäse

tipp

Zur Abwechslung das Gratin mit zarten Romanesco-Röschen zubereiten.

Zubereitungszeit ca. 25 min

Hack-Käse-Suppe

Pro Portion: 1535 kJ/368 kcal, 16 g E, 28 g F, 13 g KH

1. Zwiebel abziehen, würfeln und mit dem Hackfleisch in heißem Öl unter Rühren anbraten. Lauch putzen, waschen, klein schneiden und mitdünsten.
2. 300 Milliliter Wasser und die Milch dazugießen, Fix für Broccoli-Gratin einrühren, aufkochen. Wein zufügen und 1 Minute kochen lassen.
3. Schmelzkäse in der Suppe schmelzen. Mit Salz, Pfeffer und Muskat würzen.

Zutaten für 3 Portionen:

- 1 Zwiebel
- 100 g Hackfleisch
- 1–2 EL Öl
- 250 g Lauch
- 300 ml Milch
- 1 Beutel KNORR Fix für Broccoli-Gratin
- 1–2 EL Weißwein
- 80 g Sahne-schmelzkäse
- Salz, Pfeffer, Muskat

Zubereitungszeit ca. 50 min

Knuspriges Blätterteig-Broccoli-Gratin

Pro Portion (bei 2 Port.): 2075 kJ/496 kcal, 16 g E, 31 g F, 38 g KH

Zutaten für 2–3 Portionen:

400 g frischer Broccoli oder 300 g TK-Broccoli

Salz

1 Beutel KNORR Fix für Broccoli-Gratin

2 TK-Blätterteigplatten (ca. 150 g)

3 EL geriebener Käse

1. Frischen Broccoli putzen, waschen, in Röschen teilen und in kochendem Salzwasser in 3 Minuten bissfest garen. Das Gemüse herausnehmen und abtropfen lassen. Gefrorenen Broccoli auftauen lassen.
2. Fix für Broccoli-Gratin in 1/4 Liter (250 Milliliter) kaltes Wasser einrühren und 1 Minute kochen. Broccoli in eine gefettete Auflaufform geben und die Sauce darüber gießen.
3. Blätterteigplatten in 2 Zentimeter breite Streifen schneiden und gitterförmig auf den Broccoli legen. Käse darüber streuen. Im vorgeheizten Backofen bei 225 °C (Gas Stufe 4, Umluft 200 °C) in 30 bis 35 Minuten goldbraun backen.

tipp

Für längere Teigstreifen den Blätterteig nicht kneten, sondern die Platten aufeinander legen und ausrollen. So behält der Teig seine lockere Konsistenz.

Zubereitungszeit ca. 40 min

Putenschnitzel mit Broccoli-Gratin

Pro Portion (bei 2 Port.): 1850 kJ/445 kcal, 44 g E, 24 g F, 12 g KH

Zutaten für 2–3 Portionen:

400 g frischer Broccoli oder 300 g TK-Broccoli

Salz

1 Beutel KNORR Fix für Broccoli-Gratin

50 g geriebener Käse

2–3 Putenschnitzel à 150 g

2 EL Öl

Salz, Pfeffer

1. Frischen Broccoli putzen, waschen und in Röschen teilen. Für 3 Minuten in kochendes Salzwasser geben. Herausnehmen und abtropfen lassen. Gefrorenen Broccoli auftauen.
2. Fix für Broccoli-Gratin in 1/4 Liter (250 Milliliter) kaltes Wasser einrühren, unter Rühren aufkochen und 1 Minute kochen lassen.
3. Broccoli in eine gefettete flache Auflaufform geben und die Sauce darüber gießen. Mit Käse bestreuen. Im vorgeheizten Backofen bei 225 °C (Gas Stufe 4, Umluft 200 °C) in 15 bis 20 Minuten goldbraun backen.
4. Putenschnitzel in der Pfanne in heißem Öl von beiden Seiten braun braten. Mit Salz und Pfeffer würzen. Broccoli-Gratin als Beilage dazureichen.

Als Hauptgericht mit Kartoffeln servieren.

tipp

Knoblauchfans schneiden 2 abgezogene Zehen in feine Scheiben und mischen sie unter das Gratin.

Zubereitungszeit ca. 55 min

Spargel-Gratin

Pro Portion (bei 2 Port.): 1550 kJ/369 kcal, 30 g E, 20 g F, 17 g KH

Zutaten für 2–3 Portionen:

500 g frischer Spargel oder 350 g TK-Spargel

Salz, Zucker

3-4 Scheiben gekochter Schinken

1 Beutel KNORR Fix für Broccoli-Gratin

1/4 l (250 ml) Milch

evtl. Zitronensaft

2–3 EL geriebener Käse

tipp

Wer Kochschinken nicht so gern mag, wickelt die Spargelstangen in dünne Scheiben von geräucherter Putenbrust.

1. Frischen Spargel schälen, in kochendem Salzwasser mit 1 Prise Zucker 5 Minuten garen. Tiefgefrorenen Spargel auftauen lassen.
2. Jeweils 3 bis 4 Spargelstangen in 1 Scheibe Schinken wickeln. Schinkenrollen in eine gefettete Auflaufform legen.
3. Fix für Broccoli-Gratin in 1/4 Liter (250 Milliliter) Milch einrühren, aufkochen und 1 Minute kochen lassen. Eventuell mit Zitronensaft abschmecken. Sauce über die Schinkenrollen geben und mit Käse bestreuen.
4. Im vorgeheizten Backofen bei 225 °C (Gas Stufe 4, Umluft 200 °C) 25 bis 30 Minuten backen.

Zubereitungszeit ca. 20 min

Würziger Käsespinat

Pro Portion (bei 2 Port.): 1430 kJ/343 kcal, 16 g E, 26 g F, 9 g KH

1. Den frischen Spinat putzen, waschen und kurz in kochendes Salzwasser tauchen. Herausnehmen und abtropfen lassen. TK-Blattspinat im Topf oder in der Mikrowelle auftauen. Spinat in heißem Olivenöl andünsten.
2. 1/4 Liter (250 Milliliter) kaltes Wasser dazugießen, Fix für Broccoli-Gratin einrühren und 2 Minuten kochen. Kurz vor dem Servieren den Käse unter das Gemüse mischen.

   Schmeckt köstlich mit gewürfelten, gekochten Kartoffeln und Spiegelei.

Zutaten für 2–3 Portionen:

500 g frischer Spinat oder 450 g TK-Blattspinat

Salz

2 EL Olivenöl

1 Beutel KNORR Fix für Broccoli-Gratin

70 g geriebener Käse (z.B. Gouda)

tipp

Statt Spiegeleier kurz erwärmte geräucherte Forellenfilets zum Spinat servieren.

Zubereitungszeit ca. 45 min

Rosenkohl-Gratin

Pro Portion (bei 2 Port.): 1920 kJ/459 kcal, 20 g E, 35 g F, 15 g KH

1. Frischen Rosenkohl putzen und etwa 5 Minuten in kochendem Salzwasser garen. Gefrorenen Rosenkohl auftauen lassen. Rosenkohl und den gewürfelten Schinkenspeck in eine gefettete Auflaufform geben.
2. Fix für Broccoli-Gratin in 1/4 Liter (250 Milliliter) kaltes Wasser einrühren, aufkochen und 1 Minute kochen. Sauce über den Rosenkohl gießen und mit Käse bestreuen.
3. Im vorgeheizten Backofen bei 200 °C (Gas Stufe 3, Umluft 175 °C) etwa 20 Minuten überbacken.

Zutaten für 2–3 Portionen:

550 g frischer Rosenkohl oder 450 g TK-Rosenkohl

Salz

50 g gewürfelter Schinkenspeck

1 Beutel KNORR Fix für Broccoli-Gratin

50 g geriebener Käse

tipp

Halbieren Sie die Köhlchen, ist das Gratin schneller gar.

Zubereitungszeit ca. 40 min

Kraut-Nudel-Gratin

Pro Portion: 2540 kJ/608 kcal, 24 g E, 36 g F, 48 g KH

Zutaten für 2 Portionen:

100 g Bandnudeln
Salz
200 g Weißkohl
1 Zwiebel
100 g Schinkenwürfel
1 EL Öl
1 Beutel KNORR Fix für Broccoli-Gratin
100 ml Schlagsahne
3 EL geriebener Käse

tipp

Wer's eilig hat, nimmt Chinakohl. Er ist nach nur einer Minute gar.

1. Bandnudeln in reichlich kochendem Salzwasser bissfest garen und in einem Sieb abgießen.
2. Weißkohl putzen und in Streifen schneiden. Zwiebel abziehen, würfeln und mit den Schinkenwürfeln in heißem Öl anbraten. Weißkohl zugeben und 50 Milliliter Wasser dazugießen. Bei schwacher Hitze 10 Minuten dünsten.
3. 1/4 Liter (250 Milliliter) kaltes Wasser zugießen, Fix für Broccoli-Gratin einrühren und 1 Minute kochen lassen. Sahne unterrühren.
4. Nudeln und Weißkohl in eine gefettete Auflaufform schichten, Käse darüber streuen und im vorgeheizten Backofen bei 225 °C (Gas Stufe 4, Umluft 200 °C) in etwa 10 Minuten goldbraun überbacken.

Zubereitungszeit ca. 50 min

Überbackener Chicorée

Pro Portion (bei 2 Port.): 1485 kJ/354 kcal, 28 g E, 16 g F, 23 g KH

Zutaten für 2–3 Portionen:

200 g mehlig kochende Kartoffeln
3 Chicorée
6 kleine Scheiben gekochter Schinken
1 Beutel KNORR Fix für Broccoli-Gratin
2-3 EL geriebener Käse

tipp

Chicorée mit hellgelben Blattspitzen wählen; grüne sind bitter.

1. Kartoffeln schälen, in dünne Scheiben schneiden oder auf einem Gurkenhobel in Scheiben hobeln. Chicorée waschen, halbieren und den Stielansatz abschneiden. Jede Chicoréehälfte mit 1 Scheibe Schinken umwickeln.
2. Fix für Broccoli-Gratin in 1/4 Liter (250 Milliliter) kaltes Wasser einrühren, aufkochen und 1 Minute kochen.
3. Kartoffelscheiben in eine gefettete Auflaufform geben, Chicorée-Schinken-Rollen darauf verteilen und Sauce darüber gießen. Mit Käse bestreuen und im vorgeheizten Backofen bei 200 °C (Gas Stufe 3, Umluft 175 °C) 25 bis 30 Minuten backen.

Zubereitungszeit ca. 50 min

Schollen-Spinat-Rollen

Pro Portion (bei 2 Port.): 1995 kJ/478 kcal, 43 g E, 27 g F, 13 g KH

Zutaten für 2–3 Portionen:

- 225 g TK-Blattspinat
- 400 g Schollenfilet
- Salz, Pfeffer
- 1 Knoblauchzehe
- Muskat
- 50 g rote Linsen
- 1 Beutel KNORR Fix für Broccoli-Gratin
- 100 ml Schlagsahne
- 1–2 TL körniger Senf
- 2 EL Schnittlauchröllchen

1. Blattspinat im Topf oder in der Mikrowelle auftauen. Schollenfilets salzen und pfeffern.
2. Knoblauchzehe abziehen, fein hacken und mit dem Spinat auf den Filets verteilen. Mit Muskat würzen. Fischscheiben aufrollen, mit Spießchen zustecken und in eine gefettete Auflaufform legen. Linsen darum verteilen.
3. Fix für Broccoli-Gratin in 150 Milliliter kaltes Wasser und Sahne einrühren, aufkochen und 1 Minute kochen. Senf unterrühren und die Sauce über die Schollen-Rollen geben.
4. Im vorgeheizten Backofen bei 200 °C (Gas Stufe 3, Umluft 175 °C) 25 bis 30 Minuten garen. Die Schollen aus der Sauce heben, Linsen mit Schnittlauch und der Sauce auf Teller verteilen. Schollen-Rollen darauf anrichten.

tipp

Die Schollenfilets mit der Hautseite nach innen aufrollen, so halten die Rollen auch ohne Spießchen die Form.

10 Rezept-Ideen

Fix für Chili con Carne

Einfach typisch mexikanisch gewürzt

Zubereitungszeit ca. 25 min

Pikantes Gemüse-Chili

Pro Portion (bei 2 Port.): 895 kJ/214 kcal, 12 g E, 8 g F, 23 g KH

Zutaten für 2–3 Portionen:

je 1 rote und gelbe Paprikaschote
100 g grüne TK-Bohnen
2 EL Öl
1 Beutel KNORR Fix für Chili con Carne
240 g Kidney-Bohnen aus der Dose

1. Paprikaschoten waschen, halbieren, entkernen und in Stücke schneiden. Zusammen mit den grünen Bohnen in heißem Öl andünsten.
2. 400 Milliliter kaltes Wasser dazugießen und Fix für Chili con Carne einrühren. Kidney-Bohnen abtropfen lassen, zugeben und unter Rühren aufkochen. Das Chili zugedeckt bei schwacher Hitze etwa 15 Minuten garen.

tipp

Wer es feurig mag, gart eine der Länge nach halbierte und entkernte Chilischote mit.

Zubereitungszeit ca. 20 min

Tortillas con Carne

Pro Stück: 1345 kJ/321 kcal, 20 g E, 16 g F, 23 g KH

Zutaten für 4 Stück:

200 g Hackfleisch
1 EL Öl
1 Beutel KNORR Fix für Chili con Carne
1 grüne Paprikaschote (ca. 100 g)
250 g Kidney-Bohnen aus der Dose
4 Mais-Tortillas (Fertigprodukt)

1. Hackfleisch in heißem Öl krümelig anbraten. 300 Milliliter kaltes Wasser dazugießen und Fix für Chili con Carne einrühren.
2. Paprikaschote waschen, halbieren, entkernen und würfeln. Kidney-Bohnen abtropfen lassen. Paprikawürfel und Bohnen zum Chili geben und unter Rühren aufkochen. Zugedeckt bei schwacher Hitze 5 Minuten garen. Die Mais-Tortillas mit dem Chili füllen und servieren.

Zusätzlich mit 50 g geriebenem Käse bestreuen und im vorgeheizten Backofen bei 200 °C (Gas Stufe 3, Umluft 175 °C) 15 Minuten überbacken.

tipp

Die Tortillas mal mit Hackfleisch von Lamm oder Pute zubereiten.

Zubereitungszeit ca. 40 min

Chili con Carne mit Schafskäse

Pro Portion (bei 2 Port.): 2425 kJ/579 kcal, 34 g E, 33 g F, 35 g KH

Zutaten für 2–3 Portionen:

300 g Kartoffeln
Salz
200 g Hackfleisch
2 EL Öl
1 Beutel KNORR Fix für Chili con Carne
80 g Tomatenpaprika aus dem Glas
100 g Schafskäse
Petersilie oder Kerbel zum Garnieren

1. Kartoffeln in der Schale in Salzwasser etwa 20 Minuten kochen. Etwas abkühlen lassen, pellen und in Würfel schneiden.
2. Hackfleisch in heißem Öl krümelig anbraten. 300 Milliliter kaltes Wasser dazugießen. Fix für Chili con Carne einrühren, unter Rühren aufkochen und 1 Minute kochen. Die Kartoffeln zufügen.
3. Tomatenpaprika abtropfen lassen, in Streifen schneiden, zum Chili con Carne geben und heiß werden lassen.
4. Schäfskäse zerbröckeln oder grob raspeln und kurz vor dem Servieren auf dem Chili verteilen. Mit Petersilie oder Kerbel garnieren.

tipp

Ideal für viele Gäste: Das Chili lässt sich gut warm halten. Den Käse dann separat dazu servieren.

lecker
wie bei
Gulaschanbr.

Zubereitungszeit ca. 30 min

Chili-Hähnchenbrust mit Honig

Pro Portion: 1800 kJ/431 kcal, 42 g E, 8 g F, 47 g KH

Zutaten für 3 Portionen:

125 g Basmatireis
Salz
3 Hähnchenbrustfilets à 150 g
2 EL Öl
1 Beutel KNORR Fix für Chili con Carne
140 g Mais aus der Dose
1–2 EL Honig
1 EL Aceto balsamico (Balsamessig)
1–2 EL Schlagsahne
evtl. einige Basilikumblätter

1. Reis in kochendem Salzwasser etwa 15 Minuten garen. Hähnchenbrustfilets salzen, in heißem Öl in etwa 15 Minuten rundherum braun braten. Herausnehmen und warm stellen.
2. 3/8 Liter (375 Milliliter) kaltes Wasser in die Pfanne gießen. Fix für Chili con Carne einrühren, unter Rühren aufkochen und zugedeckt bei schwacher Hitze 5 Minuten kochen.
3. Mais abtropfen lassen, zur Chilisauce geben und erwärmen. Mit Honig, Balsamico und Sahne abschmecken. Den Reis abgießen und abtropfen lassen.
4. Das Hähnchenfleisch in mundgerechte Scheiben schneiden und mit Chilisauce und Reis servieren. Nach Belieben mit Basilikumblättchen garnieren.

tipp

Eine edle Abwandlung: Anstelle von Hähnchenfleisch Entenbrust verwenden; je nach Größe der Fleischstücke ggf. einige Minuten länger braten.

Zubereitungszeit ca. 30 min

Chili-Tacos mit Guacamole

Pro Portion (bei 3 Port.): 2985 kJ/715 kcal, 28 g E, 48 g F, 43 g KH

Zutaten für 2–3 Portionen:

1 Knoblauchzehe
250 g Hackfleisch
2 EL Öl
1 Beutel KNORR Fix für Chili con Carne
265 g Kidney-Bohnen aus der Dose
2 Tomaten
1/2 Salatgurke
einige Blätter vom Eisbergsalat
6 Taco-Schalen (Fertigprodukt)
1 kleines Glas Guacamole (Avocado-Creme)

tipp

Guacamole selber machen: Das Fruchtfleisch 1 Avocado mit 1 EL Zwiebelwürfel, etwas Knoblauch, Salz, Pfeffer und 1 Spritzer Zitrone verrühren.

1. Knoblauchzehe abziehen, fein hacken und mit dem Hackfleisch in heißem Öl anbraten. 300 Milliliter kaltes Wasser dazugießen, Fix für Chili con Carne einrühren.
2. Bohnen abtropfen lassen, zugeben und unter Rühren aufkochen. Zugedeckt bei schwacher Hitze 5 Minuten kochen.
3. Tomaten mit kochendem Wasser überbrühen und abziehen. Fruchtfleisch würfeln und zum Fleisch geben. Gurke waschen, halbieren, entkernen, grob raspeln und mit jeweils 2 bis 3 Blättern Eisbergsalat und dem Chili auf vorgewärmte Taco-Schalen verteilen. Die Guacamole dazu servieren.

Zubereitungszeit ca. 30 min

Chili-Nudelsalat

Pro Portion: 1724 kJ/413 kcal, 20 g E, 15 g F, 49 g KH

Zutaten für 4 Portionen:

250 g Nudeln (z.B. Penne)
Salz
200 g Hackfleisch
2 EL Öl
250 g grüne TK-Bohnen
1 Beutel KNORR Fix für Chili con Carne
100 g Tomatenpaprika aus dem Glas
2 EL Aceto balsamico (Balsamessig)
1–2 EL Olivenöl

1. Nudeln in reichlich Salzwasser bissfest garen und in einem Sieb abgießen.
2. Hackfleisch in heißem Öl krümelig anbraten. Gefrorene Bohnen zufügen und 300 Milliliter kaltes Wasser dazugießen. Fix für Chili con Carne einrühren, unter Rühren aufkochen und zugedeckt bei schwacher Hitze etwa 10 Minuten kochen.
3. Tomatenpaprika in Streifen schneiden, mit Nudeln und dem Chili vermischen. Mit Balsamico und Olivenöl abschmecken. Den Salat 2 bis 3 Stunden durchziehen lassen.

Zubereitungszeit ca. 25 min

Chili mit Mais und Reis

Pro Portion (bei 2 Port.): 3090 kJ/741 kcal, 36 g E, 30 g F, 79 g KH

Zutaten für 2–3 Portionen:

125 g Reis
Salz
1 grüne Paprikaschote (ca. 150 g)
200 g Hackfleisch
2 EL Öl
1 Beutel KNORR Fix für Chili con Carne
140 g Mais aus der Dose
265 g Kidney-Bohnen aus der Dose

1. Den Reis in reichlich Salzwasser etwa 20 Minuten kochen.
2. Die Paprikaschote waschen, halbieren, entkernen und würfeln. Paprikawürfel mit Hackfleisch in heißem Öl anbraten. 300 Milliliter kaltes Wasser dazugießen und Fix für Chili con Carne einrühren.
3. Mais und Bohnen in einem Sieb abtropfen lassen, zufügen und unter Rühren aufkochen. Zugedeckt bei schwacher Hitze 5 Minuten garen. Das Gemüse-Chili auf dem abgetropften Reis anrichten.

Zubereitungszeit ca. 30 min

Schnitzel mexicano

Pro Portion: 1330 kJ/318 kcal, 35 g E, 11 g F, 19 g KH

Zutaten für 4 Portionen

1 grüne Paprikaschote
4 Schweineschnitzel à 125 g
2 EL Öl
140 g Mais aus der Dose
140 g Kidney-Bohnen aus der Dose
250 g weiße Bohnen aus der Dose
1 Beutel KNORR Fix für Chili con Carne

1. Paprikaschote waschen, halbieren, entkernen und in Streifen schneiden. Schweineschnitzel in heißem Öl braten, herausnehmen und warm stellen. Paprikastreifen in die Pfanne geben und 3 bis 5 Minuten dünsten.
2. Mais und Bohnen abtropfen lassen und zugeben. 300 Milliliter kaltes Wasser dazugießen, Fix für Chili con Carne einrühren und unter Rühren aufkochen. Zugedeckt bei schwacher Hitze 5 Minuten garen. Das Chili-Gemüse zu den Schnitzeln servieren.

Zubereitungszeit ca. 30 min

Lamm-Chili mit Kürbis

Pro Portion: 1355 kJ/324 kcal, 32 g E, 11 g F, 24 g KH

Zutaten für 2 Portionen:

200 g Lammfleisch
2 EL Öl
1 Beutel KNORR Fix für Chili con Carne
265 g Kidney-Bohnen aus der Dose
200 g gewürfelte Kürbisstücke aus dem Glas
1 TL Honig

1. Lammfleisch in kleine Würfel schneiden und in heißem Öl rundherum anbraten. 300 Milliliter Wasser dazugießen, Fix für Chili con Carne einrühren und unter Rühren aufkochen.
2. Bohnen und Kürbisstücke abtropfen lassen und zum Lammfleisch geben. Alles zugedeckt bei schwacher Hitze 20 Minuten garen. Eventuell etwas Wasser nachgießen. Das Lamm-Chili mit Honig abschmecken.

Dazu schmecken Salzkartoffeln.

Zubereitungszeit ca. 20 min

Chili-Würstchen-Pfanne

Pro Portion: 1615 kJ/386 kcal, 18 g E, 26 g F, 20 g KH

Zutaten für 3 Portionen:

2 Paar Wiener Würstchen

2 EL Öl

1 grüne Paprikaschote (ca. 150 g)

1 Beutel KNORR Fix für Chili con Carne

240 g Kichererbsen aus der Dose

1–2 EL Crème fraîche

1. Würstchen schräg in Stücke schneiden, in heißem Öl anbraten. Paprikaschote waschen, halbieren und entkernen. Paprikahälften in Streifen schneiden, zu den Würstchen geben und mitdünsten.
2. 300 Milliliter kaltes Wasser dazugießen. Fix für Chili con Carne einrühren, unter Rühren aufkochen und zugedeckt bei schwacher Hitze 5 Minuten kochen.
3. Abgetropfte Kichererbsen zufügen und in der Sauce heiß werden lassen. Mit Crème fraîche abschmecken.

Dazu passt frisches Bauernbrot.

tipp

Probieren Sie das Gericht einmal mit Merguez, den würzig-deftigen Würstchen aus Lammfleisch.

10 Rezept-Ideen

Fix für Currywurst

Gekonnt gewürzt für beliebte Kreationen

Zubereitungszeit ca. 25 min

Klassisches Schaschlik

Pro Portion: 980 kJ/234 kcal, 15 g E, 13 g F, 14 g KH

Zutaten für 2 Portionen:

250 g Schweinefleisch (z.B. Nackensteak)

Salz, Pfeffer

je 1 kleine grüne und gelbe Paprikaschote

2 EL Öl

1 Beutel KNORR Fix für Currywurst

1. Schweinefleisch in etwa 2 × 2 Zentimeter große Würfel schneiden und mit Salz und Pfeffer würzen. Paprikaschoten waschen, halbieren, entkernen und in Stücke schneiden. Fleischwürfel und Paprikastücke abwechselnd auf 4 Spieße stecken.
2. Spieße in heißem Öl rundherum ca. 10 Minuten braten oder unter dem vorgeheizten Grill grillen. Fix für Currywurst in 200 Milliliter Wasser einrühren, unter Rühren aufkochen und 1 Minute kochen. Schaschlikspieße mit der Sauce servieren.

Gut dazu: Pommes frites.

tipp

Auch köstlich: Zwiebelschaschlik. Dafür 1/2 Gemüsezwiebel in passende Stücke schneiden und mit aufspießen.

Zubereitungszeit ca. 30 min

Bratwurst-Curry

Pro Portion: 1215 kJ/291 kcal, 10 g E, 23 g F, 12 g KH

Zutaten für 3 Portionen:

150 g Lauch

150 g Möhren

9 Nürnberger Rostbratwürstchen

2 EL Öl

1 Beutel KNORR Fix für Currywurst

1. Lauch putzen, waschen und in Ringe schneiden. Möhren schälen und in dünne Scheiben schneiden.
2. Bratwürstchen in einer Pfanne in heißem Öl braun anbraten und herausnehmen. Das Gemüse im restlichen Bratfett andünsten.
3. 300 Milliliter Wasser zugießen und Fix für Currywurst einrühren. Unter Rühren aufkochen und zugedeckt bei schwacher Hitze etwa 10 Minuten kochen.
4. Die Würstchen in Scheiben schneiden und in der Sauce heiß werden lassen.

Dazu passt: Kartoffelpüree.

tipp

Zur Dekoration die Bratwurst mit mildem Curry oder Edelsüß-Paprika bestäuben.

Zubereitungszeit ca. 30 min

Zucchini-Hackbällchen in Currysauce

Pro Portion (bei 3 Port.): 1395 kJ/333 kcal, 20 g E, 21 g F, 16 g KH

Zutaten für 2–3 Portionen:

100 g Zucchini
250 g Hackfleisch
1 Ei
3 EL Semmelbrösel
Salz, Pfeffer
2–3 EL Öl
1 Beutel KNORR Fix für Currywurst

1. Zucchini waschen, putzen, in Würfel schneiden. Das Hackfleisch mit Ei, Semmelbröseln und Zucchiniwürfeln verkneten. Mit Salz und Pfeffer kräftig würzen.
2. 14 bis 15 Hackbällchen formen und in einer Pfanne in heißem Öl rundherum ca. 15 Minuten braten. Hackbällchen herausnehmen.
3. 200 Milliliter Wasser in die Pfanne gießen. Fix für Currywurst einrühren, unter Rühren aufkochen und bei schwacher 1 Minute kochen. Hackbällchen in der Sauce erwärmen.

Gut dazu: Bandnudeln.

tipp

Schmeckt auch mit Geflügelfleisch. Dafür Puten- oder Hähnchenfilet würfeln und im Blitzhacker (Cutter) zu Hack zerkleinern.

Zubereitungszeit ca. 35 min

Wurstschnecken mit Curry-Gemüse-Ragout

Pro Portion: 2090 kJ/499 kcal, 18 g E, 35 g F, 27 g KH

Zutaten für 2 Portionen:

2 Bratwurstschnecken
1–2 EL Öl
1 rote Paprikaschote (ca. 150 g)
150 g Zucchini
140 g Mais aus der Dose
1 Beutel KNORR Fix für Currywurst

1. Bratwurstschnecken in einer Pfanne in heißem Öl von jeder Seite etwa 4 Minuten braten. Herausnehmen und warm stellen.
2. Paprikaschote waschen, halbieren, entkernen und in Stücke schneiden. Zucchini waschen, putzen und in Stifte schneiden. Mais abtropfen lassen und zusammen mit Paprika und Zucchini im Bratfett 5 bis 10 Minuten dünsten.
3. 200 Milliliter Wasser dazugießen, Fix für Currywurst einrühren, aufkochen und bei schwacher Hitze 1 Minute kochen. Curry-Gemüse-Ragout zu den Wurstschnecken servieren.

Gut dazu: geröstetes Bauernbrot oder Salzkartoffeln.

tipp

Für eine gleichmäßig knusprige braune Haut die Wurst vor dem Braten mit einem scharfen Messer mehrfach schräg anritzen.

Zubereitungszeit ca. 25 min

Ungarischer Bohnentopf

Pro Portion: 2455 kJ/586 kcal, 23 g E, 43 g F, 27 g KH

Zutaten für 2 Portionen:

200 g Cabanossi oder Debreziner Wurst

1 gelbe Paprikaschote

1 EL Öl

1 Beutel KNORR Fix für Currywurst

250 g weiße Bohnen aus der Dose

evtl. 1 rote Chilischote

tipp

Der Bohnentopf lässt sich gut vorbereiten. Als Partygericht ist er nicht zu schlagen.

1. Wurst in Scheiben schneiden. Paprikaschote waschen, halbieren, entkernen und in Stücke schneiden. Beides in heißem Öl anbraten.
2. 200 Milliliter Wasser dazugießen und Fix für Currywurst einrühren. Unter Rühren aufkochen und bei schwacher Hitze 1 Minute kochen.
3. Bohnen abtropfen lassen, dazugeben und etwa 1 Minute weiterkochen. Nach Belieben mit fein geschnittener Chilischote bestreuen.

Gut dazu: Baguette.

Zubereitungszeit ca. 25 min

Paprika-Fleischkäse

Pro Portion: 1520 kJ/363 kcal, 14 g E, 27 g F, 16 g KH

Zutaten für 2 Portionen:

- 1 gelbe Paprikaschote
- 1 Zwiebel
- 1 dicke Scheibe Fleischkäse (ca. 150–200 g)
- 2 EL Öl
- 1 Beutel KNORR Fix für Currywurst

1. Paprikaschote waschen, halbieren, entkernen und in Streifen schneiden. Zwiebel abziehen, halbieren und in Scheiben schneiden. Fleischkäse in 4 Dreiecke schneiden, dafür die Scheibe zweimal diagonal durchschneiden.
2. Paprikastreifen und Zwiebelscheiben in heißem Öl anbraten, Fleischkäse dazugeben und braten. Fleischkäse und Gemüse herausnehmen und warm stellen.
3. 200 Milliliter Wasser in die Pfanne gießen und Fix für Currywurst einrühren. Unter Rühren aufkochen und bei schwacher Hitze 1 Minute kochen lassen. Sauce über den Fleischkäse gießen.

Dazu schmecken deftige Bauernbrotscheiben oder knusprige Bratkartoffeln.

tipp

Mit fertig gekauften Röstzwiebeln oder mit gerösteten Kürbiskernen bestreuen.

Zubereitungszeit ca. 25 min

Vegetarisches Curry

Pro Portion: 1240 kJ/296 kcal, 6 g E, 13 g F, 38 g KH

Zutaten für 2 Portionen:

- 1 rote Paprikaschote (ca. 200 g)
- 1 EL Öl
- 1 Beutel KNORR Fix für Currywurst
- 140 g Aprikosenhälften aus der Dose
- 2 EL Rosinen
- 2 EL Mandelstifte
- evtl. Kreuzkümmel
- Schnittlauch zum Garnieren.

1. Paprikaschote waschen, halbieren, entkernen und in Stücke schneiden. In einer Pfanne in heißem Öl 5 bis 8 Minuten braten.
2. 1/4 Liter (250 Milliliter) Wasser dazugießen, Fix für Currywurst einrühren, unter Rühren aufkochen und bei schwacher Hitze 1 Minute kochen.
3. Die Aprikosenhälften abtropfen lassen und in Spalten schneiden. Zusammen mit den Rosinen und Mandelstiften in die Sauce geben. Bei schwacher Hitze 5 Minuten weitergaren. Nach Belieben mit Kreuzkümmel abschmecken und mit Schnittlauch garnieren.

Zubereitungszeit ca. 40 min

Bunte Würstchenspieße

Pro Portion (bei 2 Port.): 1875 kJ/448 kcal, 16 g E, 32 g F, 24 g KH

Zutaten für 2–3 Portionen:

1 kleine grüne Paprikaschote

10 Cocktailtomaten

2 Pfirsichhälften aus der Dose

180 g Cocktailwürstchen aus dem Glas

2 EL Öl

1 Beutel KNORR Fix für Currywurst

evtl. 1–2 EL Pfirsichsaft

1. Paprikaschote waschen, halbieren, entkernen und in Würfel schneiden. Cocktailtomaten waschen. Pfirsichhälften in Spalten schneiden.
2. Würstchen und Paprikawürfel, Cocktailtomaten und Pfirsichspalten abwechselnd auf Schaschlik-Spieße stecken. Spieße in heißem Öl rundherum braten, aus der Pfanne nehmen und warm stellen.
3. 200 Milliliter Wasser in die Pfanne gießen. Fix für Currywurst einrühren und unter Rühren aufkochen. Bei schwacher Hitze 1 Minute kochen. Sauce nach Belieben mit Pfirsichsaft abschmecken und zu den Spießen servieren.

Dazu passen Pommes frites oder Reis.

Zubereitungszeit ca. 20 min

Apfel-Currywurst

Pro Portion (bei 2 Port.): 2865 kJ/683 kcal, 26 g E, 57 g F, 19 g KH

Zutaten für 2–3 Portionen:

2 Bockwürste

1 roter Apfel

40 g durchwachsener Speck

1 Beutel KNORR Fix für Currywurst

evtl. Majoran zum Garnieren

1. Bockwürste in Scheiben schneiden. Apfel waschen, vierteln und das Kerngehäuse entfernen. Fruchtfleisch in kleine Stücke schneiden.
2. Speck würfeln und in einer Pfanne ohne Fett knusprig braten. Wurstscheiben und Apfelstücke dazugeben und dünsten.
3. 200 Milliliter Wasser dazugießen, Fix für Currywurst einrühren, unter Rühren aufkochen und bei schwacher Hitze 1 Minute kochen. Nach Belieben mit Majoran garnieren.

Dazu passt: Kartoffelpüree.

tipp

Säuerliche Äpfel wie Boskop oder Cox schmecken geschmort am besten.

Zubereitungszeit ca. 30 min

Orientalisches Curry

Pro Portion: 2415 kJ/579 kcal, 36 g E, 31 g F, 37 g KH

Zutaten für 2 Portionen:

100 g Trockenfrüchte (z.B. Pflaumen, Äpfel, Aprikosen)

300 g Schweinenacken

Salz, Pfeffer

2 EL Öl

2 EL Pinien- oder Erdnusskerne

1 Beutel KNORR Fix für Currywurst

evtl. Zimt und Korianderblättchen

1. Die Trockenfrüchte evtl. klein schneiden. Schweinenacken in 2 Zentimeter große Würfel schneiden. Fleisch mit Salz und Pfeffer würzen und in einer Pfanne in heißem Öl rundherum braun anbraten.
2. 300 Milliliter Wasser dazugießen und die Trockenfrüchte und Kerne dazugeben. Fix für Currywurst einrühren und unter Rühren aufkochen. Zugedeckt bei schwacher Hitze 5 bis 10 Minuten kochen. Nach Belieben mit Zimt abschmecken und mit Korianderblättchen garnieren.

Gut dazu: Basmatireis.

tipp

Gibt zusätzliches Aroma: Ein Stück Schale von einer unbehandelten Zitrone oder Limette mitkochen.

10 Rezept-Ideen

Fix für Geschnetzeltes »Züricher Art«

Immer ganz besonders sahnig

Zubereitungszeit ca. 30 min

Geschnetzeltes mit Apfel

Pro Portion (bei 2 Port.): 1585 kJ/380 kcal, 29 g E, 22 g F, 17 g KH

1. Schnitzel in Streifen schneiden und in einer Pfanne in heißem Öl bei starker Hitze anbraten. Das Fleisch herausnehmen und warm stellen.
2. Apfel waschen, vierteln, entkernen und in Spalten schneiden. Apfelspalten im Bratfett kurz anbraten, herausnehmen und zum Fleisch legen.
3. 1/4 Liter (250 Milliliter) kaltes Wasser in die Pfanne gießen und Fix für Geschnetzeltes »Züricher Art« einrühren. Unter Rühren aufkochen und 1 Minute kochen lassen. Fleisch und Apfelspalten mit der Sauce anrichten.

   Dazu passen Rösti, z.B. von Pfanni.

Zutaten für 2–3 Portionen:

250 g Schnitzel (Kalb oder Schwein)

2 EL Öl

1 roter Apfel

1 Beutel KNORR Fix für Geschnetzeltes »Züricher Art«

tipp

Dazu ein Glas französischen Cidre oder deutschen Apfelwein servieren.

Zubereitungszeit ca. 30 min

Rouladenspieße

Pro Portion (bei 3 Port.): 2785 kJ/665 kcal, 59 g E, 42 g F, 14 g KH

1. Schweineschnitzel der Länge nach halbieren. Zucchini waschen, putzen und in dicke Scheiben schneiden. Mozzarella ebenfalls in Scheiben schneiden, die Schnitzel damit belegen und aufrollen.
2. Abwechselnd Fleischröllchen, Cocktailtomaten und Zucchinischeiben auf Spieße stecken und in heißem Öl rundherum braten. Spieße aus der Pfanne nehmen und warm stellen.
3. 1/4 Liter (250 Milliliter) kaltes Wasser in die Pfanne gießen, Fix für Geschnetzeltes »Züricher Art« einrühren, unter Rühren aufkochen und 1 Minute kochen lassen. Mit Basilikumblättern bestreuen.

   Gut dazu: Reis, z.B. eine Mischung aus Langkorn- und Wildreis.

Zutaten für 2–3 Portionen:

4 dünne Schweineschnitzel à 100 g

1 kleine Zucchini

125 g Mozzarella

8 Cocktailtomaten

2–3 EL Öl

1 Beutel KNORR Fix für Geschnetzeltes »Züricher Art«

Basilikumblätter

tipp

Falls nötig, die Schnitzel vor dem Füllen mit dem Handballen flach klopfen.

lecker!

Zubereitungszeit ca. 45 min

Überbackene Schnitzel mit Gemüse

Zutaten für 4 Portionen:

4 Kalbsschnitzel à 50–60 g
Salz, Pfeffer
250 g Champignons
1 Bund Frühlingszwiebeln
2 EL Öl
2 mehlig kochende Kartoffeln
1 Beutel KNORR Fix für Geschnetzeltes »Züricher Art«
1/4 l (250 ml) Schlagsahne
2 EL geriebener Käse
Kräuter zum Garnieren

Pro Portion: 1900 kJ/455 kcal, 20 g E, 34 g F, 17 g KH

1. Kalbsschnitzel halbieren, mit Salz und Pfeffer würzen. Champignons und Frühlingszwiebeln putzen, waschen, in Stücke schneiden und in einer Pfanne in heißem Öl kurz und kräftig andünsten.
2. Die Kartoffeln schälen und in feine Scheiben hobeln. Champignons, Frühlingszwiebeln, Kartoffeln und die Schnitzelhälften in eine gefettete große Auflaufform geben.
3. Fix für Geschnetzeltes »Züricher Art« mit Sahne verrühren und gleichmäßig über Fleisch und Gemüse geben. Käse darüber streuen und im vorgeheizten Backofen bei 225 °C (Gas Stufe 4, Umluft 200 °C) 20 bis 25 Minuten backen. Mit Kräutern bestreut anrichten.

tipp

Das geht schnell: Champignons mit einem Eierschneider in gleichmäßige Scheiben schneiden.

Zubereitungszeit ca. 25 min

Blätterteigpasteten »Züricher Art«

Pro Portion: 2240 kJ/537 kcal, 31 g E, 32 g F, 31 g KH

Zutaten für 3 Portionen:

6 Blätterteigpasteten (150 g)
250 g Putenschnitzel
2 EL Öl
150 g TK-Erbsen
Salz und Pfeffer
1 Beutel KNORR Fix für Geschnetzeltes »Züricher Art«
evtl. 2 EL Weißwein
evtl. gehackte Petersilie

1. Blätterteigpasteten im vorgeheizten Backofen erwärmen.
2. Putenfleisch in feine Streifen schneiden und in einer Pfanne in heißem Öl bei starker Hitze kurz braten. Gefrorene Erbsen zugeben und etwa 2 Minuten dünsten. Mit Salz und Pfeffer abschmecken.
3. 200 Milliliter kaltes Wasser dazugießen und Fix für Geschnetzeltes »Züricher Art« einrühren. Unter Rühren aufkochen und bei schwacher Hitze etwa 5 Minuten kochen. Nach Belieben mit Weißwein verfeinern.
4. Geschnetzeltes in die warmen Pasteten füllen. Nach Belieben mit Petersilie bestreut servieren.

tipp

Probieren Sie dazu einen frischen, jungen Weißwein aus der Schweiz, z.B. einen Fendant.

Zubereitungszeit ca. 35 min

Spinat-Gnocchi

Pro Portion (bei 2 Port.): 2400kJ/576kcal, 47g E, 26g F, 37g KH

Zutaten für 2–3 Portionen:

225g TK-Blattspinat
400g Gnocchi aus dem Kühlregal
Salz
250g Putenschnitzel
2 EL Öl
1 Beutel KNORR Fix für Geschnetzeltes »Züricher Art«
20–30g geriebener Parmesan

tipp

Zu den Gnocchi einen gut gekühlten Roséwein aus der Provence oder aus Nordspanien servieren.

1. Blattspinat im Topf oder in der Mikrowelle auftauen. Gnocchi in reichlich kochendem Salzwasser garen.
2. Putenschnitzel in Streifen schneiden und in heißem Öl rundherum braun anbraten. 1/4 Liter (250 Milliliter) kaltes Wasser dazugießen, Fix für Geschnetzeltes »Züricher Art« einrühren, unter Rühren aufkochen und 1 Minute kochen.
3. Blattspinat zugeben und in der Sauce erhitzen. Mit Gnocchi anrichten und mit Parmesankäse bestreuen.

Zubereitungszeit ca. 25 min

Nudel-Rahm-Pfanne

Pro Portion: 3815 kJ/912 kcal, 24 g E, 47 g F, 98 g KH

Zutaten für 4 Portionen:

500 g Nudeln (z.B. Penne)
Salz
2 Stangen Lauch
4 Möhren
2 EL Öl
1 Knoblauchzehe
Salz, Pfeffer
400 ml Schlagsahne
1 Beutel KNORR Fix für Geschnetzeltes »Züricher Art«
Basilikumblätter

1. Nudeln in reichlich Salzwasser bissfest garen und in einem Sieb abgießen. Lauch und Möhren putzen, waschen und klein schneiden.
2. Das Gemüse in einer großen Pfanne in heißem Öl andünsten. Knoblauchzehe abziehen, fein hacken und zum Gemüse geben. Mit Salz und Pfeffer würzen. Sahne dazugießen, Fix für Geschnetzeltes »Züricher Art« einrühren und unter Rühren aufkochen.
3. Nudeln mit dem Gemüserahm vermischen. Mit Basilikumblättern bestreut servieren.

Zubereitungszeit ca. 35 min

Gefüllte Schnitzel

Pro Portion: 2275 kJ/546 kcal, 28 g E, 45 g F, 8 g KH

Zutaten für 3 Portionen:

3 dünn geschnittene Schweineschnitzel à 100 g
3 dünne Scheiben durchwachsener Speck
250 g Lauch
Salz, Pfeffer
4 EL Öl
250 g Champignons
1 Beutel KNORR Fix für Geschnetzeltes »Züricher Art«

1. Auf jedes Schnitzel 1 Speckscheibe legen. Lauch putzen, waschen und in feine Streifen schneiden. Lauchstreifen in einer Pfanne in 2 Esslöffel heißem Öl andünsten und auf den Schnitzeln verteilen.
2. Die Schnitzel zusammenklappen, mit Holzspießchen zustecken und mit Salz und Pfeffer würzen. Schnitzel in restlichem, heißen Öl braten, herausnehmen und warm stellen.
3. Champignons putzen, vierteln und im Bratfett anbraten. 1/4 Liter (250 Milliliter) kaltes Wasser in die Pfanne gießen. Fix für Geschnetzeltes »Züricher Art« einrühren und unter Rühren aufkochen. Zugedeckt bei schwacher Hitze etwa 5 Minuten garen. Schnitzel mit der Sauce servieren.

tipp

Dazu passt ein feines Kartoffel-Gratin.

Zubereitungszeit ca. 30 min

Pasta in Gemüserahm

Pro Portion (bei 2 Port.): 3210 kJ/768 kcal, 21 g E, 36 g F, 88 g KH

Zutaten für 2–3 Portionen:

200 g Bandnudeln
Salz
200 g Zucchini
200 g Möhren
2 EL Öl
1 Beutel KNORR Fix für Geschnetzeltes »Züricher Art«
50 g gehackte Walnüsse
1–2 EL Zitronensaft

1. Bandnudeln in reichlich Salzwasser bissfest garen und in einem Sieb abgießen.
2. Zucchini und Möhren waschen, putzen und auf einem Gemüsehobel in dünne Scheiben hobeln oder in feine Scheiben schneiden In einer Pfanne in heißem Öl 5 bis 8 Minuten dünsten.
3. 1/4 Liter (250 Milliliter) kaltes Wasser dazugießen und Fix für Geschnetzeltes »Züricher Art« einrühren. Unter Rühren aufkochen und 2 bis 3 Minuten kochen lassen. Walnüsse zugeben und die Sauce mit Zitronensaft abschmecken. Bandnudeln mit der Gemüsesauce anrichten.

Zubereitungszeit ca. 35 min

Champignonragout

Pro Portion (bei 2 Port.): 3096 kJ/739 kcal, 24 g E, 37 g F, 80 g KH

Zutaten für 2–3 Portionen:

1 Packung PFANNI Semmelknödel in Kochbeuteln (6 Stück)
Salz
1 Zwiebel
500 g Champignons
2 EL Öl
Pfeffer
1 Beutel KNORR Fix für Geschnetzeltes »Züricher Art«
3 EL gehackte Petersilie

1. Die Knödel in kaltem Salzwasser 10 Minuten quellen lassen. Sprudelnd aufkochen und 10 Minuten bei schwacher Hitze ziehen lassen.
2. Inzwischen die Zwiebel abziehen und würfeln, Champignons putzen und evtl. halbieren. Beides in einer Pfanne in heißem Öl braten, mit Salz und Pfeffer würzen.
3. 1/4 Liter (250 Milliliter) kaltes Wasser dazugießen und Fix für Geschnetzeltes »Züricher Art« einrühren. Unter Rühren aufkochen und 1 Minute kochen lassen. Petersilie dazugeben. Semmelknödel und Champignonragout zusammen anrichten.

Zubereitungszeit ca. 45 min

Gefüllte Koteletts

Pro Portion: 2510 kJ/602 kcal, 42 g E, 44 g F, 9 g KH

Zutaten für 3 Portionen:

3 Schweinekoteletts à 200–250 g

150 g Schafskäse

3 Tomaten

3 EL gehackte Petersilie

1 EL Mandelblättchen

3 EL Olivenöl

Thymian

Salz, Pfeffer

1 Beutel KNORR Fix für Geschnetzeltes »Züricher Art«

1. In die Koteletts vom Rand zum Knochen je eine tiefe Tasche schneiden.
2. Schafskäse mit einer Gabel zerdrücken. 2 Tomaten waschen, putzen, entkernen und würfeln. Schafskäse, Tomatenwürfel, 2 Esslöffel Petersilie, Mandelblättchen und 1 Esslöffel Olivenöl verrühren, mit Thymian, Salz und Pfeffer abschmecken. Koteletts damit füllen und die Taschen mit Garn zunähen oder mit Spießen verschließen.
3. Koteletts in restlichem, heißem Öl bei mittlerer Hitze von jeder Seite 5 bis 7 Minuten braten. 1/4 Liter (250 Milliliter) kaltes Wasser dazugießen, Fix für Geschnetzeltes »Züricher Art« einrühren und unter Rühren aufkochen. Zugedeckt bei schwacher Hitze etwa 1 Minute garen.
4. Restliche Tomate mit kochendem Wasser überbrühen, abziehen, klein schneiden und in der Sauce erwärmen. Restliche Petersilie darüberstreuen.

Dazu passen grüne Bohnen und Salzkartoffeln.

tipp

Zu den Koteletts ein Pilsner Bier oder einen trockenen Wein servieren, z.B. einen Grauburgunder aus Württemberg.

10 Rezept-Ideen

Fix für Gulasch

Da bleibt keine
Gulasch-Idee offen

Zubereitungszeit ca. 1 h 20 min

Kalbsgulasch

Pro Portion: 1540 kJ/368 kcal, 27 g E, 23 g F, 11 g KH

Zutaten für 4 Portionen:

1 Zwiebel
500 g Kalbsgulasch
2 EL Öl
50 ml Weißwein
1/8 l (125 ml) Schlagsahne
1 Beutel KNORR Fix für Gulasch
1–2 EL Rosinen
1–2 EL Mandelstifte
Pfeffer
1–2 TL Zitronensaft
1/2 TL Kreuzkümmel
1/2 TL Koriander

1. Zwiebel abziehen und würfeln. Mit dem Kalbsgulasch in heißem Öl anbraten.
2. Weißwein, Sahne und 1/8 Liter (125 Milliliter) Wasser dazugießen, aufkochen und Fix für Gulasch einrühren. Zugedeckt bei schwacher Hitze 1 Stunde garen.
3. 10 Minuten vor Ende der Garzeit Rosinen und Mandelstifte zufügen. Mit Pfeffer, Zitronensaft, Kreuzkümmel und Koriander würzen.

Zubereitungszeit ca. 1 h 45 min

Gulasch-Kartoffel-Suppe

Pro Portion: 1485 kJ/355 kcal, 29 g E, 16 g F, 23 g KH

1. Zwiebel abziehen, würfeln und mit dem Gulasch in heißem Öl anbraten. 1 Liter Wasser (1000 Milliliter) zugießen, aufkochen und Fix für Gulasch einrühren. Zugedeckt bei schwacher Hitze 1 1/2 Stunden garen.
2. Kartoffeln schälen und in Würfeln schneiden. Paprikaschote waschen, halbieren, entkernen und ebenfalls würfeln. Nach etwa 1 Stunde ins Gulasch geben und mitgaren.
3. Die Suppe mit Tomatenmark, Salz, Pfeffer und Paprikapulver abschmecken.

Zutaten für 4 Portionen:

1 Zwiebel
500 g gemischtes Rinder- und Schweinegulasch
2 EL Öl
1 Beutel KNORR Fix für Gulasch
500 g mehlig kochende Kartoffeln
1 grüne Paprikaschote
1 EL Tomatenmark
Salz, Pfeffer, Paprikapulver

Zubereitungszeit ca. 1 h 40 min

Lammgulasch mit Fenchel und Zucchini

Pro Portion: 1165 kJ/279 kcal, 28 g E, 13 g F, 9 g KH

Zutaten für 4 Portionen:

2 Knoblauchzehen
500 g Lammgulasch
2 EL Olivenöl
1/8 l (125 ml) Rotwein
1 Beutel KNORR Fix für Gulasch
300 g Zucchini
150 g Fenchel
Salz, Pfeffer
getrockneter Thymian

1. Knoblauchzehen abziehen und zerdrücken. Mit dem Lammgulasch in heißem Öl anbraten.
2. Rotwein und 3/8 Liter (375 Milliliter) Wasser zugießen, aufkochen, Fix für Gulasch einrühren und zugedeckt bei schwacher Hitze 1 1/2 Stunden garen.
3. Zucchini und Fenchel waschen und putzen. Zucchini in Stifte und Fenchel in Streifen schneiden. Beide Gemüse 20 Minuten vor Ende der Garzeit zum Gulasch geben. Mit Salz, Pfeffer und Thymian abschmecken.

Dazu schmecken neue Kartoffeln, halbiert und mit Schale angebraten.

tipp

Zum Kochen und zum Trinken denselben Rotwein verwenden, am besten einen tiefroten, z.B. aus Navarra oder dem französischen Languedoc.

Zubereitungszeit ca. 1 h 50 min

Schweinegulasch »Jäger Art«

Pro Portion: 1605 kJ/384 kcal, 29 g E, 27 g F, 6 g KH

Zutaten für 4 Portionen:

400 g Champignons
50 g Speckwürfel
2 EL Öl
500 g Schweine-gulasch
1 Beutel KNORR Fix für Gulasch
2 EL gehackte Petersilie

1. Champignons putzen und in Scheiben schneiden. Speckwürfel in einem Topf in heißem Öl bei mittlerer Hitze ausbraten. Champignonscheiben im Speckfett anbraten und herausnehmen.
2. Schweinegulasch im Bratfett anbraten. 1/2 Liter (500 Milliliter) Wasser zugießen, aufkochen und Fix für Gulasch einrühren. Zugedeckt bei schwacher Hitze 1 1/2 Stunden garen.
3. Champignons und Speck zum fertigen Gulasch geben und darin erwärmen. Mit Petersilie bestreuen und servieren.

tipp

Dazu ein helles Bier oder ein Glas Tomatensaft mit viel Pfeffer servieren.

Zubereitungszeit ca. 1 h 50 min

Wildgulasch mit Rotwein

Pro Portion: 1410 kJ/337 kcal, 28 g E, 17 g F, 14 g KH

Zutaten für 4 Portionen:

50 g Speckwürfel
1 Zwiebel
500 g Wildbret-Gulasch (z.B. Hirsch oder Damwild)
1/8 l (125 ml) Rotwein
1 Beutel KNORR Fix für Gulasch
1 Lorbeerblatt
2–3 Nelken
4 Wacholderbeeren
2 TL Senf
4–6 EL Wild-preiselbeeren

tipp

Gefrorenes Wildgulasch schmeckt besonders zart, wenn es Zeit hatte, langsam im Kühlschrank aufzutauen.

1. Speckwürfel in einem Topf ausbraten. Zwiebel abziehen, in Spalten schneiden und zusammen mit dem Wildbret-Gulasch ins Fett geben und anbraten.
2. 3/8 Liter (375 Milliliter) Wasser und Rotwein zugießen, aufkochen und Fix für Gulasch einrühren. Lorbeerblatt, Nelken und Wacholderbeeren zufügen. Zugedeckt bei schwacher Hitze 1 1/2 Stunden garen.
3. Gulasch mit Senf abschmecken und mit Preiselbeeren servieren.

Gut dazu: Knödel halb und halb, z.B. von Pfanni.

Zubereitungszeit ca. 1 h 45 min

Zwiebel-Rinder-Gulasch

Pro Portion: 1245 kJ/297 kcal, 27 g, 15 g F, 10 g KH

1. Knoblauchzehe abziehen und zerdrücken. Mit dem Rindergulasch in heißem Olivenöl anbraten. 3/8 Liter (375 Milliliter) Wasser und Rotwein dazugießen, aufkochen und Fix für Gulasch einrühren.
2. Zimt, Lorbeerblatt und Tomatenmark zum Gulasch geben. Zugedeckt bei schwacher Hitze 1 Stunde garen.
3. Schalotten abziehen, halbieren, zufügen und weitere 30 Minuten garen. Mit Salz abschmecken.

Zutaten für 4 Portionen:

1 Knoblauchzehe
500 g Rindergulasch
2 EL Olivenöl
1/8 l (125 ml) Rotwein
1 Beutel KNORR Fix für Gulasch
1/2 TL Zimt
1 Lorbeerblatt
2 EL Tomatenmark
250 g Schalotten
Salz

tipp

Probieren Sie dazu einen griechischen Weißwein, z.B. den geharzten Retsina.

Zubereitungszeit ca. 1 h 45 min

Gulasch provençal

Pro Portion: 1279 kJ/304 kcal, 27 g E, 18 g F, 8 g KH

1. Schweinegulasch in heißem Öl anbraten. 1/2 Liter (500 Milliliter) Wasser dazugießen, aufkochen und Fix für Gulasch einrühren. Zugedeckt bei schwacher Hitze 1 Stunde garen.
2. Gemüse waschen und putzen, die Zwiebel abziehen. Zwiebel und Paprikaschote in Spalten, Zucchini in kleine Würfel schneiden.
3. Knoblauchzehe abziehen, zerdrücken und zusammen mit dem Gemüse und den Kräutern der Provence zum Gulasch geben. Weitere 30 Minuten garen. Mit Pfeffer abschmecken.

Gut dazu: knuspriges Baguette.

Zutaten für 4 Portionen:

500 g Schweinegulasch
2 EL Öl
1 Beutel KNORR Fix für Gulasch
1 rote Zwiebel
1 gelbe Paprikaschote
1 Zucchini
1 Knoblauchzehe
1 1/2 TL Kräuter der Provence
Pfeffer

Zubereitungszeit ca. 1 h 40 min

Mexikanisches Gulasch

Pro Portion: 1680 kJ/402 kcal, 31 g E, 21 g F, 21 g KH

Zutaten für 4 Portionen:

500 g Schweinegulasch
2 EL Öl
1 Beutel KNORR Fix für Gulasch
285 g Mais aus der Dose
250 g Kidney-Bohnen aus der Dose
Chilipulver, Salz
1–2 EL Crème fraîche

1. Schweinegulasch in heißem Öl anbraten. 1/2 Liter (500 Milliliter) Wasser zugießen, aufkochen und Fix für Gulasch einrühren. Zugedeckt bei schwacher Hitze 1 1/2 Stunden garen.
2. Mais und Kidney-Bohnen in einem Sieb abtropfen lassen und 5 Minuten vor Ende der Garzeit zugeben. Mit Chilipulver und Salz abschmecken und mit einem Klecks Crème fraîche servieren.

Zubereitungszeit ca. 30 min

Putengulasch mit Apfel

Pro Portion: 1025 kJ/247 kcal, 32 g, 8 g F, 11 g KH

Zutaten für 4 Portionen:

500 g Putengulasch
2 EL Öl
1 Beutel KNORR Fix für Gulasch
1 großer Apfel (ca. 250 g)
1–2 TL Currypulver
2 TL Schlagsahne
1 EL Weißwein

tipp

Für gelben Reis etwas gemahlenes Kurkuma (Gelbwurz) ins Kochwasser geben.

1. Putengulasch in heißem Öl anbraten. 1/2 Liter (500 Milliliter) Wasser zugießen, aufkochen und Fix für Gulasch einrühren. Zugedeckt bei schwacher Hitze 30 Minuten garen.
2. Apfel waschen, vierteln, entkernen und in Stücke schneiden. Mit Curry ins Gulasch geben, kurz mitgaren und mit Sahne und Weißwein abschmecken.

Gut dazu: Reis.

Zubereitungszeit ca. 1 h 40 min

Kartoffel-Kraut-Gulasch

Pro Portion: 1415 kJ/338 kcal, 28 g E, 17 g F, 17 g KH

Zutaten für 4 Portionen:

500 g Schweinegulasch

2 EL Öl

1 Beutel KNORR Fix für Gulasch

400 g Kartoffeln

285 g Sauerkraut aus der Dose

tipp

Die Sauce wird cremig, wenn man 2 Esslöffel Crème fraîche hineinrührt.

1. Schweinegulasch in heißem Öl anbraten. 1/2 Liter (500 Milliliter) Wasser zugießen, aufkochen und Fix für Gulasch einrühren. Zugedeckt bei schwacher Hitze 1 1/2 Stunden garen.
2. Kartoffeln schälen und würfeln. Nach 1 Stunde Garzeit die Kartoffelwürfel und das Sauerkraut zugeben und 30 Minuten mitgaren.

10 Rezept-Ideen

Fix für Hackbällchen Toscana

Echte Lieblingsgerichte
und viel Genuss

Zubereitungszeit ca. 50 min

Minzbraten Toscana

Pro Portion (bei 3 Port.): 1918 kJ/458 kcal, 35 g E, 27 g F, 18 g KH

Zutaten für 2–3 Portionen:

400 g Hackfleisch
50 g Magerquark oder Ricotta
50 g Speckwürfel
4–5 Zweige Minze
2–3 Zweige Thymian
Salz, Pfeffer
2 EL Öl
1 Beutel KNORR Fix für Hackbällchen Toscana
100 ml Schlagsahne

1. Hackfleisch mit Magerquark und Speckwürfeln vermischen. Kräuterblättchen abzupfen, hacken und unter das Hackfleisch mischen. Mit Salz und Pfeffer würzen und aus dem Teig einen Laib formen.
2. Hackbraten in einem Bräter in heißem Öl rundum anbraten. Fix für Hackbällchen Toscana mit 250 Milliliter Wasser und der Schlagsahne verrühren und den Braten damit begießen.
3. Im vorgeheizten Backofen bei 200 °C (Gas Stufe 3, Umluft 175 °C) etwa 40 Minuten garen.

Dazu passen grüne Bandnudeln.

tipp

Anstelle von frischer Minze den Inhalt eines Tee-Aufgussbeutels verwenden.

Zubereitungszeit ca. 25 min

Scharfe Maiskolben

Pro Portion (bei 3 Port.): 1462 kJ/349 kcal, 11 g E, 21 g F, 28 g KH

Zutaten für 2–3 Portionen:

80 g durchwachsener Speck
1 Zwiebel
1 EL Olivenöl
1–2 getrocknete Chilischoten
100 ml Schlagsahne
1 Beutel KNORR Fix für Hackbällchen Toscana
100 g Cocktailtomaten
4 große Maiskolben aus der Dose
1–2 EL Butter oder Margarine
1 EL Zucker
Salz, Pfeffer

1. Speck in kleine Würfel schneiden. Zwiebel abziehen, würfeln und mit dem Speck in heißem Olivenöl anbraten. Chilischoten zerdrücken und zugeben.
2. 200 Milliliter Wasser und Schlagsahne zugießen, Fix für Hackbällchen Toscana einrühren und aufkochen lassen. Tomaten waschen, in Scheiben schneiden, zugeben und bei schwacher Hitze 1 bis 2 Minuten garen.
3. Maiskolben abtropfen lassen und in zerlassenem Fett rundherum goldgelb braten. Zucker darüber streuen und kurz bräunen lassen. Mit Salz und Pfeffer würzen. Mais in Stücke schneiden und in der Sauce servieren. Dazu passen Baguette oder Ofenkartoffeln.

Zubereitungszeit ca. 55 min

Gebackene Tomaten mit Hack-Nudel-Füllung

Pro Portion (bei 3 Port.): 2219 kJ/529 kcal, 22 g E, 36 g F, 30 g KH

Zutaten für 2–3 Portionen:

60 g kleine Nudeln (z.B. Muscheln)
Salz
4–6 Tomaten
Pfeffer
1 Zwiebel
100 g Hackfleisch
1 EL Öl
1 EL fein geschnittener Salbei
125 g Mozzarella
1 Beutel KNORR Fix für Hackbällchen Toscana
200 ml Schlagsahne

1. Nudeln in reichlich Salzwasser bissfest garen und in einem Sieb abtropfen.
2. Tomaten waschen, jeweils einen Deckel abschneiden und mit einem Teelöffel aushöhlen. Tomaten innen salzen und pfeffern. Zwiebel abziehen, fein würfeln und mit dem Hackfleisch in heißem Öl anbraten. Salbei und Nudeln darunter mischen. Mozzarella würfeln, zugeben und mit Salz und Pfeffer würzen.
3. Tomaten mit der Hack-Nudel-Mischung füllen und in eine flache Auflaufform setzen. Fix für Hackbällchen Toscana mit Schlagsahne und 50 Milliliter Wasser verrühren, über die Tomaten gießen und die Tomatendeckel aufsetzen.
4. Die Tomaten im vorgeheizten Backofen bei 200 °C (Gas Stufe 3, Umluft 175 °C) 20 bis 25 Minuten backen.

tipp

Nach demselben Rezept kleine Patisson-Kürbisse füllen.

Zubereitungszeit ca. 35 min

Hackbällchen in Tomaten-Mango-Ragout

Pro Portion (bei 3 Port.): 1687 kJ/403 kcal, 28 g E, 22 g F, 22 g KH

Zutaten für 2–3 Portionen:

- 350 g Hackfleisch
- 1 Eigelb
- Salz, Pfeffer
- 2 EL Öl
- 1 Mango
- 100 g Cocktailtomaten
- 1 kleine grüne Chilischote
- 50 ml Schlagsahne
- 1 Beutel KNORR Fix für Hackbällchen Toscana
- 2–3 TL Mango-Chutney
- evtl. 1 EL gehackte Petersilie

1. Hackfleisch mit Eigelb vermischen und mit Salz und Pfeffer würzen. Etwa 10 Bällchen formen und in heißem Öl rundum anbraten. Herausnehmen.
2. Mango schälen, das Fruchtfleisch vom Kern lösen und in Spalten schneiden. Cocktailtomaten waschen und vierteln. Chilischote längs halbieren, entkernen und fein schneiden. Chili und Mango im heißen Bratfett anbraten. 200 Milliliter Wasser und Schlagsahne zugießen, Fix für Hackbällchen Toscana einrühren und aufkochen.
3. Tomaten zugeben und etwa 3 Minuten garen. Hackbällchen im Ragout kurz ziehen lassen. Mit Mango-Chutney, Salz und Pfeffer abschmecken und nach Belieben mit Petersilie bestreuen.

Dazu passt Reis.

tipp

Anstelle von Mango 300 bis 400 Gramm Pfirsiche oder Nektarinen verwenden.

Zubereitungszeit ca. 1 h 20 min

Gefüllte Auberginen

Pro Portion (bei 3 Port.): 1978 kJ/472 kcal, 34 g E, 26 g F, 25 g KH

Zutaten für 2–3 Portionen:

2 Auberginen à 300 g
Salz
2 Frühlingszwiebeln
300 g Hähnchenbrustfilet
1 EL Olivenöl
250 g weiße Bohnen aus der Dose
Pfeffer
1 Beutel KNORR Fix für Hackbällchen Toscana
200 ml Schlagsahne
evtl. 4–5 Salbeiblätter

tipp

Zur Abwechslung statt der Auberginen 3 mittelgroße Zucchini füllen.

1. Auberginen längs halbieren, die Schnittflächen mit Salz bestreuen und etwa 30 Minuten ziehen lassen. Trockentupfen und mit einem Teelöffel das Innere der Frucht aushöhlen, dabei einen 1 Zentimeter dicken Rand stehen lassen. Das Innere grob hacken.
2. Frühlingszwiebeln putzen, waschen und in Ringe schneiden. Hähnchenbrustfilet würfeln und in heißem Olivenöl anbraten. Zwiebelringe und gehackte Auberginen kurz mitdünsten. Bohnen untermischen. Mit Salz und Pfeffer würzen.
3. Die ausgehöhlten Auberginen mit der Mischung füllen und in eine flache Auflaufform setzen. Fix für Hackbällchen Toscana mit Schlagsahne und 50 Milliliter Wasser verrühren und darüber gießen. Im vorgeheizten Backofen bei 200 °C (Gas Stufe 3, Umluft 175 °C) etwa 35 Minuten garen. Nach Belieben mit Salbeiblättern garnieren.

Zubereitungszeit ca. 25 min

Rahm-Champignons

Pro Portion (bei 3 Port.): 1366 kJ/325 kcal, 10 g E, 26 g F, 13 g KH

Zutaten für 2–3 Portionen:

400 g Champignons
1 große Zwiebel
1–2 Knoblauchzehen
50 g Schinkenspeckwürfel
1–2 EL Olivenöl
200 ml Schlagsahne
1 Beutel KNORR Fix für Hackbällchen Toscana
evtl. 1 EL geriebener Parmesan
evtl. Basilikum

1. Champignons putzen und vierteln. Zwiebel und Knoblauchzehen abziehen. Zwiebel in dünne Ringe schneiden, Knoblauch fein hacken. Zusammen mit dem Speck in heißem Olivenöl kräftig anbraten.
2. 150 Milliliter Wasser und die Schlagsahne zugießen. Fix für Hackbällchen Toscana einrühren, aufkochen und bei schwacher Hitze etwa 5 Minuten kochen. Nach Belieben mit Parmesan und Basilikumblättchen bestreuen.

Dazu passen Nudeln, Reis oder Baguette.

tipp

Statt Basilikum frisch abgezupfte Bohnenkrautblättchen mitgaren.

Zubereitungszeit ca. 35 min

Risotto »Toscana«

Pro Portion (bei 3 Port.): 2835 kJ/677 kcal, 20 g E, 34 g F, 65 g KH

Zutaten für 2–3 Portionen:

1 kleine Zwiebel
1 EL Butter oder Margarine
150 g Rundkornreis (Risottoreis)
100 ml Weißwein
400 ml KNORR Fleisch-Suppe
1 Knoblauchzehe
1 EL Öl
225 g TK-Blattspinat
200 ml Schlagsahne
1 Beutel KNORR Fix für Hackbällchen Toscana
Salz, Pfeffer
evtl. 1–2 EL geriebener Parmesan

1. Zwiebel abziehen, fein würfeln und in heißem Fett glasig dünsten. Reis zugeben und glasig rösten. Weißwein und Fleisch-Suppe zugießen. Reis zugedeckt bei schwacher Hitze etwa 20 bis 25 Minuten gar ziehen lassen.
2. Knoblauchzehe abziehen und fein hacken. In heißem Öl andünsten. Blattspinat zugeben, auftauen und garen. 200 Milliliter Wasser und Schlagsahne zugießen, Fix für Hackbällchen Toscana einrühren und aufkochen. Mit Salz und Pfeffer würzen.
3. Reis in tiefe Teller verteilen, Spinat-Tomaten-Sauce dazu servieren und nach Belieben mit Parmesan bestreuen.

Zubereitungszeit ca. 40 min

Nudelnester-Gratin

Pro Portion (bei 3 Port.): 2753 kJ/657 kcal, 29 g E, 24 g F, 80 g KH

Zutaten für 2–3 Portionen:

300 g schmale Bandnudeln (z.B. Tagliatelle)
Salz
100 g gekochter Schinken
2 Frühlingszwiebeln
1 Beutel KNORR Fix für Hackbällchen Toscana
100 ml Schlagsahne
125 g Mozzarella

tipp

Kleine Tomaten zwischen die Nudelnester setzen.

1. Bandnudeln in reichlich Salzwasser bissfest garen und in einem Sieb abtropfen. Nudeln portionsweise in einer flachen Auflaufform mit einer Fleischgabel zu kleinen Nestern drehen.
2. Schinken in Würfel schneiden. Frühlingszwiebeln putzen, waschen und in Ringe schneiden. Fix für Hackbällchen Toscana mit 150 Milliliter Wasser und Sahne verrühren. Alles aufkochen, Schinkenwürfel und Frühlingszwiebelringe unterrühren.
3. Mozzarella in Würfel schneiden. Sauce und Käsewürfel auf die Nudelnester verteilen. Im vorgeheizten Backofen bei 200 °C (Gas Stufe 3, Umluft 175 °C) etwa 10 Minuten gratinieren.

Zubereitungszeit ca. 25 min

Feta mit Paprikagemüse

Pro Portion (bei 3 Port.): 2465 kJ/588 kcal, 27 g E, 47 g F, 15 g KH

Zutaten für 2–3 Portionen:

2 EL Semmelbrösel
1 TL getrockneter Thymian
1 Eiweiß
2 Scheiben Schafskäse à 200 g
1 gelbe und 1 rote Paprikaschote
3 EL Olivenöl
100 ml Schlagsahne
1 Beutel KNORR Fix für Hackbällchen Toscana
Kräuter zum Garnieren

1. Semmelbrösel mit Thymian mischen. Eiweiß verquirlen. Schafskäse erst im Eiweiß, dann in der Bröselmischung wenden und gut andrücken.
2. Paprikaschoten waschen, halbieren, entkernen und würfeln. In 1 Esslöffel heißem Olivenöl andünsten. 150 Milliliter Wasser und Sahne zugießen, Fix für Hackbällchen Toscana einrühren und aufkochen. Bei schwacher Hitze etwa 5 Minuten garen.
3. Den panierten Käse im restlichen, heißen Olivenöl bei schwacher Hitze von beiden Seiten goldgelb braten. Mit Paprikagemüse und Kräutern anrichten.

Zubereitungszeit ca. 25 min

Hack-Tomaten-Suppe

Pro Portion (bei 3 Port.): 2195 kJ/524 kcal, 5 g E, 19 g F, 25 g KH

Zutaten für 2–3 Portionen:

1 Bund Suppengrün
1 Knoblauchzehe
2 Zwiebeln
300 g Hackfleisch
1 EL Öl
1/8 l (125 ml) Rotwein
1 Beutel KNORR Fix für Hackbällchen Toscana
1–2 EL gehackte Kräuter, (z.B. Petersilie und Schnittlauch)
100 g Crème fraîche

1. Suppengrün putzen, waschen und klein schneiden. Knoblauchzehe und Zwiebeln abziehen und hacken. Hackfleisch in heißem Öl krümelig braten.
2. Gemüse, Zwiebeln und Knoblauch zufügen und kurz mitbraten. Rotwein und 3/8 Liter (375 Milliliter) Wasser zugießen, Fix für Hackbällchen Toscana einrühren, aufkochen und bei schwacher Hitze etwa 5 Minuten garen.
3. Kräuter und Crème fraîche in die Suppe rühren.

Gut dazu: Baguette oder Ciabattabrot.

tipp

Im Winter sind die Suppengrünbunde häufig sehr klein. Nehmen Sie dann einfach zwei.

10 Rezept-Ideen

Fix für Hackbraten

**Hinreißend herzhaft,
locker zuzubereiten**

Zubereitungszeit ca. 30 min

Knusper-Hackbällchen

Pro Portion: 2060 kJ/493 kcal, 28 g E, 36 g F, 16 g KH

Zutaten für 4 Portionen:

3–4 kleine Tomaten
1 Möhre (ca. 150 g)
1 kleine Salatgurke
1 Beutel KNORR Fix für Hackbraten
50 g gehackte Haselnüsse
500 g Hackfleisch
2 EL Öl
16 Basilikumblätter

1. Tomaten waschen, Möhre und Gurke schälen. Die Möhre raspeln, Gurke und Tomaten in etwa 1 Zentimeter dicke Scheiben schneiden.
2. Fix für Hackbraten in 1/8 Liter (125 Milliliter) lauwarmes Wasser einrühren. Möhrenraspel, Haselnüsse und Hackfleisch dazugeben und gut vermischen. Etwa 16 Hackbällchen formen und in heißem Öl rundherum braun braten.
3. Mit einem Holzspieß auf jede Gurkenscheibe 1 Hackbällchen und 1 Tomatenscheibe stecken. Mit 1 Basilikumblatt garnieren.

tipp

Die Hackbällchen eignen sich sowohl als Partysnack wie auch als Vorspeise oder zum Aperitif.

Zubereitungszeit ca. 25 min

Frikadellen »Hawaii«

Pro Stück: 1250 kJ/298 kcal, 18 g E, 19 g F, 15 g KH

Zutaten für 6 Stück:

140 g Ananasscheiben aus der Dose
1 Beutel KNORR Fix für Hackbraten
500 g Hackfleisch
1 TL Currypulver
evtl. 2–3 EL Öl
einige Salatblätter

1. Ananas abtropfen lassen und 50 Milliliter Saft auffangen. Ananas in kleine Stücke schneiden.
2. Fix für Hackbraten in den Ananassaft und 75 Milliliter warmes Wasser einrühren. Hackfleisch, Ananasstücke und Curry dazugeben. Alles gut vermischen.
3. Frikadellen formen, flach drücken und unter dem vorgeheizten Grill von jeder Seite etwa 5 Minuten grillen oder in heißem Öl braten. Mit Salatblättern anrichten.

Dazu schmeckt frisches Weißbrot.

tipp

Geben Sie grob gehackte Pinienkerne oder Macadamia-Nüsse in den Teig.

Zubereitungszeit ca. 55 min

Paprikaschoten mit Hack-Mais-Füllung

Pro Portion: 1740 kJ/416 kcal, 29 g E, 24 g F, 22 g KH

Zutaten für 4 Portionen:

je 2 rote und gelbe Paprikaschoten

1 Beutel KNORR Fix für Hackbraten

500 g Hackfleisch

140 g Mais aus der Dose

1 Msp. Cayennepfeffer

1. Paprikaschoten waschen, halbieren und entkernen.
2. Fix für Hackbraten in 1/8 Liter (125 Milliliter) lauwarmes Wasser einrühren. Hackfleisch, abgetropften Mais und Cayennepfeffer dazugeben. Alles gut vermischen.
3. Die Hackmischung in die Paprikahälften füllen. Das Gemüse in eine gefettete Auflaufform setzen und im vorgeheizten Backofen bei 200 °C (Gas Stufe 3, Umluft 175 °C) etwa 40 Minuten garen.

tipp

Servieren Sie dazu bunten Blattsalat. Das Dressing machen Sie im Handumdrehen aus 1 Beutel KNORR Salatkrönung®.

Zubereitungszeit ca. 35 min

Königsberger Klopse in Kapernsauce

Pro Portion: 1985 kJ/474 kcal, 27 g E, 28 g F, 28 g KH

Zutaten für 4 Portionen:

1 Beutel KNORR Fix für Hackbraten

3 EL Kapern

500 g Hackfleisch

1 TL Salz

5 gehäufte EL MONDAMIN Fix-Soßenbinder, hell

50 ml Schlagsahne

Pfeffer

Zitronensaft

1. Fix für Hackbraten und 1 Esslöffel Kapern in 1/8 Liter (125 Milliliter) lauwarmes Wasser einrühren. Hackfleisch dazugeben, gut vermischen und etwa 12 Klopse formen.
2. 3/4 Liter (750 Milliliter) Wasser und Salz aufkochen, die Klopse hineingeben. Bei schwacher Hitze 10 bis 15 Minuten ziehen lassen und herausnehmen.
3. Das Kochwasser aufkochen und mit Fix-Soßenbinder binden. Sahne zugießen und mit restlichen Kapern, Salz, Pfeffer und Zitronensaft abschmecken. Die Klopse in der Sauce kurz erhitzen.

Dazu schmecken Salzkartoffeln oder Reis.

tipp

Ins Kochwasser für die Klopse 2 bis 3 frische Lorbeerblätter geben.

Zubereitungszeit ca. 60 min

Hackfleischtaschen

Pro Stück: 1165 kJ/278 kcal, 12 g E, 17 g F, 18 g KH

Zutaten für 12 Stück:

450 g TK-Blätterteig
12 Cocktailtomaten
1 Ei
1 Beutel KNORR Fix für Hackbraten
1 Knoblauchzehe
400 g Hackfleisch
1/2 TL Oregano
100 g geriebener Gouda

tipp

Hackfleischtaschen sind ein echter Partyhit. Pro Person etwa 3 Stück kalkulieren.

1. Blätterteig auftauen. Cocktailtomaten waschen. Ei trennen. Fix für Hackbraten in 1/8 Liter (125 Milliliter) lauwarmes Wasser einrühren. Knoblauchzehe abziehen, zerdrücken und Hackfleisch und Oregano dazugeben. Alles gut vermischen.
2. Blätterteig in 12 Quadrate teilen. Jeweils in die Mitte der Teigstücke etwas Fleischmasse und 1 Cocktailtomate geben. Die Ränder mit verquirltem Eiweiß bestreichen und den Teig zu Dreiecken zusammenfalten. Die Ränder festdrücken.
3. Blätterteigstücke mit Eigelb bestreichen und mit Käse bestreuen. Im vorgeheizten Backofen bei 200 °C (Gas Stufe 3, Umluft 175 °C) 25 bis 30 Minuten backen.

Zubereitungszeit ca. 40 min

Gemüse-Hackburger

Pro Portion: 1580 kJ/377 kcal, 27 g E, 23 g F, 16 g KH

Zutaten für 4 Portionen:

200 g TK-Gemüse-Mischung (z.B. Broccoli, Möhren, Bohnen)
4 kleine Tomaten
einige Blätter von Batavia- oder Friséesalat
4 Hamburger-Brötchen
1 Beutel KNORR Fix für Hackbraten
500 g Hackfleisch
2–3 EL Öl
4 Scheiben Schmelzkäse

1. Gemüse-Mischung auftauen lassen. Tomaten und Salatblätter waschen. Tomaten in Scheiben schneiden. Hamburger-Brötchen aufbacken.
2. Fix für Hackbraten in 1/8 Liter (125 Milliliter) lauwarmes Wasser einrühren. Hackfleisch und Gemüse dazugeben und gut vermischen. 4 Frikadellen formen und in heißem Öl von beiden Seiten 5 bis 8 Minuten braten.
3. Die Hamburger-Brötchen mit Salatblättern, Frikadellen, Schmelzkäse- und Tomatenscheiben belegen.

Zubereitungszeit ca. 50 min

Hackbraten mit Schafskäse

Pro Portion: 2020 kJ/482 kcal, 35 g E, 32 g F, 14 g KH

Zutaten für 4 Portionen:

1 Beutel KNORR Fix für Hackbraten
200 g Schafskäse
500 g Hackfleisch

1. Fix für Hackbraten in 1/8 Liter (125 Milliliter) lauwarmes Wasser einrühren. Schafskäse würfeln und mit dem Hackfleisch dazugeben. Alles gut vermischen.
2. Aus der Masse mit angefeuchteten Händen einen Laib formen und in einen gefetteten Bräter oder auf ein Backblech legen. Im vorgeheizten Backofen bei 200 °C (Gas Stufe 3, Umluft 175 °C) etwa 40 Minuten garen.

tipp

Servieren Sie als Beilage geröstete Kartoffelwürfel mit einer würzigen Remoulade.

Zubereitungszeit ca. 60 min

Hackpizza mit Gemüse

Pro Portion: 1905 kJ/455 kcal, 33 g E, 29 g F, 16 g KH

Zutaten für 8 Portionen:

2 Beutel KNORR Fix für Hackbraten
1 kg Hackfleisch
2 TL Oregano
2 Knoblauchzehen
5 Tomaten (ca. 400 g)
1 Zucchini (ca. 350 g)
1 gelbe Paprikaschote (ca. 150 g)
Salz, Pfeffer
150 g geriebener Käse

1. Fix für Hackbraten in 1/4 Liter (250 Milliliter) lauwarmes Wasser einrühren. Hackfleisch und 1 Teelöffel Oregano zugeben. Knoblauchzehen abziehen, zerdrücken und zufügen. Alles gut vermischen.
2. Das Gemüse waschen und putzen. Tomaten und Zucchini in Scheiben, die Paprikaschote in Streifen schneiden.
3. Den Fleischteig auf einem mit Backpapier ausgelegten Backblech dünn ausrollen und mit dem Gemüse belegen. Alles mit Salz, Pfeffer und restlichem Oregano würzen. Mit Käse bestreuen und im vorgeheizten Backofen bei 200 °C (Gas Stufe 3, Umluft 175 °C) 40 bis 50 Minuten backen.

tipp

Dazu passt ein frischer Salat der Saison.

Zubereitungszeit ca. 35 min

Exotische Hackspieße

Pro Stück: 1030 kJ/246 kcal, 14 g E, 13 g F, 19 g KH

Zutaten für 8 Stück:

1 Beutel KNORR Fix für Hackbraten
500 g Hackfleisch
1/2 TL Kreuzkümmel
3 Bananen
1 EL Zitronensaft
2–3 EL Öl
240 g Aprikosenhälften aus der Dose

1. Fix für Hackbraten in 1/8 Liter (125 Milliliter) lauwarmes Wasser einrühren. Hackfleisch und Kreuzkümmel dazugeben und gut vermischen. Aus der Hackfleischmasse 16 kleine Kugeln formen.
2. Bananen in je 5 Stücke schneiden, mit etwas Zitronensaft beträufeln. Hackbällchen in heißem Öl braun braten, herausnehmen und warm stellen. Bananen und abgetropfte Aprikosen in die Pfanne geben und kurz braten.
3. Zum Servieren abwechselnd Hackbällchen, Bananenstücke und Aprikosenhälften auf Spieße stecken.

Auf Basmatireis anrichten.

tipp

Anstelle von gemischtem Hack Lammhackfleisch verwenden.

Zubereitungszeit ca. 45 min

Hackkuchen »rot-weiß«

Pro Portion: 1500 kJ/358 kcal, 25 g E, 24 g F, 11 g KH

Zutaten für
6 Portionen:

2 kleine rote Paprikaschoten (ca. 250 g)

200 g Schafskäse

1 Beutel KNORR Fix für Hackbraten

500 g Hackfleisch

2 EL Pinienkerne

1. Paprikaschoten waschen, halbieren, entkernen und würfeln. Schafskäse ebenfalls in Würfel schneiden.
2. Fix für Hackbraten in 1/8 Liter (125 Milliliter) lauwarmes Wasser einrühren. Das Hackfleisch dazugeben und vermischen. Schafskäse- und Paprikawürfel untermischen.
3. Die Hackmischung in eine gefettete Springform (26 Zentimeter Durchmesser) geben, gleichmäßig verteilen und mit Pinienkernen bestreuen. Im vorgeheizten Backofen bei 225 °C (Gas Stufe 4, Umluft 200 °C) etwa 30 Minuten backen.

tipp

Fürs Partybüfett den Kuchen in kleine Stücke schneiden und je 1 Zahnstocher zum Anfassen hineinstecken.

10 Rezept-Ideen

Fix für Hackfleisch »Jäger Art«

Heute ländlich-deftig, morgen exotisch

Zubereitungszeit ca. 40 min

Kartoffel-Gemüse-Topf

Pro Portion (bei 2 Port.): 1645 kJ/394 kcal, 13 g E, 11 g F, 60 g KH

Zutaten für 2–3 Portionen:

300 g Kartoffeln
1 Gemüsezwiebel
300 g Zucchini
je 1 rote und gelbe Paprikaschote
2 EL Öl
2 Beutel KNORR Fix für Hackfleisch »Jäger Art«

1. Kartoffeln schälen und in Würfel schneiden. Gemüsezwiebel abziehen, vierteln und in dünne Streifen schneiden. Zucchini waschen, putzen und in Scheiben schneiden. Paprikaschoten waschen, halbieren, entkernen und würfeln.
2. Kartoffeln, Zwiebel, Zucchini und Paprika in einem Topf in heißem Öl andünsten. 1/2 Liter (500 Milliliter) Wasser dazugießen, Fix für Hackfleisch »Jäger Art« einrühren und aufkochen. Zugedeckt bei schwacher Hitze etwa 20 Minuten garen.

Dazu schmeckt Baguette.

tipp

Anstelle der Gemüsezwiebel 1 Bund Lauchzwiebeln verwenden.

Zubereitungszeit ca. 45 min

Hackpastetchen

Pro Stück: 2095 kJ/500 kcal, 18 g E, 33 g F, 32 g KH

Zutaten für 4 Stück:

1 Ei
300 g TK-Blätterteig
200 g Hackfleisch
1 EL Öl
1 Beutel KNORR Fix für Hackfleisch »Jäger Art«
1 TL Oregano
2 kleine Tomaten
50 g geriebener Käse

1. Ei trennen. 3 Blätterteigplatten so halbieren, dass 6 Quadrate entstehen. 2 Quadrate in je 8 etwa 1 Zentimeter breite Streifen schneiden. Ränder der restlichen Quadrate mit Eiweiß bestreichen, die Streifen als Rand darauf setzen.
2. Hackfleisch in heißem Öl anbraten. 150 Milliliter Wasser dazugießen, Fix für Hackfleisch »Jäger Art« einrühren, unter Rühren aufkochen. Zugedeckt bei schwacher Hitze 10 Minuten garen. Mit Oregano abschmecken.
3. Hackfleisch auf dem Blätterteig verteilen. Jede Pastete mit 1 bis 2 Tomatenscheiben belegen und mit Käse bestreuen. Im vorgeheizten Backofen bei 200 °C (Gas Stufe 3, Umluft 175 °C) in 12 bis 15 Minuten goldbraun backen.

tipp

Hohlpasteten gibt es bereits fertig beim Bäcker zu kaufen.

Zubereitungszeit ca. 60 min

Gebackene Äpfel mit Hack-Reis-Füllung

Pro Stück: 1230 kJ/294 kcal, 12 g E, 12 g F, 28 g KH

Zutaten für 4 Stück:

50 g Langkornreis
Salz
4 säuerliche Äpfel
200 g Hackfleisch
1 EL Öl
1 Beutel KNORR Fix für Hackfleisch »Jäger Art«
Pfeffer, Zucker
fein geschnittene Salbeiblätter
1/4 l (125 ml) Weißwein

1. Reis in kochendem Salzwasser etwa 15 Minuten garen. Abtropfen lassen. Von den Äpfeln einen »Deckel« abschneiden; zum Füllen das Apfelinnere mit einem Kugelausstecher oder Teelöffel herauslösen. Das Kerngehäuse entfernen, Fruchtfleisch in kleine Stücke schneiden.
2. Hackfleisch in heißem Öl anbraten. 1/4 Liter (250 Milliliter) Wasser und Apfelstücke dazugeben, Fix für Hackfleisch »Jäger Art« einrühren und unter Rühren aufkochen. Zugedeckt bei schwacher Hitze 10 Minuten garen.
3. Reis untermischen. Mit Salz, Pfeffer, Zucker und fein geschnittenem Salbei würzen. Äpfel mit der Hackfleisch-Reis-Mischung füllen und die Deckel aufsetzen. Äpfel in eine Auflaufform setzen und Weißwein zugießen. Im vorgeheizten Backofen bei 200 °C (Gas Stufe 3, Umluft 175 °C) etwa 30 Minuten garen.

tipp

Zur Dekoration frische Salbeiblätter mit Holzspießchen als »Stiel« auf den Äpfeln befestigen.

Zubereitungszeit ca. 55 min

Hackfleischkuchen mit Kartoffeln und Tomaten

Pro Portion (bei 2 Port.): 2980 kJ/712 kcal, 41 g E, 41 g F, 43 g KH

Zutaten für 2–3 Portionen:

2 Tomaten
1 kleine Zucchini
500 g Kartoffeln
Salz, Pfeffer
1 TL Oregano
200 g Hackfleisch
1 EL Öl
1 Knoblauchzehe
1 Beutel KNORR Fix für Hackfleisch »Jäger Art«
100 g geriebener Käse

1. Tomaten und Zucchini waschen, putzen und in Scheiben schneiden. Kartoffeln schälen und auf einem Gemüsehobel in dünne Scheiben hobeln. Kartoffelscheiben in eine gefettete Pizzaform (28 Zentimeter Durchmesser) legen und mit Salz, Pfeffer und Oregano bestreuen.
2. Hackfleisch in einem Topf in heißem Öl anbraten. Knoblauchzehe abziehen, zerdrücken und zum Hackfleisch geben. 400 Milliliter Wasser dazugießen, Fix für Hackfleisch »Jäger Art« einrühren und unter Rühren aufkochen.
3. Hackfleisch auf den Kartoffelscheiben verteilen. Mit Tomaten- und Zucchinischeiben belegen und mit Käse bestreuen. Im vorgeheizten Backofen bei 200 °C (Gas Stufe 3, Umluft 175 °C) 30 Minuten backen.

tipp

Ideal für Gäste: Gut gekühlten weißen Landwein aus der Pfalz oder helles Bier dazu servieren.

Zubereitungszeit ca. 35 min

Gemüse-Hack-Pfanne

Pro Portion (bei 2 Port.): 2185 kJ/524 kcal, 26 g E, 25 g F, 47 g KH

Zutaten für 2–3 Portionen:

50 g Langkornreis
Salz
1/2 TL Kurkuma
1/2 Bund Frühlingszwiebeln
1 rote Paprikaschote
200 g Hackfleisch
1 EL Öl
140 g Mais aus der Dose
1 Beutel KNORR Fix für Hackfleisch »Jäger Art«

tipp

Knuspriges Fladenbrot und gut gekühltes Weißbier mit Zitrone dazu servieren.

1. Reis in reichlich Salzwasser mit Kurkuma 15 bis 20 Minuten garen und auf einem Sieb abgießen.
2. Frühlingszwiebeln putzen, waschen und in Ringe schneiden. Paprikaschote waschen, halbieren, entkernen und in kleine Würfel schneiden.
3. Hackfleisch in einem Topf in heißem Öl anbraten. Mais abtropfen lassen und mit den Paprikawürfeln und Frühlingszwiebeln dazugeben.
4. 1/4 Liter (250 Milliliter) Wasser dazugießen, Fix für Hackfleisch »Jäger Art« einrühren und unter Rühren aufkochen. Zugedeckt bei schwacher Hitze 10 Minuten garen. Reis untermischen.

Zubereitungszeit ca. 30 min

Geflügel-Spinat-Pfanne

Pro Portion (bei 2 Port.): 1315 kJ/315 kcal, 30 g E, 8 g F, 30 g KH

Zutaten für 2–3 Portionen:

- 50 g Schnellkochreis
- Salz
- 125 g TK-Blattspinat
- 200 g Putengeschnetzeltes
- 1–2 EL Öl
- 1 Beutel KNORR Fix für Hackfleisch »Jäger Art«
- Pfeffer, Muskat

1. Reis in 1/8 Liter (125 Milliliter) kochendes Salzwasser geben und zugedeckt bei schwacher Hitze 10 Minuten garen. Spinat im Topf oder in der Mikrowelle auftauen, anschließend grob hacken.
2. Putengeschnetzeltes in heißem Öl anbraten. 1/4 Liter (250 Milliliter) Wasser dazugießen, Fix für Hackfleisch »Jäger Art« einrühren und unter Rühren aufkochen. Zugedeckt bei schwacher Hitze 10 Minuten garen.
3. Spinat und Reis dazugeben, heiß werden lassen und mit Salz, Pfeffer und Muskat abschmecken.

tipp

Eingelegte getrocknete Tomaten in Streifen untermischen.

Zubereitungszeit ca. 60 min

Gefüllter Fenchel

Pro Stück: 1150 kJ/275 kcal, 18 g E, 17 g F, 12 g KH

Zutaten für 4 Stück:

- 2 Fenchelknollen (ca. 400 g)
- Salz
- 200 g Hackfleisch
- 1–2 EL Öl
- 1 Beutel KNORR Fix für Hackfleisch »Jäger Art«
- 125 g Kidney-Bohnen aus der Dose
- 1 EL Rosinen
- 1 EL Mandelstifte
- 1/2 TL Chilipulver
- 1 Prise Zimt
- 50 g geriebener Käse

1. Fenchelknollen waschen, halbieren, das Innere herauslösen und würfeln. Fenchelblätter in kochendem Salzwasser 10 Minuten garen. Herausnehmen und in eine gefettete Auflaufform geben.
2. Hackfleisch und Fenchelwürfel in heißem Öl anbraten. 1/4 Liter (250 Milliliter) Wasser dazugießen, Fix für Hackfleisch »Jäger Art« einrühren und unter Rühren aufkochen. Kidney-Bohnen abtropfen lassen, mit Rosinen, Mandelstiften, Chili und Zimt dazugeben. Zugedeckt bei schwacher Hitze 10 Minuten garen.
3. Hackfleisch in die Fenchelblätter füllen und mit Käse bestreuen. Im vorgeheizten Backofen bei 200 °C (Gas Stufe 3, Umluft 175 °C) 15 bis 20 Minuten überbacken.

Zubereitungszeit ca. 60 min

Gefüllte Zwiebeln

Pro Portion: 1080 kJ/258 kcal, 14 g E, 14 g F, 19 g KH

Zutaten für 4 Portionen:

4 Gemüsezwiebeln
Salz
1 kleine rote Paprikaschote
1 EL Öl
150 g Hackfleisch
1 Beutel KNORR Fix für Hackfleisch »Jäger Art«
50 g Schafskäse

tipp

Zwiebeln mit fein gehacktem frischem Rosmarin würzen.

1. Zwiebeln abziehen, einen Deckel abschneiden und die Zwiebeln in kochendem Salzwasser 15 bis 20 Minuten kochen, bis sich die äußeren 3 Zwiebelschichten ablösen lassen. Deckel und das Zwiebelinnere würfeln.
2. Paprikaschote waschen, halbieren, entkernen und würfeln. Mit den Zwiebelwürfeln in heißem Öl andünsten. Hackfleisch dazugeben und anbraten. 1/4 Liter (250 Milliliter) Wasser dazugießen und Fix für Hackfleisch »Jäger Art« einrühren. Unter Rühren aufkochen und zugedeckt bei schwacher Hitze 10 Minuten garen.
3. Zwiebeln mit Hack füllen, mit zerbröckeltem Käse bestreuen und in eine gefettete Auflaufform setzen. Im vorgeheizten Ofen bei 200 °C (Gas Stufe 3, Umluft 175 °C) 30 Minuten garen.

Zubereitungszeit ca. 1 h 10 min

Hack-Püree-Auflauf

Pro Portion (bei 2 Port.): 3140 kJ/750 kcal, 37 g E, 43 g F, 53 g KH

Zutaten für 2–3 Portionen:

1 kleine rote Paprikaschote
200 g Hackfleisch
1 EL Öl
1 EL Tomatenmark
1 Beutel KNORR Fix für Hackfleisch »Jäger Art«
1 Tomate
100 g Schafskäse
Salz
1/8 l (125 ml) Milch
1 Beutel PFANNI Kartoffel-Püree »Das Kräftige«
2–3 EL gehackte Petersilie

1. Paprikaschote waschen, halbieren, entkernen und würfeln. Hackfleisch in heißem Öl anbraten. Paprikawürfel und Tomatenmark dazugeben und 2 bis 3 Minuten mitdünsten. 150 Milliliter Wasser dazugießen, Fix für Hackfleisch »Jäger Art« einrühren und unter Rühren aufkochen.
2. Tomate waschen und würfeln. Hack in eine gefettete Auflaufform geben und mit Tomatenwürfeln und zerbröckeltem Käse bestreuen.
3. 3/8 Liter (375 Milliliter) Wasser mit Salz aufkochen, kalte Milch dazugießen. Püreeflocken einrühren, Petersilie untermischen. Püree auf Hackfleisch und Käse verteilen. Im vorgeheizten Backofen bei 200 °C (Gas Stufe 3, Umluft 175 °C) 30 bis 40 Minuten backen.

Zubereitungszeit ca. 30 min

Tortilla-Salat

Pro Portion (bei 2 Port.): 3425 kJ/822 kcal, 30 g E, 62 g F, 37 g KH

Zutaten für 2–3 Portionen:

1 Knoblauchzehe
200 g Hackfleisch
1 EL Öl
1 Beutel KNORR Fix für Hackfleisch »Jäger Art«
Cayennepfeffer
1/2 Stange Lauch
1 kleiner Kopfsalat
2–3 EL Limettensaft
100 g Tortilla-Chips
50 g Schafskäse
20 schwarze Oliven ohne Stein

1. Knoblauchzehe abziehen und zerdrücken. Mit dem Hackfleisch in einem Topf in heißem Öl anbraten. 1/4 Liter (250 Milliliter) Wasser dazugießen, Fix für Hackfleisch »Jäger Art« einrühren und unter Rühren aufkochen. Zugedeckt bei schwacher Hitze 10 Minuten garen. Mit Cayennepfeffer abschmecken.
2. Lauch putzen, waschen und in dünne Ringe schneiden. Kopfsalat putzen, waschen, trockenschütteln und in Stücke zupfen. Salat und Lauch in eine Schüssel geben und mit Limettensaft beträufeln. Darauf das Hackfleisch und die Tortilla-Chips geben. Alles mit zerbröckeltem Schafskäse und Oliven bestreuen.

tipp

Den Salat sofort nach dem Anrichten servieren, damit die Tortilla-Chips knusprig bleiben.

10 Rezept-Ideen

Fix für Hackfleisch-Käse-Suppe mit Lauch

Es lohnt sich,
etwas Neues auszuprobieren

Zubereitungszeit ca. 30 min

Rote-Bete-Topf

Pro Portion (bei 3 Port.): 2255 kJ/541 kcal, 22 g E, 40 g F, 22 g KH

Zutaten für 3–4 Portionen:

3–4 Frühlingszwiebeln

500 g Rote Bete (küchenfertig, vakuumverpackt)

250 g Hackfleisch

1–2 EL Öl

1 Beutel KNORR Fix für Hackfleisch-Käse-Suppe mit Lauch

150 g Crème fraîche

2 EL geriebener Meerrettich

Salz, Pfeffer

evtl. Dill

1. Frühlingszwiebeln putzen, waschen und in Ringe schneiden. Rote Bete in Streifen schneiden. Hackfleisch in heißem Öl anbraten. Zwiebelringe und Rote Bete dazu geben und kurz mitbraten.
2. 1/2 Liter (500 Milliliter) Wasser dazugießen. Fix für Hackfleisch-Käse-Suppe einrühren und aufkochen. Bei mittlerer Hitze ohne Deckel etwa 10 Minuten kochen.
3. Crème fraîche unterrühren und den Rote-Bete-Topf mit Meerrettich, Salz und Pfeffer abschmecken. Nach Belieben mit Dill garnieren.

Dazu passen Bratkartoffeln oder Rösti.

Zubereitungszeit ca. 25 min

Weiße-Bohnen-Eintopf

Pro Portion (bei 3 Port.): 2365 kJ/565 kcal, 30 g E, 32 g F, 30 g KH

Zutaten für 3–4 Portionen:

350 g Lauch

1–2 EL Öl

800 g weiße Bohnen aus der Dose

1 Beutel KNORR Fix für Hackfleisch-Käse-Suppe mit Lauch

2 Kochmettwürste oder geräucherte Würstchen

Salz, Pfeffer, Muskat

2 TL gehackte Petersilie

1. Lauch putzen, waschen und in Ringe schneiden. Lauch in heißem Öl andünsten.
2. 1/2 Liter (500 Milliliter) Wasser und die weißen Bohnen mit der Flüssigkeit dazugießen. Fix für Hackfleisch-Käse-Suppe einrühren und unter Rühren aufkochen.
3. Die Mettwürste oder Würstchen in Scheiben schneiden und zufügen. Unter Rühren bei mittlerer Hitze etwa 5 Minuten garen. Den Eintopf mit Salz, Pfeffer und Muskat abschmecken. Mit Petersilie bestreuen.

Dazu passen Roggenbrötchen oder Sesam-Knäckebrot.

Zubereitungszeit ca. 30 min

Spinatsuppe mit Schafskäse

Pro Portion (bei 3 Port.): 2470 kJ/591 kcal, 34 g E, 45 g F, 12 g KH

Zutaten für 3–4 Portionen:

250 g Hackfleisch

1–2 EL Öl

1 Beutel KNORR Fix für Hackfleisch-Käse-Suppe mit Lauch

450 g TK-Rahmspinat (Minis)

1 Prise Muskat

50 ml Schlagsahne

250 g Schafskäse

evtl. einige Basilikumblätter

1. Hackfleisch in heißem Öl anbraten. 3/4 Liter (750 Milliliter) Wasser dazugießen, Fix für Hackfleisch-Käse-Suppe einrühren und unter Rühren aufkochen.
2. Rahmspinat in der Suppe schmelzen lassen, unterrühren und bei mittlerer Hitze 10 bis 15 Minuten kochen. Die Spinatsuppe mit Muskat abschmecken.
3. Sahne unterrühren. Den Schafskäse zerbröckeln und zur Suppe geben. Nach Belieben mit Basilikumblättern garnieren.

Dazu passt Fladenbrot oder dicke Scheiben geröstetes Bauernbrot.

tipp

Bei großem Hunger zur Suppe frisch gebratene TK-Reibekuchen servieren.

Zubereitungszeit ca. 40 min

Zwiebelsuppe mit Hackklößchen

Pro Portion (bei 3 Port.): 1675 kJ/402 kcal, 22 g E, 27 g F, 16 g KH

Zutaten für 3–4 Portionen:

450 g Zwiebeln
1 Knoblauchzehe
1 EL Öl
1 Beutel KNORR Fix für Hackfleisch-Käse-Suppe mit Lauch
250 g Hackfleisch
1 Ei
Salz, Pfeffer
2 TL Schnittlauchröllchen

1. Zwiebeln abziehen und in Ringe schneiden. Knoblauchzehe abziehen und fein hacken. Zwiebelringe und Knoblauch in heißem Öl andünsten.
2. 3/4 Liter (750 Milliliter) Wasser dazugießen. Fix für Hackfleisch-Käse-Suppe einrühren und unter Rühren aufkochen. Bei mittlerer Hitze ohne Deckel etwa 10 Minuten kochen.
3. Hackfleisch und Ei vermischen, mit Salz und Pfeffer würzen. Aus der Hackfleischmasse kleine Klößchen formen, in die Suppe geben und bei schwacher Hitze 10 Minuten gar ziehen lassen.
4. Zwiebelsuppe nach Belieben mit Salz und Pfeffer abschmecken. Schnittlauchröllchen unterrühren.

Dazu passen Kürbiskernbrötchen oder Leinsamenbrot.

tipp

Ideale Partysuppe: Einfach den Abend über auf einem Stövchen warm halten.

Zubereitungszeit ca. 35 min

Kartoffel-Lauch-Suppe

Pro Portion (bei 3 Port.): 2205 kJ/528 kcal, 23 g E, 34 g F, 33 g KH

Zutaten für 3–4 Portionen:

400 g Lauch
400 g Kartoffeln
100 g gekochter Schinken
2 EL Öl
1 Beutel KNORR Fix für Hackfleisch-Käse-Suppe mit Lauch
200 g Sahneschmelzkäse
3–4 TL saure Sahne

tipp

Die Suppe mit einem Schuss trockenem Wermutwein (Noilly Prat) abschmecken.

1. Lauch putzen, waschen und in Streifen schneiden. Kartoffeln schälen und in Würfel schneiden. Schinken ebenfalls würfeln.
2. Lauch in heißem Öl andünsten. 3/4 Liter (750 Milliliter) Wasser dazugießen. Fix für Hackfleisch-Käse-Suppe einrühren und unter Rühren aufkochen.
3. Schmelzkäse unterrühren, Kartoffelwürfel dazugeben und bei mittlerer Hitze ohne Deckel etwa 15 Minuten garen.
4. Schinkenwürfel untermischen und erwärmen. Kartoffel-Lauch-Suppe mit einem Klecks saure Sahne servieren.

Zubereitungszeit ca. 30 min

Wirsing mit Kasseler

Pro Portion (bei 3 Port.): 1975 kJ/473 kcal, 22 g E, 34 g F, 22 g KH

Zutaten für 3–4 Portionen:

500 g Wirsing
1–2 EL Öl
1 Beutel KNORR Fix für Hackfleisch-Käse-Suppe mit Lauch
200 g Sahneschmelzkäse
1 Birne
2 Scheiben gekochtes Kasseler
Salz, Pfeffer
evtl. gemahlener Kümmel

1. Wirsing putzen, waschen und in Streifen schneiden. Wirsing in heißem Öl andünsten.
2. 3/4 Liter (750 Milliliter) Wasser dazugießen. Fix für Hackfleisch-Käse-Suppe einrühren und unter Rühren aufkochen.
3. Schmelzkäse unterrühren und das Gemüse zugedeckt bei mittlerer Hitze etwa 10 Minuten garen.
4. Die Birne schälen, entkernen und in Spalten schneiden. Birnenspalten und Kasseler auf den Wirsing legen und zugedeckt weitere 5 Minuten garen. Mit Salz, Pfeffer und evtl. Kümmel abschmecken.

Zubereitungszeit ca. 40 min

Lauch-Ananas-Hähnchen

Pro Portion (bei 3 Port.): 1990 kJ/476 kcal, 25 g E, 34 g F, 18 g KH

1. Lauch putzen, waschen und in sehr feine Streifen schneiden. Lauchstreifen in eine flache Auflaufform geben. Hähnchenbrustfilets auf das Gemüse legen.
2. Fix für Hackfleisch-Käse-Suppe, Sahne und Ananassaft (oder 50 Milliliter Wasser) verrühren und darüber gießen.
3. Ananasscheiben abtropfen lassen und darauf legen. Im vorgeheizten Backofen bei 200 °C (Gas Stufe 3, Umluft 175 °C) etwa 30 Minuten garen.

Dazu passt Reis, z.B. eine Mischung aus Langkorn- und Wildreis.

Zutaten für 3–4 Portionen:

200 g Lauch
250 g Hähnchenbrustfilet
1 Beutel KNORR Fix für Hackfleisch-Käse-Suppe mit Lauch
1/4 l (250 ml) Schlagsahne
150 g Ananasscheiben und 50 ml Saft aus der Dose

tipp

Mit grobem Pfeffer bestreut anrichten.

Zubereitungszeit ca. 25 min

Pilz-Käse-Suppe

Pro Portion (bei 3 Port.): 1780 kJ/425 kcal, 17 g E, 32 g F, 21 g KH

Zutaten für 3–4 Portionen:

500 g Pilze (Champignons, Austernpilze oder Shiitake)
2 EL Öl
1 Beutel KNORR Fix für Hackfleisch-Käse-Suppe mit Lauch
100 g Sahneschmelzkäse
100 g Blauschimmelkäse (z.B. Castello blue oder Roquefort)
Pfeffer, Salz
1–2 TL fein gehackte Petersilie
Cayennepfeffer

1. Pilze putzen, in kleine Stücke schneiden und in heißem Öl andünsten.
2. 3/4 Liter (750 Milliliter) Wasser dazugießen. Fix für Hackfleisch-Käse-Suppe einrühren und unter Rühren aufkochen.
3. Schmelzkäse und Blauschimmelkäse unterrühren. Bei mittlerer Hitze ohne Deckel etwa 10 Minuten garen. Pilz-Käse-Suppe mit Salz und Pfeffer abschmecken und mit Petersilie und Cayennepfeffer bestreuen.

Dazu passen Baguettebrötchen oder frische Laugenbrezeln.

Zubereitungszeit ca. 50 min

Lasagne

Pro Portion (bei 3 Port.): 3345 kJ/800 kcal, 32 g E, 54 g F, 46 g KH

Zutaten für 3–4 Portionen:

200 g Zucchini
250 g Hackfleisch
1–2 EL Öl
1 Beutel KNORR Fix für Hackfleisch-Käse-Suppe mit Lauch
200 g Crème fraîche
12 Lasagneplatten (ohne Vorkochen)
1 Packung KNORR Tomato al Gusto Kräuter
50 g geriebener Emmentaler

1. Zucchini waschen und in Scheiben schneiden. Hackfleisch in einer Pfanne in heißem Öl anbraten. Zucchinischeiben dazugeben und kurz mitdünsten.
2. 3/8 Liter (375 Milliliter) Wasser dazugießen. Fix für Hackfleisch-Käse-Suppe einrühren und aufkochen. Crème fraîche unterrühren und 5 Minuten garen.
3. In eine gefettete flache Auflaufform abwechselnd Lasagneplatten, Hackfleischsauce und Tomato al Gusto schichten. Mit Sauce abschließen. Mit Käse bestreuen und im vorgeheizten Backofen bei 200 °C (Gas Stufe 3, Umluft 175 °C) etwa 30 Minuten garen.

Zubereitungszeit ca. 30 min

Lauch-Tomaten-Sauce

Pro Portion (bei 3 Port.): 1585 kJ/380 kcal, 7 g E, 32 g F, 17 g KH

Zutaten für 3–4 Portionen:

500 g Lauch
10 Cocktailtomaten
2 EL Öl
200 g Schlagsahne
1 Beutel KNORR Fix für Hackfleisch-Käse-Suppe mit Lauch
Salz, Pfeffer

1. Lauch putzen, waschen und in feine Streifen schneiden. Cocktailtomaten waschen und halbieren.
2. Lauch in heißem Öl andünsten. 400 Milliliter Wasser und Sahne dazugießen und Fix für Hackfleisch-Käse-Suppe einrühren und unter Rühren aufkochen. Bei mittlerer Hitze ohne Deckel etwa 10 Minuten garen.
3. Cocktailtomaten darin erwärmen. Die Sauce mit Salz und Pfeffer abschmecken.

   Dazu passen Kräuterkartoffeln. Kleine gekochte Kartoffeln in etwas Öl anbraten und mit gehackten Kräutern mischen.

tipp

Vegetarier servieren die Sauce zu gekochten Eiern, Fleischfans zu Frikadellen.

10 Rezept-Ideen

Fix für Jägerschnitzel

Neuer Kick mit frischen Zutaten

Zubereitungszeit ca. 45 min

Jägerschnitzel al forno

Pro Portion: 2355 kJ/564 kcal, 47 g E, 38 g F, 10 g KH

Zutaten für 3 Portionen:

3 Putenschnitzel à 150 g

250 g Champignons

1 Beutel KNORR Fix für Jägerschnitzel

1/4 l (250 ml) Schlagsahne

50 g geriebener Käse

evtl. Kräuter zum Garnieren

1. Die Putenschnitzel in eine Auflaufform legen. Champignons putzen, in Scheiben schneiden und darauf verteilen.
2. Fix für Jägerschnitzel in die Sahne einrühren, über die Champignons gießen und mit Käse bestreuen.
3. Die Schnitzel im vorgeheizten Backofen bei 200 °C (Gas Stufe 3, Umluft 175 °C) in etwa 30 Minuten goldbraun backen. Eventuell mit frischen Kräutern anrichten.

Gut dazu: Reis oder Salzkartoffeln.

tipp

Zusätzlich 1 oder 2 gewürfelte Zwiebeln in die Sahne einrühren.

Zubereitungszeit ca. 45 min

Gnocchi mit Pute

Pro Portion (bei 2 Port.): 2630 kJ/631 kcal, 53 g E, 27 g F, 42 g KH

Zutaten für 2–3 Portionen:

400 g Gnocchi aus dem Kühlregal

250 g Putenschnitzel

400 g Champignons

1 Zwiebel

2 EL Öl

1 Beutel KNORR Fix für Jägerschnitzel

50 g geriebener Käse

1. Gnocchi in eine gefettete Auflaufform geben. Putenschnitzel in Streifen schneiden und auf den Gnocchi verteilen.
2. Champignons putzen und in Scheiben schneiden. Zwiebel abziehen und fein würfeln. Beides in heißem Öl dünsten.
3. 300 Milliliter Wasser dazugießen, Fix für Jägerschnitzel einrühren, unter Rühren aufkochen und 1 Minute kochen lassen. Sauce über Fleisch und Gnocchi verteilen. Mit Käse bestreuen und im vorgeheizten Backofen bei 200 °C (Gas Stufe 3, Umluft 175 °C) etwa 30 Minuten backen.

tipp

Dazu schmeckt ein gut gekühlter Prosecco.

Zubereitungszeit ca. 25 min

Rindergeschnetzeltes in Senfrahm

Pro Portion (bei 2 Port.): 1560 kJ/374 kcal, 31 g E, 22 g F, 12 g KH

Zutaten für 2–3 Portionen:

250 g Rinderfilet
2 EL Öl
1 Gewürzgurke
1 Knoblauchzehe
1 Beutel KNORR Fix für Jägerschnitzel
1 TL Tomatenmark
3–4 EL Schlagsahne
1 TL mittelscharfer Senf

1. Das Fleisch in Streifen schneiden und in heißem Öl bei starker Hitze kurz anbraten. Fleisch aus der Pfanne nehmen und warm stellen.
2. Gewürzgurke in Scheiben schneiden, Knoblauchzehe abziehen, zerdrücken und mit den Gurkenscheiben im restlichen Bratfett dünsten. 1/4 Liter (250 Milliliter) kaltes Wasser dazugießen, Fix für Jägerschnitzel und Tomatenmark einrühren. Unter Rühren aufkochen, 1 Minute kochen lassen.
3. Mit Sahne und mittelscharfem Senf abschmecken. Das Fleisch in der Sauce erwärmen und sofort servieren.

Dazu passt Reis.

tipp

Veredeln Sie die Sauce mit 2 bis 3 Esslöffeln Weißwein, das gibt ihr eine feine Note.

Zubereitungszeit ca. 30 min

Mettbällchen in Jäger-Sauce

Pro Portion (bei 2 Port.): 2750 kJ/658 kcal, 29 g E, 34 g F, 57 g KH

Zutaten für 2–3 Portionen:

200 g Nudeln (z.B. Tagliatelle oder Spaghetti)

Salz

250 g Mett (gewürztes Schweine-Hackfleisch)

2–3 EL Öl

250 g Champignons

1 Beutel KNORR Fix für Jägerschnitzel

100 g TK-Erbsen

2 EL Weißwein oder Apfelsaft

1. Nudeln in reichlich Salzwasser bissfest kochen. Mett zu etwa 20 kleinen Bällchen formen, in heißem Öl anbraten und aus der Pfanne nehmen.
2. Champignons putzen, in Scheiben schneiden und im restlichen Bratfett goldbraun braten. 1/4 Liter (250 Milliliter) kaltes Wasser dazugießen, Fix für Jägerschnitzel einrühren und unter Rühren aufkochen.
3. Tiefgefrorene Erbsen und Mettbällchen hinzufügen. Mit Weißwein oder Apfelsaft verfeinern und etwa 2 Minuten kochen. Die Mettbällchen mit Sauce auf den Nudeln anrichten.

tipp

Statt der Erbsen können Sie auch TK-Zuckerschoten oder eingelegte Paprikaschoten verwenden.

Zubereitungszeit ca. 30 min

Medaillons mit Shiitake

Pro Portion: 1330 kJ/318 kcal, 36 g E, 13 g F, 18 g KH

Zutaten für 3 Portionen:

250 g Shiitake oder Champignons

1 Zwiebel

400 g Schweinefilet

2–3 EL Öl

1 Beutel KNORR Fix für Jägerschnitzel

2 EL Weißwein oder Apfelsaft

tipp

Probieren Sie statt Shiitake in der Pilzsaison Wildpilze wie Maronen, Steinpilze oder Pfifferlinge.

1. Die Pilze putzen, halbieren oder vierteln und nach Belieben in Scheiben schneiden. Zwiebel abziehen und in kleine Würfel schneiden.
2. Schweinefilet in Portionsstücke (Medaillons) schneiden. In heißem Öl von beiden Seiten 5 bis 8 Minuten braten, aus der Pfanne nehmen und warm stellen.
3. Im restlichen Bratfett Zwiebelwürfel und Pilze dünsten. 1/4 Liter (250 Milliliter) kaltes Wasser dazugießen, Fix für Jägerschnitzel einrühren, unter Rühren aufkochen, mit Weißwein oder Apfelsaft abschmecken und 1 Minute kochen lassen.
4. Die Fleischstücke auf Teller verteilen. Ausgetretenen Bratensaft in die Pilzsauce einrühren und über die Schweinemedaillons geben.

Gut dazu: grüne Bandnudeln und gedünstetes Gemüse.

Zubereitungszeit ca. 30 min

Herzhafter Jägertopf

Pro Portion (bei 3 Port.): 1715 kJ/412 kcal, 21 g E, 30 g F, 15 g KH

Zutaten für 3–4 Portionen:

250 g Champignons
200 g Lauch
3 EL Öl
250 g Hackfleisch
Pfeffer, Salz
2 Beutel KNORR Fix für Jägerschnitzel

1. Champignons putzen und in Scheiben schneiden. Lauch putzen, waschen und in feine Ringe schneiden. Gemüse nacheinander in einem Topf in 2 Esslöffel heißem Öl dünsten, herausnehmen und zur Seite stellen.
2. Hackfleisch in restlichem Öl braten, mit Pfeffer und Salz abschmecken. 600 Milliliter Wasser dazugeben. Fix für Jägerschnitzel einrühren, unter Rühren aufkochen und 1 Minute kochen lassen.
3. Gemüse dazugeben und in dem Eintopf heiß werden lassen.

tipp

Den Jägertopf mit Kartoffelpüree oder mit Bandnudeln anrichten.

Zubereitungszeit ca. 40 min

Puten-Reis-Pfanne

Pro Portion (bei 3 Port.): 1635 kJ/392 kcal, 28 g E, 11 g F, 45 g KH

Zutaten für 3–4 Portionen:

125 g Reismischung (Langkorn- mit Wildreis)
Salz
evtl. Currypulver
250 g Putenschnitzel
2 EL Öl
Pfeffer
250 g Champignons
1 grüne Paprikaschote
1 Zwiebel
1 Beutel KNORR Fix für Jägerschnitzel

1. Reis in kochendem Salzwasser etwa 20 Minuten garen, abtropfen lassen und nach Belieben mit Curry würzen.
2. Putenschnitzel in feine Streifen schneiden, in einer Pfanne in 1 Esslöffel heißem Öl braten, salzen und pfeffern. Aus der Pfanne nehmen und warm stellen.
3. Champignons putzen und in Scheiben schneiden, Paprikaschote waschen, halbieren, entkernen und in feine Streifen schneiden. Zwiebel abziehen und fein würfeln.
4. Das Gemüse in restlichem Öl bissfest dünsten. Reis und Fleisch dazugeben. 1/4 Liter (250 Milliliter) kaltes Wasser dazugießen, Fix für Jägerschnitzel einrühren, aufkochen und unter Rühren 1 Minute kochen lassen.

Zubereitungszeit ca. 35 min

Jägerragout mit Weißkohl

Pro Portion (bei 2 Port.): 2800 kJ/672 kcal, 34 g E, 50 g F, 18 g KH

Zutaten für 2–3 Portionen:

250 g Weißkohl
Salz
1/2 TL Kümmel
250 g Schweinefleisch (z.B. aus der Schulter)
Pfeffer
2 EL Öl
50 g durchwachsener Speck
1 Beutel KNORR Fix für Jägerschnitzel
2 TL Senf
1–2 EL Weinbrand

1. Weißkohl waschen, in Streifen schneiden und in etwas Salzwasser mit Kümmel 10 bis 15 Minuten garen. Abgießen und abtropfen lassen.
2. Schweinefleisch in Würfel schneiden, mit Salz und Pfeffer würzen und in heißem Öl von allen Seiten anbraten. Fleisch aus der Pfanne nehmen.
3. Speck würfeln und in der Pfanne anbraten. 1/4 Liter (250 Milliliter) kaltes Wasser zugießen, Fix für Jägerschnitzel einrühren, unter Rühren aufkochen und 1 Minute kochen lassen.
4. Fleisch und Weißkohl in der Sauce erwärmen, Senf unterrühren und mit Weinbrand oder Senf abschmecken.

Zubereitungszeit ca. 25 min

Kleine Blätterteigpizzen

Pro Stück: 1100 kJ/263 kcal, 6 g E, 18 g F, 19 g KH

Zutaten für 6 Stück:

6 Scheiben TK-Blätterteig à 45 g
200 g Champignons
1 EL Öl
1 Beutel KNORR Fix für Jägerschnitzel
50 g geriebener Käse

tipp

Reste vom Blätterteig in Stücke schneiden, mit Milch bestreichen und mit Sesam bestreut mitbacken.

1. Blätterteig auftauen und Kreise von etwa 12 Zentimeter Durchmesser ausschneiden oder ausstechen.
2. Champignons putzen, in Scheiben schneiden und in heißem Öl braten, bis die Flüssigkeit verdampft ist. 1/8 Liter (125 Milliliter) kaltes Wasser dazugeben, Fix für Jägerschnitzel einrühren und unter Rühren kurz aufkochen.
3. Champignonmasse so auf die Teigkreise verteilen, dass ein 1 Zentimeter breiter Rand frei bleibt. Die Pizzen mit Käse bestreuen und im vorgeheizten Backofen bei 200 °C (Gas Stufe 3, Umluft 175 °C) in etwa 25 Minuten goldbraun backen.

Zubereitungszeit ca. 35 min

Kartoffel-Jägerpfanne

Pro Portion (bei 2 Port.): 1955 kJ/470 kcal, 39 g E, 23 g F, 25 g KH

Zutaten für 2–3 Portionen:

300 g Schweineschnitzel
2 EL Öl
200 g Kartoffeln
100 g Lauch
150 g Champignons
1 kleine rote Paprikaschote
1 Beutel KNORR Fix für Jägerschnitzel

1. Schweineschnitzel in Streifen schneiden, in heißem Öl bei starker Hitze anbraten, aus der Pfanne nehmen und warm stellen.
2. Kartoffeln schälen und würfeln. Lauch putzen, waschen und in Ringe schneiden. Champignons putzen und in Scheiben schneiden. Paprikaschote waschen, halbieren, entkernen und würfeln.
3. Gemüse in die Pfanne geben. 300 Milliliter kaltes Wasser dazugießen. Fix für Jägerschnitzel einrühren, unter Rühren aufkochen und zugedeckt bei schwacher Hitze 10 Minuten kochen. Fleisch dazugeben und in der Sauce heiß werden lassen.

tipp

Wer Knoblauch liebt, brät 2 bis 3 fein gehackte Knoblauchzehen mit an.

10 Rezept-Ideen

Fix für Kartoffel-Gratin

Wenn's ein bisschen kreativer sein darf

Zubereitungszeit ca. 60 min

Kartoffel-Gratin

Pro Portion (bei 6 Port.): 1220 kJ/292 kcal, 10 g E, 15 g F, 28 g KH

Zutaten für 4–6 Portionen:

1,2 kg Kartoffeln
2 Beutel KNORR Fix für Kartoffel-Gratin
60 ml Schlagsahne
100 g geriebener Käse

1. Kartoffeln schälen, waschen und in dünne Scheiben schneiden; das geht am schnellsten in der Küchenmaschine. Fix für Kartoffel-Gratin in einen großen Topf in 700 Milliliter kaltes Wasser und Sahne einrühren.
2. Kartoffelscheiben dazugeben, unter Rühren aufkochen und 3 Minuten bei schwacher Hitze kochen lassen.
3. Alles in eine große gefettete Gratinform oder ein tiefes Backblech (Fettpfanne) geben. Käse darüber streuen. Im vorgeheizten Backofen bei 200 °C (Gas Stufe 3, Umluft 175 °C) 30 bis 40 Minuten backen.

tipp

Ideal für Gäste und eine feine Beilage zu gebratenem Lammrücken, Steaks oder Geflügel und Sauce.

Zubereitungszeit ca. 25 min

Pasta al limone

Pro Portion: 2700 kJ/645 kcal, 20 g E, 20 g F, 96 g KH

Zutaten für 2 Portionen:

250 g Bandnudeln
Salz
2 Frühlingszwiebeln
1 Beutel KNORR Fix für Kartoffel-Gratin
3 EL Schlagsahne
1/2 unbehandelte Zitrone
1–2 EL Pinienkerne
frische Kräuter (z.B. Zitronenmelisse, Thymian oder Basilikum)

1. Nudeln in reichlich kochendem Salzwasser bissfest garen und in einem Sieb abgießen. Frühlingszwiebeln putzen, waschen und in Ringe schneiden.
2. Fix für Kartoffel-Gratin in 1/4 Liter (250 Milliliter) kaltes Wasser und Sahne einrühren, unter Rühren aufkochen. Abgeriebene Zitronenschale und Frühlingszwiebeln dazugeben und 1 Minute kochen lassen.
3. Die Sauce mit 1 bis 2 Esslöffel ausgepresstem Zitronensaft abschmecken. Nudeln mit der Sauce anrichten, mit Pinienkernen und Kräutern bestreuen. Pinienkerne eventuell zuvor ohne Fett in einer Pfanne rösten.

tipp

Etwas Mascarpone in der Sauce schmelzen.

Zubereitungszeit ca. 60 min

Kartoffel-Lasagne mit Schinken

Zutaten für 2 Portionen:

3 große grüne Wirsingblätter
Salz
500 g Kartoffeln
1 Beutel KNORR Fix für Kartoffel-Gratin
3 Scheiben gekochter Schinken
50 g geriebener Käse
Kräuter zum Garnieren

Pro Portion: 1935 kJ/463 kcal, 26 g E, 22 g F, 38 g KH

1. Wirsingblätter waschen und in kochendem Salzwasser 3 bis 4 Minuten garen, kalt abbrausen und abtropfen lassen. Blattrippen flach schneiden.
2. Kartoffeln schälen, waschen und in dünne Scheiben schneiden. Fix für Kartoffel-Gratin in 350 Milliliter kaltes Wasser einrühren. Kartoffelscheiben dazugeben, unter Rühren aufkochen und 3 Minuten bei schwacher Hitze kochen lassen.
3. In eine gefettete Auflaufform eine dünne Schicht Kartoffelscheiben, 1 Wirsingblatt und 1 Scheibe Schinken geben. Den Vorgang zweimal wiederholen. Lasagne mit Käse bestreuen. Im vorgeheizten Backofen bei 200 °C (Gas Stufe 3, Umluft 175 °C) etwa 30 bis 40 Minuten backen. Mit Kräutern garnieren.

tipp

Am besten eine fest kochende Kartoffelsorte wählen, damit die Lasagne gut in Form bleibt.

Zubereitungszeit ca. 45 min

Überbackene Hähnchenbrustfilets

Pro Portion: 2490 kJ/596 kcal, 42 g E, 43 g F, 11 g KH

Zutaten für 2 Portionen:

3 kleine Hähnchenbrustfilets à 100 g
2 EL Öl
1 kleine gelbe Paprikaschote
1 Stange Lauch
50 ml Schlagsahne
1 Beutel KNORR Fix für Kartoffel-Gratin
100 g Cocktailtomaten
50 g geriebener Käse

1. Hähnchenbrustfilets in einer Pfanne in heißem Öl von beiden Seiten anbraten und in eine gefettete Auflaufform geben. Gemüse waschen und putzen.
2. Paprika in dünne Streifen und Lauch in feine Ringe schneiden. Im restlichen Bratfett andünsten. 100 Milliliter Wasser und Sahne zum Gemüse geben, Fix für Kartoffel-Gratin einrühren und 1 Minute kochen. Gemüse mit der Sauce zum Fleisch geben.
3. Cocktailtomaten halbieren und auf das Gemüse setzen. Mit Käse bestreuen. Im vorgeheizten Backofen bei 200 °C (Gas Stufe 3, Umluft 175 °C) etwa 20 Minuten überbacken.

tipp

Eine Hand voll frische Estragonblätter vor dem Garen untermischen.

Zubereitungszeit ca. 55 min

Gratinierter Seelachs

Pro Portion (bei 2 Port.): 1645 kJ/394 kcal, 38 g E, 22 g F, 10 g KH

Zutaten für 2–3 Portionen:

300 g Seelachsfilet
1/2 TL Zitronensaft
Salz
4 EL Öl
300 g Aubergine
1 Beutel KNORR Fix für Kartoffel-Gratin
2 Tomaten
50 g geriebener Käse
Tomatenwürfel und Kräuter zum Garnieren

tipp

Dazu schmeckt ein Glas Grüner Veltliner aus der österreichischen Wachau oder ein frischer Müller-Thurgau aus Baden.

1. Seelachsfilet in Portionsstücke schneiden, mit Zitronensaft beträufeln und leicht salzen. In 2 Esslöffel heißem Öl bei mittlerer Hitze kurz anbraten und in eine gefettete Auflaufform legen.
2. Aubergine waschen, würfeln und im restlichen Öl 5 Minuten anbraten. 200 Milliliter kaltes Wasser dazugeben, Fix für Kartoffel-Gratin einrühren, unter Rühren aufkochen und 1 Minute kochen lassen. Tomaten in Würfel schneiden und dazugeben.
3. Gemüsesauce auf dem Fisch verteilen. Käse darüber streuen. Im vorgeheizten Backofen bei 200 °C (Gas Stufe 3, Umluft 175 °C) etwa 30 Minuten überbacken. Jede Portion mit Tomaten und Kräutern anrichten.

Zubereitungszeit ca. 60 min

Bohnen-Speck-Auflauf

Pro Portion: 1945 kJ/464 kcal, 10 g E, 32 g F, 34 g KH

1. Kartoffeln schälen, waschen und in dünne Scheiben schneiden. Bohnen putzen und waschen. Gemüse in eine gefettete Auflaufform geben.
2. Zwiebel abziehen und würfeln, Speck ebenfalls in Würfel schneiden. Zwiebel- und Speckwürfel anbraten. 350 Milliliter kaltes Wasser und Sahne dazugeben. Fix für Kartoffel-Gratin einrühren, aufkochen und unter Rühren 1 Minute kochen lassen.
3. Sauce über das Gemüse gießen und im vorgeheizten Backofen bei 200 °C (Gas Stufe 3, Umluft 175 °C) 30 bis 40 Minuten backen.

Zutaten für 2 Portionen:

400 g Kartoffeln
300 g grüne Bohnen
1 rote Zwiebel
50 g durchwachsener Speck
3 EL Schlagsahne
1 Beutel KNORR Fix für Kartoffel-Gratin

tipp

Frischetest: Grüne Bohnen brechen glatt durch und sehen an der Bruchstelle saftig aus.

Zubereitungszeit ca. 25 min

Scharfes Paprikagemüse

Pro Portion: 755 kJ/181 kcal, 5 g E, 12 g F, 12 g KH

1. Paprikaschoten waschen, halbieren und entkernen. Das Fruchtfleisch in Streifen schneiden und in heißem Öl andünsten.
2. 350 Milliliter kaltes Wasser und Sahne zum Gemüse geben, Fix für Kartoffel-Gratin einrühren, aufkochen und bei starker Hitze 5 Minuten kochen lassen. Paprikagemüse mit Tabasco oder Cayennepfeffer scharf abschmecken.

Dazu passen Reis oder Röstkartoffeln.

Zutaten für 3 Portionen:

5 Paprikaschoten (rot, gelb, grün)
2 EL Öl
3 EL Schlagsahne
1 Beutel KNORR Fix für Kartoffel-Gratin
Tabasco oder Cayennepfeffer

tipp

Kürbiskerne in der Mikrowelle 3 Minuten rösten und darüber streuen.

Zubereitungszeit ca. 45 min

Wirsing-Gratin

Pro Portion: 1420 kJ/340 kcal, 14 g E, 26 g F, 12 g KH

Zutaten für 3 Portionen:

1 kg Wirsing, Salz
2 Knoblauchzehen
1/2 Bund Petersilie
2–3 Tomaten
1 Beutel KNORR Fix für Kartoffel-Gratin
150 ml Schlagsahne
50 g geriebener Käse
Tomatenstücke und Kräuter zum Garnieren

1. Wirsing putzen, den Strunk und dicke Blattrippen entfernen. Wirsing waschen, in breite Streifen schneiden und in kochendem Salzwasser 5 bis 10 Minuten garen. Auf einem Sieb abgießen, das Kochwasser auffangen.
2. Knoblauchzehen abziehen und zerdrücken. Petersilie hacken. Tomaten waschen und in kleine Stücke schneiden. Fix für Kartoffel-Gratin in Sahne und 50 Milliliter vom Wirsingkochwasser einrühren. Knoblauch, Petersilie und Tomatenstücke zufügen, aufkochen und 1 Minute kochen lassen.
3. Wirsing in eine gefettete Auflaufform geben. Sauce darüber gießen. Mit Käse bestreuen. Im vorgeheizten Backofen bei 200 °C (Gas Stufe 3, Umluft 175 °C) etwa 15 Minuten überbacken. Mit Tomatenstücken und Kräutern garnieren.

tipp

Servieren Sie das Gratin zu Lammsteaks oder Fisch.

Zubereitungszeit ca. 55 min

Spinat-Käse-Auflauf

Pro Portion (bei 2 Port.): 1395 kJ/333 kcal, 12 g E, 17 g F, 30 g KH

Zutaten für 2–3 Portionen:

200 g TK-Blattspinat
400 g Kartoffeln
1 Beutel KNORR Fix für Kartoffel-Gratin
3 EL Schlagsahne
50 g Schafskäse
Kräuter zum Garnieren

1. Blattspinat im Topf oder in der Mikrowelle auftauen lassen. Kartoffeln schälen, waschen und in dünne Scheiben schneiden.
2. Fix für Kartoffel-Gratin und Sahne in 350 Milliliter kaltes Wasser einrühren. Kartoffelscheiben dazugeben, unter Rühren aufkochen und 3 Minuten bei schwacher Hitze kochen lassen. Blattspinat unter die Kartoffeln mischen.
3. Alles in eine flache gefettete Auflaufform geben. Schafskäse zerbröseln und darüber streuen. Den Auflauf im vorgeheizten Backofen bei 200 °C (Gas Stufe 3, Umluft 175 °C) in 30 bis 40 Minuten goldbraun backen. Mit Kräutern garnieren.

tipp

Probieren Sie dazu einen griechischen Wein, z.B. den lieblichen Imiglikos.

Zubereitungszeit ca. 60 min

Fenchel-Gratin

Pro Portion: 2100 kJ/502 kcal, 21 g E, 15 g F, 69 g KH

Zutaten für 2 Portionen:

150 g Langkornreis
Salz
300 g Fenchel
100 g gekochter Schinken
1 Beutel KNORR Fix für Kartoffel-Gratin
3 EL Schlagsahne

1. Reis in reichlich kochendes Salzwasser geben und etwa 20 Minuten garen. Inzwischen Fenchel waschen, putzen, würfeln und in wenig Salzwasser 5 Minuten dünsten. Schinken würfeln. Alle Zutaten in eine gefettete Auflaufform geben.
2. Fix für Kartoffel-Gratin in 300 Milliliter kaltes Wasser und Sahne einrühren, unter Rühren aufkochen und 2 Minuten kochen lassen.
3. Sauce über die Zutaten geben und im vorgeheizten Backofen bei 200 °C (Gas Stufe 3, Umluft 175 °C) etwa 30 Minuten überbacken.

tipp

Sehr dekorativ: Fenchelblätter ablösen, 5 bis 8 Minuten in Salzwasser garen, mit der Reismischung füllen und 10 bis 15 Minuten überbacken.

10 Rezept-Ideen

Fix für Kräuter-Rahmschnitzel

Gut kombiniert, schnell serviert

Zubereitungszeit ca. 15 min

Rahmsauce mit Gemüse

Pro Portion (bei 2 Port.): 945 kJ/227 kcal, 3 g E, 18 g F, 13 g KH

Zutaten für 2–3 Portionen:

1 große Tomate
1/2 Bund Frühlingszwiebeln
1 Beutel KNORR Fix für Kräuter-Rahmschnitzel
50 ml Schlagsahne
Petersilie

1. Tomate waschen, vierteln, entkernen und würfeln. Frühlingszwiebeln putzen, waschen und in Ringe schneiden.
2. Fix für Kräuter-Rahmschnitzel in 1/4 Liter (250 Milliliter) kaltes Wasser und Sahne einrühren. Unter Rühren aufkochen, Zwiebelringe dazugeben und 1 bis 2 Minuten kochen.
3. Tomatenwürfel zufügen und kurz erhitzen. Mit Petersilie anrichten.

tipp

Die Sauce mit Pellkartoffeln als vegetarisches Gericht servieren.

Zubereitungszeit ca. 20 min

Pasta mit Shrimps-Sauce

Pro Portion (bei 2 Port.): 3565 kJ/853 kcal, 33 g E, 28 g F, 114 g KH

Zutaten für 2–3 Portionen:

300 g Bandnudeln
Salz
150 g Champignons
2 EL Öl
1 Beutel KNORR Fix für Kräuter-Rahmschnitzel
125 g Shrimps
2 EL Zitronensaft
2 EL Crème fraîche

1. Die Bandnudeln in reichlich Salzwasser bissfest garen und in einem Sieb abgießen.
2. Champignons putzen, in Scheiben schneiden und in einer Pfanne in heißem Öl anbraten.
3. 1/4 Liter (250 Milliliter) kaltes Wasser zugießen, Fix für Kräuter-Rahmschnitzel einrühren, aufkochen und 1 Minute kochen. Shrimps darin erhitzen.
4. Zitronensaft und Crème fraîche unter die Sauce mischen und zu den Nudeln servieren.

tipp

Champignons lassen sich mit dem Eierschneider schön in Scheiben teilen.

Zubereitungszeit ca. 25 min

Schweineschnitzel in fruchtigem Curryrahm

Pro Portion: 2595 kJ/624 kcal, 35 g E, 37 g F, 37 g KH

Zutaten für 2 Portionen:

- 1 reife Mango
- 140 g Pfirsichspalten aus der Dose
- 2 Schweineschnitzel à 150 g
- 2 EL Öl
- Salz, Pfeffer
- 50 ml Schlagsahne
- 1 Beutel KNORR Fix für Kräuter-Rahmschnitzel
- 1/2–1 TL Currypulver

1. Mango schälen, das Fruchtfleisch vom Stein lösen und in kleine Stücke schneiden. Pfirsichspalten abtropfen lassen, dabei 50 Milliliter Saft auffangen.
2. Die Schnitzel in 1 Esslöffel heißem Öl von beiden Seiten 2 bis 3 Minuten braun braten. Mit Salz und Pfeffer würzen.
3. Mangostücke in einem Topf im restlichen Öl weich dünsten. 1/4 Liter (250 Milliliter) kaltes Wasser, den aufgefangenen Saft und Sahne dazugießen. Fix für Kräuter-Rahmschnitzel einrühren, aufkochen und 1 Minute kochen.
4. Einen Teil der Pfirsiche dazugeben und heiß werden lassen. Curry unterrühren und mit Salz und Pfeffer abschmecken. Mit restlichen Pfirsichspalten garnieren.

tipp

Dazu ein Glas kühlen weißen Blanc de Blancs aus Frankreich oder trockenen Cidre servieren.

Zubereitungszeit ca. 35 min

Hähnchenpfanne mit Ingwer und Cashew

Pro Portion (bei 2 Port.): 2025 kJ/487 kcal, 33 g E, 32 g F, 16 g KH

Zutaten für 2–3 Portionen:

2 EL Cashewkerne (ersatzweise Mandeln)

200 g Hähnchenbrustfilet

2 EL Öl

200 g gemischte Pilze (z.B. Pfifferlinge und Champignons)

1 kleine Stange Lauch

1 walnussgroßes Stück Ingwerwurzel

50 ml Schlagsahne

1 Beutel KNORR Fix für Kräuter-Rahmschnitzel

Salz, Pfeffer, Zucker

1. Cashewkerne grob hacken. In einer Pfanne oder in der Mikrowelle ohne Fett goldbraun rösten. Hähnchenbrustfilet in Würfel schneiden, in heißem Öl braun anbraten und herausnehmen.
2. Pilze putzen und in Stücke schneiden. Lauch putzen, waschen und in Ringe schneiden. Ingwer schälen und fein würfeln. Pilze, Lauch und Ingwer im restlichen Bratfett anbraten.
3. 1/4 Liter (250 Milliliter) Wasser und Sahne dazugießen, Fix für Kräuter-Rahmschnitzel einrühren, unter Rühren aufkochen und 1 Minute kochen. Fleisch zufügen. Mit Salz, Pfeffer und 1 Prise Zucker abschmecken. Mit Cashewkernen bestreut servieren.

tipp

Anstelle der Pilze klein geschnittene Bambussprossen aus der Dose zufügen.

Zubereitungszeit ca. 30 min

Frikassee in Blätterteig

Pro Portion: 2220 kJ/530 kcal, 25 g E, 35 g F, 29 g KH

Zutaten für 4 Portionen:

170 g Spargel aus dem Glas
8 Blätterteigpasteten
250 g Hähnchenbrustfilet
Salz, Pfeffer
2 EL Öl
50 ml Schlagsahne
1 Beutel KNORR Fix für Kräuter-Rahmschnitzel
100 g TK-Erbsen

tipp

Sind keine Pasteten zur Hand, das Frikassee in kleinen Auflaufformen anrichten und Blätterteigstangen dazu reichen.

1. Spargel abgießen, dabei die Flüssigkeit auffangen. Spargel in Stücke schneiden. Die Blätterteigpasteten im vorgeheizten Backofen erwärmen.
2. Hähnchenbrustfilet salzen, pfeffern und in heißem Öl etwa 15 Minuten von allen Seiten braun braten. Fleisch aus der Pfanne nehmen und in kleine Würfel schneiden.
3. Spargelflüssigkeit mit Wasser auf 1/4 Liter (250 Milliliter) auffüllen. Mit der Sahne in eine Pfanne geben. Fix für Kräuter-Rahmschnitzel einrühren, aufkochen und 1 Minute kochen.
4. Fleischwürfel, Spargel und gefrorene Erbsen zugeben und heiß werden lassen. Frikassee in die Pasteten füllen.

Zubereitungszeit ca. 35 min

Überbackene Schnitzel

Pro Portion (bei 3 Port.): 2110 kJ/505 kcal, 44 g E, 33g F, 7 g KH

Zutaten für 2–3 Portionen:

3 Kalbsschnitzel à 150 g

200 ml Schlagsahne

1 Beutel KNORR Fix für Kräuter-Rahmschnitzel

50 g geriebener Emmentaler

1. Die Schnitzel ohne anzubraten in eine gefettete Auflaufform legen.
2. Sahne und 50 Milliliter kaltes Wasser in eine Schüssel geben und Fix für Kräuter-Rahmschnitzel einrühren. Die Mischung über die Schnitzel gießen und mit Käse bestreuen.
3. Die Form in den vorgeheizten Backofen schieben und die Schnitzel bei 200 °C (Gas Stufe 3, Umluft 175 °C) in ca. 30 Minuten goldbraun backen.

Mit Möhrengemüse und Erbsen servieren.

tipp

Die Möhren mit dem Sparschäler in dünne Scheiben schneiden und etwa 1 Minute in Salzwasser garen.

Zubereitungszeit ca. 30 min

Seelachs in Dillrahm

Pro Portion (bei 2 Port.): 1700 kJ/408 kcal, 40 g E, 22 g F, 12 g KH

Zutaten für 2–3 Portionen:

400 g Seelachsfilet

Salz, Pfeffer

2–3 EL Öl

200 g Zucchini

2 EL Crème fraîche

1 Beutel KNORR Fix für Kräuter-Rahmschnitzel

1 EL Zitronensaft

2 EL fein geschnittener Dill

1. Seelachsfilet in Portionsstücke schneiden, salzen und pfeffern. In einer Pfanne in heißem Öl von jeder Seite etwa 6 Minuten braten, herausnehmen und warm stellen.
2. Zucchini waschen, putzen, in Stücke schneiden und im restlichen Bratfett kurz andünsten. 300 Milliliter Wasser und Crème fraîche dazugeben, Fix für Kräuter-Rahmschnitzel einrühren und aufkochen.
3. Zitronensaft und Dill zum Gemüse geben. Alles 3 bis 5 Minuten garen und zum Fisch servieren.

Dazu: Reis und Zucchinigemüse.

tipp

Statt Seelachs frische Forellen braten.

Zubereitungszeit ca. 20 min

Knoblauch-Rahmsauce

Pro Portion (bei 2 Port.): 880 kJ/211 kcal, 3 g E, 18 g F, 10 g KH

Zutaten für 2–3 Portionen:

1 große Tomate
1 Beutel KNORR Fix für Kräuter-Rahmschnitzel
50 ml Schlagsahne
1 Knoblauchzehe
Basilikumblätter

tipp

Jungen Knoblauch ruhig reichlich verwenden: Selbst 3 bis 4 Zehen schmecken nicht zu scharf.

1. Tomate mit kochendem Wasser überbrühen und abziehen. Das Fruchtfleisch in Würfel schneiden.
2. Fix für Kräuter-Rahmschnitzel in 1/4 Liter (250 Milliliter) kaltes Wasser und Sahne einrühren. Unter Rühren aufkochen. Knoblauchzehe abziehen und dazupressen. Die Sauce 1 Minute kochen. Tomatenwürfel und Basilikumblätter dazu geben.

   Die Sauce passt ideal zu Riesengarnelen. Pro Portion 3 Riesengarnelen in Öl 2 bis 3 Minuten braten.

Zubereitungszeit ca. 15 min

Lamm in Kapernrahm

Pro Portion (bei 2 Port.): 2555 kJ/613 kcal, 42 g E, 43 g F, 14 g KH

Zutaten für 2–3 Portionen:

400 g ausgelöster Lammrücken (Lammlachse)
2 EL Öl
1 Beutel KNORR Fix für Kräuter-Rahmschnitzel
50 ml Schlagsahne
2 EL Kapern
1 EL Kapernflüssigkeit

1. Fleisch in Portionsstücke schneiden und in heißem Öl rundherum anbraten. Im vorgeheizten Backofen bei 175 °C (Gas Stufe 2, Umluft 150 °C) in etwa 8 Minuten fertig garen.
2. Fix für Kräuter-Rahmschnitzel in 1/4 Liter (250 Milliliter) kaltes Wasser und Sahne einrühren. Unter Rühren aufkochen und 1 Minute kochen. Kapern mit der Kapernflüssigkeit unterrühren. Das Fleisch mit der Kapern-Rahmsauce anrichten.

Zubereitungszeit ca. 30 min

Pilz-Kräuter-Ragout

Pro Portion (bei 2 Port.): 3363 kJ/799 kcal, 24 g E, 44 g F, 80 g KH

Zutaten für 2–3 Portionen:

1 Packung PFANNI Semmelknödel in Kochbeuteln (6 Stück)

Salz

500 g gemischte Pilze (z.B. Champignons, Austernpilze, Shiitake)

1 Zwiebel

2 EL Öl

Pfeffer

50 ml Schlagsahne

1 Beutel KNORR Fix für Kräuter-Rahmschnitzel

1. Die Knödel in kaltem Salzwasser 10 Minuten quellen lassen. Sprudelnd aufkochen und bei schwacher Hitze 10 Minuten ziehen lassen.
2. Pilze putzen und halbieren. Die Zwiebel abziehen und würfeln. Pilze und Zwiebelwürfel in einer Pfanne in heißem Öl anbraten. Mit Salz und Pfeffer würzen.
3. 1/4 Liter (250 Milliliter) kaltes Wasser und Sahne dazugießen. Fix für Kräuter-Rahmschnitzel einrühren, unter Rühren aufkochen und 1 Minute kochen lassen. Das Pilz-Kräuter-Ragout zu den Semmelknödeln servieren.

tipp

Mit frischem Schnittlauch oder einem Zweig Rosmarin garnieren.

10 Rezept-Ideen

Fix für Kräuter-Sahne-Hähnchen

Hochsaison
für leckere Ideen

Zubereitungszeit ca. 45 min

Gefüllte Gurke

Pro Portion (bei 3 Port.): 2110 kJ/505 kcal, 17 g E, 44 g F, 10 g KH

Zutaten für 2–3 Portionen:

- 1 große Salatgurke
- 200 g Mett (gewürztes Schweinehack)
- 2 EL Magerquark
- 1 Beutel KNORR Fix für Kräuter-Sahne-Hähnchen
- 1/4 l (250 ml) Schlagsahne
- 2 Knoblauchzehen
- 1/2 Bund Dill

1. Gurke schälen und in etwa 5 Zentimeter lange Stücke schneiden. Die Stücke aufrecht stellen und mit einem Löffel etwas aushöhlen, dabei die Kerne herauskratzen.
2. Mett mit Quark verrühren, in die Gurkenstücke füllen und nebeneinander in eine gefettete flache Auflaufform setzen.
3. Fix für Kräuter-Sahne-Hähnchen mit Sahne verrühren. Knoblauchzehen abziehen, zerdrücken und unterrühren. Die Mischung über die Gurken gießen. Im vorgeheizten Backofen bei 200 °C (Gas Stufe 3, Umluft 175 °C) etwa 30 Minuten garen. Dill waschen, fein hacken und das fertige Gericht damit bestreuen.

Dazu passen Salzkartoffeln oder Kroketten.

tipp

Halbierte Cocktailtomaten zwischen die Gurkenstücke verteilen.

Zubereitungszeit ca. 40 min

Gefüllte Pfannkuchen

Pro Portion (bei 3 Port.): 2970 kJ/709 kcal, 25 g E, 55 g F, 30 g KH

1. Champignons putzen, klein schneiden und in heißem Öl kräftig anbraten. Tomate waschen, putzen und würfeln. Salami ebenfalls in Würfel schneiden. Pilze, Salami- und Tomatenwürfel mischen, mit Salz und Pfeffer würzen und auf die Pfannkuchen verteilen.
2. Pfannkuchen aufrollen und nebeneinander in eine gefettete flache Auflaufform legen. Fix für Kräuter-Sahne-Hähnchen mit Sahne verrühren, über die Pfannkuchen gießen und mit geriebenem Käse bestreuen.
3. Im vorgeheizten Backofen bei 200 °C (Gas Stufe 3, Umluft 175 °C) etwa 20 Minuten überbacken. Mit Petersilie bestreuen.

Zutaten für 2–3 Portionen:

- 300 g Champignons
- 1 EL Öl
- 1 Tomate
- 100 g Truthahn-Salami
- Salz, Pfeffer
- 5 vorgebackene Pfannkuchen (Fertigprodukt)
- 1 Beutel KNORR Fix für Kräuter-Sahne-Hähnchen
- 1/4 l (250 ml) Schlagsahne
- 50 g geriebener Käse
- 1 EL gehackte Petersilie

Zubereitungszeit ca. 45 min

Überbackene Hähnchenbrust »Kentucky«

Pro Portion: 2475 kJ/592 kcal, 45 g E, 42 g F, 10 g KH

Zutaten für 3 Portionen:

200 g Tomaten

50 g gesalzene Erdnüsse

3 Hähnchenbrustfilets (ca. 350 g)

1 Beutel KNORR Fix für Kräuter-Sahne-Hähnchen

1/4 l (250 ml) Schlagsahne

1 EL Erdnussbutter

1. Tomaten waschen, putzen und in Scheiben schneiden. Erdnüsse klein hacken. Hähnchenbrustfilets in eine flache Auflaufform legen. Tomatenscheiben darüber verteilen.
2. Fix für Kräuter-Sahne-Hähnchen mit Sahne und Erdnussbutter verrühren und über das Fleisch gießen. Mit den gehackten Erdnüssen bestreuen.
3. Das Fleisch im vorgeheizten Backofen bei 200 °C (Gas Stufe 3, Umluft 175 °C) etwa 30 Minuten garen.

Dazu passen Röstkartoffeln aus dem Backofen.

tipp

Dazu einen gut gekühlten kalifornischen Weißwein servieren.

Zubereitungszeit ca. 20 min

Schweinegeschnetzeltes mit Champignons

Pro Portion (bei 3 Port.): 1635 kJ/391 kcal, 23 g E, 31 g F, 6 g KH

Zutaten für 2–3 Portionen:

250 g Schweine- oder Putenschnitzel
2 EL Öl
150 g Champignons
200 ml Schlagsahne
1 Beutel KNORR Fix für Kräuter-Sahne-Hähnchen
1–2 TL mittelscharfer Senf
2 EL Schnittlauch-röllchen

1. Das Fleisch in Streifen schneiden und in heißem Öl rundherum braun braten, herausnehmen und warm stellen.
2. Champignons putzen, in Scheiben schneiden und im restlichen Bratfett anbraten. 100 Milliliter Wasser und Sahne dazugießen. Fix für Kräuter-Sahne-Hähnchen einrühren, unter Rühren aufkochen und 1 Minute kochen.
3. Fleisch wieder dazugeben und die Sauce mit Senf abschmecken. Mit Schnittlauch-röllchen bestreuen und servieren.

tipp

Eine schnelle Beilage: PFANNI Kartoffel-Püree.

Lecker

Zubereitungszeit ca. 35 min

Frikadellen auf Spätzle

Pro Portion (bei 3 Port.): 2930 kJ/700 kcal, 30 g E, 44 g F, 47 g KH

Fleisch einlegen
Kräftig würzen

Zutaten für 2–3 Portionen:

150 g Spätzle-Nudeln
3 Geflügelfrikadellen aus der Kühltheke
1 Zwiebel
1 EL Öl
1 Beutel KNORR Fix für Kräuter-Sahne-Hähnchen
1/4 l (250 ml) Schlagsahne
50 g Mais aus der Dose

tipp

Zwiebelsahne mit einem Schuss trockenem Vermouth abschmecken.

1. Die ungekochten Nudeln in eine gefettete flache Auflaufform verteilen. Geflügelfrikadellen darauf setzen.
2. Zwiebel abziehen, in Ringe schneiden und in heißem Öl goldbraun rösten. Fix für Kräuter-Sahne-Hähnchen mit Sahne verrühren. Mais abtropfen lassen. Mit den Zwiebelringen unter die Sahne mischen.
3. Zwiebelsahne über Nudeln und Frikadellen gießen und im vorgeheizten Backofen bei 200 °C (Gas Stufe 3, Umluft 175 °C) etwa 25 Minuten backen.

Dazu passt Radicchio- oder Feldsalat.

Zubereitungszeit ca. 50 min

Hähnchen-Gratin

Pro Portion (bei 3 Port.): 2180 kJ/521 kcal, 30 g E, 36 g F, 19 g KH

1. Kartoffeln schälen, waschen und abtrocknen. Auf einem Gemüsehobel oder in der Küchenmaschine in feine Scheiben hobeln. Hähnchenbrustfilet in flache Stücke schneiden. In eine gefettete Auflaufform Kartoffeln und Fleischstücke so einschichten, dass die oberste Schicht aus Kartoffeln besteht.
2. Fix für Kräuter-Sahne-Hähnchen mit Sahne verrühren, über Kartoffeln und Fleisch gießen und mit geriebenem Käse bestreuen. Im vorgeheizten Backofen bei 200 °C (Gas Stufe 3, Umluft 175 °C) etwa 30 Minuten überbacken.

   Dazu grünen Blattsalat servieren.

Zutaten für 2–3 Portionen:

250 g Kartoffeln

250 g Hähnchenbrustfilet

1 Beutel KNORR Fix für Kräuter-Sahne-Hähnchen

1/4 l (250 ml) Schlagsahne

50 g geriebener Emmentaler

tipp

Zur Abwechslung den Käse durch gehackte Nüsse ersetzen.

Zubereitungszeit ca. 50 min

Ofenkartoffel mit Fisch

Pro Portion (bei 3 Port.): 2135 kJ/510 kcal, 13 g E, 34 g F, 38 g KH

1. Kartoffeln mit Schale in Salzwasser etwa 20 Minuten kochen, abkühlen lassen und längs halbieren. Mit einem Teelöffel etwas aushöhlen und die Kartoffelmasse zur Seite stellen.
2. Frühlingszwiebeln putzen, waschen und in Ringe schneiden. Thunfisch abgießen, mit Zwiebeln, Senf und der Kartoffelmasse mischen. Kartoffelhälften damit füllen und in eine Auflaufform setzen.
3. Fix für Kräuter-Sahne-Hähnchen mit Sahne verrühren, über die Kartoffeln gießen und im vorgeheizten Backofen bei 200 °C (Gas Stufe 3, Umluft 175 °C) etwa 20 Minuten backen.

Zutaten für 2–3 Portionen:

6 mittelgroße Kartoffeln

Salz

2 Frühlingszwiebeln

70 g Thunfisch aus der Dose

2 TL Senf

1 Beutel KNORR Fix für Kräuter-Sahne-Hähnchen

1/4 l (250 ml) Schlagsahne

tipp

Vor dem Backen mit geriebenem Parmesan bestreuen.

Zubereitungszeit ca. 40 min

Gyros-Auflauf in Sahne

Pro Portion (bei 3 Port.): 2315 kJ/554 kcal, 26 g E, 47 g F, 8 g KH

Zutaten für 2–3 Portionen:

300 g Broccoli

250 g Gyros (vom Metzger)

1 Beutel KNORR Fix für Kräuter-Sahne-Hähnchen

1/4 l (250 ml) Schlagsahne

50 g geriebener Käse (z.B. junger Gouda)

1. Broccoli putzen, waschen und in gleichmäßige kleine Röschen teilen. Gyros und die Broccoliröschen in eine flache Auflaufform geben.
2. Fix für Kräuter-Sahne-Hähnchen mit Sahne und geriebenem Käse verrühren und über die Fleisch-Gemüse-Mischung gießen.
3. Den Gyros-Auflauf im vorgeheizten Backofen bei 200 °C (Gas Stufe 3, Umluft 175 °C) etwa 30 Minuten garen. In der Form servieren.

   Dazu passen Pommes frites oder Rösti.

tipp

Angedünstete Zwiebelscheiben und zerdrückten Knoblauch untermischen.

Zubereitungszeit ca. 25 min

Hühnerfrikassee

Pro Portion: 1560 kJ/373 kcal, 23 g E, 27 g F, 11 g KH

Zutaten für 3 Portionen:

200 g Hähnchenbrustfilet

100 g Champignons

150 g Spargel (TK oder Glas)

100 g TK-Erbsen

200 ml Schlagsahne

1 Beutel KNORR Fix für Kräuter-Sahne-Hähnchen

Salz, Pfeffer

1–2 TL Zitronensaft oder Weißwein

1. Hähnchenbrustfilet würfeln. Champignons putzen und in Scheiben schneiden. Spargel auftauen lassen oder abtropfen und in Stücke schneiden.
2. 300 Milliliter Wasser aufkochen, Hähnchenwürfel, Champignonscheiben, Spargelstücke und gefrorene Erbsen dazugeben. Sahne dazugießen, Fix für Kräuter-Sahne-Hähnchen einrühren und unter Rühren aufkochen.
3. Bei mittlerer Hitze ohne Deckel etwa 10 Minuten garen. Das Frikassee mit Salz, Pfeffer und Zitronensaft oder Weißwein abschmecken.

Zubereitungszeit ca. 1 h 10 min

Sahnerollbraten

Pro Portion (bei 4 Port.): 2300 kJ/549 kcal, 28 g E, 47 g F, 5 g KH

Zutaten für 3–4 Portionen:

1 Knoblauchzehe
500 g Putenrollbraten
Salz, Pfeffer
2 EL Öl
1/4 l (250 ml) Schlagsahne
1 Beutel KNORR Fix für Kräuter-Sahne-Hähnchen

1. Knoblauchzehe abziehen und fein hacken. Putenrollbraten salzen, pfeffern und in heißem Öl rundherum anbraten. Knoblauch dazugeben und die Sahne dazugießen.
2. Fix für Kräuter-Sahne-Hähnchen einrühren, unter Rühren aufkochen und zugedeckt bei schwacher Hitze etwa 1 Stunde schmoren; den Braten zwischendurch wenden, eventuell etwas Wasser nachgießen.
3. Rollbraten in Scheiben schneiden und mit der Sauce servieren.

Dazu passen breite Bandnudeln.

tipp

10 Gramm Steinpilze einweichen und in den letzten 30 Minuten mitgaren.

10 Rezept-Ideen

Fix für Lachs auf Blattspinat

Traumgerichte
aus der eigenen Küche

Zubereitungszeit ca. 25 min

Lachs-Spaghetti

Pro Portion (bei 3 Port.): 2866 kJ/685 kcal, 28 g E, 33 g F, 64 g KH

1. Spaghetti in reichlich Salzwasser bissfest kochen und in einem Sieb abgießen.
2. Lachs in Stücke schneiden und in einer Pfanne in heißem Öl bei mittlerer Hitze 4 bis 5 Minuten braten. Herausnehmen.
3. Schlagsahne und Wein in die Pfanne gießen, Fix für Lachs auf Blattspinat einrühren und kurz aufkochen lassen. Schnittlauchröllchen unterrühren.
4. Abgetropfte Nudeln in eine Schüssel geben. Sauce und Lachs darüber verteilen und alles locker mischen.

Zutaten für 2–3 Portionen:

250 g Spaghetti, Salz

250 g Lachsfilet (frisch oder TK, angetaut)

1 EL Öl

200 ml Schlagsahne

50 ml trockener Weißwein

1 Beutel KNORR Fix für Lachs auf Blattspinat

2 EL Schnittlauch-röllchen

tipp

Essen Kinder mit, den Wein durch Wasser mit etwas Zitrone ersetzen.

Zubereitungszeit ca. 45 min

Rotbarsch-Gratin

Pro Portion (bei 3 Port.): 1733 kJ/414 kcal, 20 g E, 30 g F, 17 g KH

1. Apfel-Rotkohl auftauen und in eine flache Auflaufform geben. Rotbarschfilet auf den Rotkohl legen.
2. Fix für Lachs auf Blattspinat mit Sahne, 50 Milliliter Wasser und geriebenem Meerrettich verrühren. Sauce gleichmäßig über Fisch und Gemüse verteilen.
3. Im vorgeheizten Backofen bei 200 °C (Gas Stufe 3, Umluft 175 °C) 20 bis 25 Minuten überbacken. Nach Belieben mit Dill garnieren.

Dazu passen Kartoffeln.

Zutaten für 2–3 Portionen:

450 g TK-Apfel-Rotkohl

250 g Rotbarschfilet (frisch oder TK, angetaut)

1 Beutel KNORR Fix für Lachs auf Blattspinat

200 ml Schlagsahne

1–2 TL geriebener Meerrettich

evtl. Dill zum Garnieren

tipp

Die Sauce mit abgeriebener Limettenschale würzen.

Zubereitungszeit ca. 45 min

Reis-Spinat-Auflauf mit Thunfischsauce

Pro Portion (bei 3 Port.): 2033 kJ/486 kcal, 18 g E, 37 g F, 21 g KH

Zutaten für 2–3 Portionen:

225 g TK-Blattspinat
150 g gekochter Langkornreis
1 Zwiebel
2 Knoblauchzehen
1 Zweig Rosmarin
1 EL Olivenöl
130 g Thunfisch naturell aus der Dose
200 ml Schlagsahne
1 Beutel KNORR Fix für Lachs auf Blattspinat
50 g geriebener Käse
Rosmarin zum Garnieren

1. Spinat auftauen und abtropfen lassen. Reis in eine flache Auflaufform geben, den Spinat darauf verteilen.
2. Zwiebel und Knoblauchzehen abziehen und fein würfeln. Rosmarin waschen und die Nadeln abzupfen. Zwiebel, Knoblauch und Rosmarin in heißem Olivenöl andünsten. Thunfisch zugeben und kurz mitdünsten.
3. Alles in eine hohe Schüssel geben, mit Sahne und 50 Milliliter Wasser pürieren. Fix für Lachs auf Blattspinat einrühren. Sauce über Spinat und Reis geben. Mit Käse bestreuen.
4. Im vorgeheizten Backofen bei 200 °C (Gas Stufe 3, Umluft 175 °C) 20 bis 25 Minuten überbacken. Mit Rosmarin garnieren.

tipp

Noch schneller: Zwiebel, Knoblauch und Rosmarin zusammen im Blitzhacker zerkleinern.

Zubereitungszeit ca. 60 min

Spargel-Lachs-Gratin mit Kartoffelsahne

Pro Portion (bei 3 Port.): 1830 kJ/438 kcal, 22 g E, 28 g F, 24 g KH

Zutaten für 2–3 Portionen:

300 g kleine Kartoffeln (vorwiegend fest kochend)

300 g grüner Spargel

Salz, 1 Prise Zucker

250 g Lachsfilet (frisch oder TK, angetaut)

200 ml Schlagsahne

1 Beutel KNORR Fix für Lachs auf Blattspinat

Pfeffer, Muskat

evtl. Petersilie

1. Kartoffeln schälen. Das untere Drittel der Spargelstangen schälen und die Enden abschneiden. Spargel in Stücke schneiden. Kartoffeln in kochendes Salzwasser geben und etwa 10 bis 15 Minuten garen. Spargel zufügen und mit Zucker etwa 5 Minuten garen. Kartoffeln und Spargel herausnehmen.
2. Lachsfilet mit dem Spargel in eine flache Auflaufform geben.
3. Kartoffeln klein schneiden und mit Sahne fein pürieren. 150 Milliliter Wasser und Fix für Lachs auf Blattspinat einrühren. Mit Salz, Pfeffer und Muskat würzen. Kartoffelsahne über Lachs und Spargel verteilen.
4. Im vorgeheizten Backofen bei 200 °C (Gas Stufe 3, Umluft 175 °C) 20 bis 25 Minuten überbacken. Nach Belieben mit Petersilienblättchen garnieren.

tipp

Frisch gerieben schmeckt Muskat doppelt aromatisch.

Zubereitungszeit ca. 45 min

Gratiniertes Fischfilet

Pro Portion (bei 3 Port.): 1704 kJ/407 kcal, 24 g E, 30 g F, 11 g KH

Zutaten für 2–3 Portionen:

200 g Lauch

300 g Seelachsfilet (frisch oder TK, angetaut)

1 Beutel KNORR Fix für Lachs auf Blattspinat

200 ml Schlagsahne

1–2 TL mittelscharfer Senf

1 EL Kapern

tipp

Statt Lauch angedünstete rote Zwiebeln untermischen.

1. Lauch putzen, waschen und in feine Ringe schneiden. Seelachsfilet in eine flache Auflaufform geben.
2. Fix für Lachs auf Blattspinat mit Schlagsahne und Senf verrühren. Lauchringe und Kapern untermischen und gleichmäßig auf dem Fisch verteilen.
3. Im vorgeheizten Backofen bei 200 °C (Gas Stufe 3, Umluft 175 °C) 25 bis 35 Minuten überbacken.

Dazu passen Pellkartoffeln.

Zubereitungszeit ca. 30 min

Überbackene Garnelen

Pro Portion (bei 3 Port.): 899 kJ/216 kcal, 23 g E, 8 g F, 11 g KH

Zutaten für 2–3 Portionen:

400 g rohe Riesengarnelen mit Schale
1 Knoblauchzehe
1 EL Olivenöl
400 g Tomatenstücke aus der Dose
1 Beutel KNORR Fix für Lachs auf Blattspinat
1/2–1 EL frisch geriebene Ingwerwurzel
1 TL Honig
3 EL Vollmilchjoghurt
evtl. Zitronenthymian

1. Garnelen schälen, entlang des Rückens aufschlitzen und die schwarzen Darmfäden entfernen. Garnelen waschen und trockentupfen. Knoblauchzehe abziehen und in feine Scheiben schneiden. Garnelen mit Knoblauch in heißem Olivenöl etwa 1 Minute braten und in eine flache Auflaufform geben.
2. Tomatenstücke mit Fix für Lachs auf Blattspinat, Ingwer, Honig und Joghurt verrühren und auf den Garnelen verteilen.
3. Im vorgeheizten Backofen bei 200 °C (Gas Stufe 3, Umluft 175 °C) etwa 15 Minuten überbacken. Nach Belieben mit Zitronenthymian garnieren.

Dazu passt Reis oder Baguette.

Zubereitungszeit ca. 30 min

Kabeljaucremesuppe

Pro Portion (bei 3 Port.): 1452 kJ/348 kcal, 18 g E, 26 g F, 10 g KH

Zutaten für 2–3 Portionen:

250 g Kabeljaufilet (frisch oder TK, angetaut)
1/2 unbehandelte Zitrone
Salz
3 Frühlingszwiebeln
100 g Champignons
1 EL Butter oder Margarine
Pfeffer, Muskat
200 ml Schlagsahne
1 Beutel KNORR Fix für Lachs auf Blattspinat

1. Fischfilet in etwa 2 bis 3 Zentimeter große Würfel schneiden. Mit etwas Zitronensaft beträufeln und leicht salzen.
2. Frühlingszwiebeln putzen, waschen und schräg in Stücke schneiden. Champignons putzen und in Scheiben schneiden. Fett zerlassen, Frühlingszwiebeln und Champignons darin andünsten. Mit Salz, Pfeffer, Muskat und etwas abgeriebener Zitronenschale würzen.
3. 200 Milliliter Wasser und Sahne zugießen, Fix für Lachs auf Blattspinat einrühren und aufkochen. Fischwürfel zugeben und zugedeckt bei schwacher Hitze etwa 10 Minuten garen.

Zubereitungszeit ca. 30 min

Kokos-Fisch-Curry

Pro Portion (bei 3 Port.): 1136 kJ/271 kcal, 22 g E, 13 g F, 15 g KH

Zutaten für 2–3 Portionen:

1 rote Paprikaschote
1 kleine Zucchini
1 EL Öl
1 TL Currypulver
1/2 TL Kurkuma
400 ml Kokosmilch aus der Dose
1 Beutel KNORR Fix für Lachs auf Blattspinat
300 g Seelachsfilet (frisch oder TK, angetaut)
Salz
2–3 EL Orangen- oder Ananassaft
Pfeffer
evtl. Zitronenmelisse

1. Paprikaschote waschen, halbieren, entkernen und in Streifen schneiden. Zucchini waschen und klein schneiden. Beide Gemüse in heißem Öl etwa 5 Minuten dünsten. Currypulver und Kurkuma zugeben und kurz mitdünsten. Kokosmilch zugießen, Fix für Lachs auf Blattspinat einrühren und aufkochen lassen.
2. Seelachsfilet in Stücke schneiden und leicht salzen. Zum Gemüse geben und zugedeckt bei schwacher Hitze etwa 8 Minuten ziehen lassen.
3. Mit Orangen- oder Ananassaft und mit Pfeffer abschmecken und evtl. mit Zitronenmelisseblättchen bestreuen.

Dazu passt Reis.

Zubereitungszeit ca. 25 min

Lachsragout mit Gurke

Pro Portion (bei 3 Port.): 1937 kJ/463 kcal, 20 g E, 38 g F, 11 g KH

Zutaten für 2–3 Portionen:

250 g Lachsfilet (frisch oder TK, angetaut)
1/2 EL Zitronensaft
Salz
1 Salatgurke
1 EL Öl
1 Beutel KNORR Fix für Lachs auf Blattspinat
100 g saure Sahne oder Schmand
1/2 Bund Dill
Pfeffer

1. Lachs in etwa 3 Zentimeter große Würfel schneiden. Mit Zitronensaft beträufeln und leicht salzen. Salatgurke evtl. schälen, längs halbieren, entkernen und in dicke Scheiben schneiden.
2. Gurkenscheiben in heißem Öl andünsten, 200 Milliliter Wasser zugießen, Fix für Lachs auf Blattspinat einrühren und aufkochen lassen. Saure Sahne oder Schmand unterrühren und die Lachswürfel zugeben.
3. Zugedeckt bei schwacher Hitze etwa 5 Minuten ziehen lassen. Dill waschen, fein schneiden und unterrühren. Lachsragout nach Belieben mit Salz und Pfeffer abschmecken.

Zubereitungszeit ca. 50 min

Gefüllte Kartoffeln

Pro Portion (bei 3 Port.): 1737 kJ/415 kcal, 13 g E, 23 g F, 36 g KH

Zutaten für 2–3 Portionen:

225 g TK-Blattspinat
4–6 große Kartoffeln (vorwiegend fest kochend)
80 g Shrimps
Salz, Pfeffer
1 Beutel KNORR Fix für Lachs auf Blattspinat
200 ml Schlagsahne

1. Spinat auftauen. Kartoffeln unter fließendem Wasser sauber bürsten und mit Schale etwa 10 Minuten vorkochen. Mit kaltem Wasser übergießen, der Länge nach halbieren und bis auf einen 1 Zentimeter breiten Rand aushöhlen.
2. Das Innere der Kartoffeln mit Spinat und den Shrimps mischen, salzen und pfeffern. Die Mischung in die Kartoffelhälften füllen und in eine flache Auflaufform setzen. Fix für Lachs auf Blattspinat mit Sahne verrühren und darüber gießen.
3. Die Kartoffeln im vorgeheizten Backofen bei 200 °C (Gas Stufe 3, Umluft 175 °C) 25 bis 30 Minuten überbacken.

tipp

Anstelle von Spinat knapp gegarten Wirsing verwenden.

10 Rezept-Ideen

Fix für Lachs-Sahne-Gratin

Das Geheimnis
sahnig-leichter Gerichte

Zubereitungszeit ca. 40 min

Lachs-Wirsing-Sauce

Pro Portion: 1640 kJ/392 kcal, 19 g E, 30 g F, 9 g KH

Zutaten für 3 Portionen:

250 g Lachsfilet (frisch oder TK)

150 g Wirsingblätter

1/2 unbehandelte Zitrone

Salz, Pfeffer

1 Beutel KNORR Fix für Lachs-Sahne-Gratin

200 ml Schlagsahne

50 ml Weißwein

1. Gefrorenen Lachs antauen lassen. Wirsingblätter waschen und 5 bis 8 Minuten in kochendem Wasser garen. Herausnehmen, mit kaltem Wasser abschrecken und gut abtropfen lassen. Wirsing in Streifen schneiden.
2. Zitronenschale abreiben, Saft auspressen. Lachsfilet in dünne Streifen schneiden, mit Zitronensaft beträufeln und mit Salz und Pfeffer würzen. Fix für Lachs-Sahne-Gratin in Sahne und Weißwein einrühren. Etwas abgeriebene Zitronenschale zugeben und aufkochen.
3. Lachs und Wirsingstreifen dazugeben. Bei schwacher Hitze 3 bis 5 Minuten garen. Nach Belieben mit Salz und Pfeffer abschmecken.

Passt zu Bandnudeln, Gnocchi oder Reis.

tipp

Die Sauce mit Schalenstreifen einer unbehandelten Orange garnieren.

Zubereitungszeit ca. 45 min

Gratinierter Kabeljau

Pro Portion: 2440 kJ/584 kcal, 30 g E, 27 g F, 43 g KH

1. Gefrorenen Fisch antauen lassen. Lauch putzen, waschen und in feine Ringe schneiden. Sahne mit Weißwein aufkochen. Lauch, Reis und Safran einrühren und zugedeckt bei schwacher Hitze 10 Minuten garen. Fix für Lachs-Sahne-Gratin einrühren und kurz aufkochen.
2. Fischfilets in eine gefettete Auflaufform legen. Lauch-Reis-Mischung über den Fisch geben. Im vorgeheizten Backofen bei 200 °C (Gas Stufe 3, Umluft 175 °C) 15 bis 20 Minuten backen. Nach Belieben mit Dill garnieren.

Zutaten für 3 Portionen:

300–400 g Kabeljaufilet (frisch oder TK)

200 g Lauch

200 ml Schlagsahne

200 ml Weißwein

125 g Schnellkochreis

1 Msp. Safran (oder Kurkuma)

1 Beutel KNORR Fix für Lachs-Sahne-Gratin

evtl. Dill

Zubereitungszeit ca. 45 min

Seelachsfilet in Zitronen-Senf-Sauce

Pro Portion (bei 3 Port.): 1842 kJ/440 kcal, 28 g E, 31 g F, 12 g KH

Zutaten für 3–4 Portionen:

300–400 g Seelachsfilet (frisch oder TK)

1 1/2 unbehandelte Zitronen

Pfeffer

1 Beutel KNORR Fix für Lachs-Sahne-Gratin

1/4 l (250 ml) Schlagsahne

1–2 TL Senf

1/2 Bund glatte Petersilie

1. Gefrorene Seelachsfilets antauen lassen. Filets nebeneinander in eine gefettete Auflaufform legen. Zitronen heiß waschen und abtrocknen. Ganze Zitrone in dünne Scheiben schneiden. Von der 1/2 Zitrone die Schale abreiben und den Saft auspressen. Fisch mit Zitronensaft beträufeln und mit Pfeffer würzen.
2. Fix für Lachs-Sahne-Gratin in Sahne einrühren. Senf und abgeriebene Zitronenschale dazugeben. Sauce über den Fisch gießen. Das Gratin im vorgeheizten Backofen bei 200 °C (Gas Stufe 3, Umluft 175 °C) etwa 25 Minuten garen.
3. Petersilie waschen, trockentupfen und grob hacken. Den Seelachs mit Zitronenscheiben und Petersilie anrichten.

Dazu passen Brat- oder Salzkartoffeln.

tipp

Zum Seelachsfilet einen kräftigen spanischen Weißwein aus der Region Rueda servieren oder herben französischen Cidre.

Zubereitungszeit ca. 35 min

Asiatische Fischpfanne mit Kokosmilch

Pro Portion: 1610 kJ/386 kcal, 29 g E, 17 g F, 22 g KH

Zutaten für 3 Portionen:

- 300–400 g Seelachsfilet (frisch oder TK)
- 1–2 TL Zitronensaft
- 1 walnussgroßes Stück Ingwerwurzel
- 250 g Lauch
- 1 rote Paprikaschote
- 1 Knoblauchzehe
- 180 g Bambusschösslinge aus dem Glas
- 1–2 EL Öl
- 1 Beutel KNORR Fix für Lachs-Sahne-Gratin
- 1/8 l (125 ml) Kokosmilch aus der Dose
- 1/8 l (125 ml) Schlagsahne
- Salz, Pfeffer

1. Gefrorene Seelachsfilets auftauen. Fisch in Würfel schneiden und mit Zitronensaft beträufeln. Ingwer schälen und fein würfeln. Lauch putzen, waschen und in Ringe schneiden. Paprikaschote waschen, halbieren, entkernen und in dünne Streifen schneiden.
2. Knoblauchzehe abziehen, zerdrücken und mit Lauch, Paprikastreifen, Ingwer und Bambusschösslingen in einer Pfanne in heißem Öl 3 Minuten dünsten; dabei mehrfach umrühren.
3. Fix für Lachs-Sahne-Gratin in Kokosmilch, Sahne und 100 Milliliter Wasser einrühren. Zum Gemüse gießen, aufkochen und mit Salz und Pfeffer abschmecken. Fischwürfel dazugeben und zugedeckt bei schwacher Hitze etwa 5 Minuten garen.

tipp

Die Fischpfanne zur Abwechslung mit Lengfisch oder Lachsforellenfilet zubereiten.

Zubereitungszeit ca. 25 min

Pasta mit Lachs-Sauce

Pro Portion (bei 2 Port.): 3660 kJ/875 kcal, 26 g E, 47 g F, 82 g KH

Zutaten für 2–3 Portionen:

200 g grüne Bandnudeln
Salz
150 g Schalotten
1 EL Öl
50 ml Weißwein
200 ml Schlagsahne
1 Beutel KNORR Fix für Lachs-Sahne-Gratin
100 g Räucherlachs

tipp

Den Weißwein durch trockenen weißen Wermut (Noilly Prat) ersetzen.

1. Bandnudeln in reichlich Salzwasser bissfest garen und in einem Sieb abgießen.
2. Schalotten abziehen, halbieren und längs in dünne Spalten schneiden. In einem Topf in heißem Öl andünsten, Weißwein dazugeben. Das Gemüse weich dünsten. Sahne und 50 Milliliter Wasser dazugießen, Fix für Lachs-Sahne-Gratin einrühren, unter Rühren aufkochen und bei schwacher Hitze 1 Minute kochen.
3. Lachs in Streifen schneiden und in der Sauce erwärmen, aber nicht mehr kochen. Sauce mit Bandnudeln anrichten.

Zubereitungszeit ca. 40 min

Rotbarsch mit Speck

Pro Portion: 2112 kJ/504 kcal, 35 g E, 36 g F, 10 g KH

Zutaten für 3 Portionen:

300–400 g Rotbarschfilet (frisch oder TK)

1 Beutel KNORR Fix für Lachs-Sahne-Gratin

1/4 l (250 ml) Schlagsahne

1 Zwiebel

50 g durchwachsener Speck

450 g TK-Blattspinat

1 Knoblauchzehe

Salz, Pfeffer, Muskat

1. Gefrorene Rotbarschfilets antauen lassen. Fischfilets in eine gefettete Auflaufform legen. Fix für Lachs-Sahne-Gratin in Sahne einrühren und über den Fisch gießen.
2. Zwiebel abziehen und in Würfel schneiden. Speck ebenfalls würfeln. Zwiebel- und Speckwürfel ohne Fettzugabe bei mittlerer Hitze in einer Pfanne braten und auf dem Fisch verteilen. Im vorgeheizten Backofen bei 200 °C (Gas Stufe 3, Umluft 175 °C) etwa 30 Minuten garen.
3. Blattspinat in 100 Milliliter Wasser bei mittlerer Hitze in etwa 18 Minuten auftauen und garen. Knoblauchzehe abziehen, zerdrücken und zufügen. Mit Salz, Pfeffer und Muskat abschmecken. Spinat zu dem Rotbarsch servieren.

tipp

Dazu passt ein Chardonnay aus dem italienischen Friaul.

Zubereitungszeit ca. 20 min

Tortellini mit Garnelen

Pro Portion: 3350 kJ/798 kcal, 31 g E, 48 g F, 61 g KH

1. Riesengarnelen bzw. Shrimps auftauen lassen.
2. 300 Milliliter Wasser und Sahne in einem Topf aufkochen. Tortellini dazugeben und zugedeckt bei schwacher Hitze 5 Minuten kochen.
3. Fix für Lachs-Sahne-Gratin zu den Tortellini geben, einrühren und 1 Minute kochen. Garnelen dazugeben und 2 bis 3 Minuten in der Sauce ziehen lassen. Nach Belieben mit Dill garnieren.

Zutaten für 2 Portionen:

200 g TK-Riesengarnelen (oder Shrimps)

200 ml Schlagsahne

250 g gefüllte Tortellini aus dem Kühlregal (z.B. mit Ricotta und Spinat gefüllt)

1 Beutel KNORR Fix für Lachs-Sahne-Gratin

evtl. Dill

Zubereitungszeit ca. 45 min

Lachs in Tomatensahne

Pro Portion (bei 3 Port.): 1482 kJ/355 kcal, 26 g E, 22 g F, 13 g KH

Zutaten für 2–3 Portionen:

250 g Lachsfilet (frisch oder TK)
2 Bund Frühlingszwiebeln
1 Beutel KNORR Fix für Lachs-Sahne-Gratin
100 ml Tomatensaft
50 ml Schlagsahne
evtl. Dill

tipp

Dazu können Sie einen Salat aus Rucola, Eichblatt und Chicorée reichen.

1. Gefrorene Lachsfilets antauen lassen. Fisch in eine gefettete Auflaufform legen. Frühlingszwiebeln putzen, waschen, in Ringe schneiden und auf dem Lachs verteilen.
2. Fix für Lachs-Sahne-Gratin in Tomatensaft, Sahne und 100 Milliliter Wasser einrühren, unter Rühren aufkochen und bei schwacher Hitze 1 Minute kochen.
3. Sauce über die Lachsfilets geben. Im vorgeheizten Backofen bei 200 °C (Gas Stufe 3, Umluft 175 °C) in 25 bis 30 Minuten garen.

Dazu schmeckt Reis (z.B. eine Mischung aus Langkorn- und Wildreis) oder Kartoffelpüree.

Zubereitungszeit ca. 45 min

Fisch-Gratin mit Gemüse

Pro Portion: 1685 kJ/402 kcal, 29 g E, 27 g F, 11 g KH

Zutaten für 3 Portionen:

300–400 g Seelachsfilet (frisch oder TK)
1 TL Zitronensaft
Pfeffer
250 g Zucchini
6 Cocktailtomaten
1 Beutel KNORR Fix für Lachs-Sahne-Gratin
200 ml Schlagsahne
evtl. Dill

tipp

Das Gratin in Portionsförmchen zubereiten.

1. Gefrorenen Fisch antauen lassen. Fisch mit Zitronensaft beträufeln und mit Pfeffer würzen, in eine gefettete Auflaufform geben.
2. Zucchini waschen, putzen und schräg in dünne Scheiben schneiden. Tomaten ebenfalls waschen und in Scheiben schneiden. Gemüse auf dem Fisch verteilen.
3. Fix für Lachs-Sahne-Gratin in Sahne einrühren und über den Fisch und das Gemüse gießen. Im vorgeheizten Backofen bei 200 °C (Gas Stufe 3, Umluft 175 °C) etwa 30 Minuten garen. Nach Belieben mit Dill garnieren.

Gut dazu: Reis oder Kartoffeln.

Zubereitungszeit ca. 55 min

Schollenröllchen

Pro Portion: 2130 kJ/508 kcal, 27 g E, 42 g F, 6 g KH

Zutaten für
2 Portionen:

250 g Schollenfilet (frisch oder TK)

1 Zucchini

1 Möhre

Salz

1 Beutel KNORR Fix für Lachs-Sahne-Gratin

1/4 l (250 ml) Schlagsahne

1. Gefrorene Schollenfilets auftauen. Zucchini waschen und putzen, die Möhre schälen. Beide Gemüse mit einem Sparschäler der Länge nach in dünne Streifen schneiden. Die Streifen in kochendem Salzwasser 1 Minute garen. Herausnehmen und abtropfen lassen.
2. Auf jedes Schollenfilet 1 bis 2 Zucchini- und Möhrenstreifen legen und aufrollen. Die Fischröllchen mit Holzspießchen feststecken und in eine gefettete Auflaufform geben.
3. Fix für Lachs-Sahne-Gratin in Sahne einrühren und über den Fisch gießen. Im vorgeheizten Backofen bei 200 °C (Gas Stufe 3, Umluft 175 °C) 25 bis 30 Minuten garen. Die restlichen Gemüsestreifen auf vorgewärmte Teller verteilen. Die Schollenröllchen mit der Sauce darauf anrichten.

tipp

Etwas kostspieliger, aber sehr edel: Feine Fischröllchen aus zartem Seezungenfilet.

10 Rezept-Ideen

Fix für Lasagne al forno

Ganz easy und herzhaft italienisch

Zubereitungszeit ca. 55 min

Pikante Pilz-Lasagne

Pro Portion (bei 3 Port.): 2170 kJ/519 kcal, 25 g E, 27 g F, 42 g KH

Zutaten für 2–3 Portionen:

- 400 g gemischte Pilze
- 1 Bund Frühlingszwiebeln
- 2 EL Öl
- Salz, Pfeffer
- 1 Beutel KNORR Fix für Lasagne al forno
- 6 Lasagneplatten ohne Vorkochen
- 250 g Ricotta-Käse
- 50 g Crème fraîche
- 50 g geriebener Käse

1. Die Pilze putzen, halbieren und eventuell vierteln. Frühlingszwiebeln putzen, waschen und in Ringe schneiden. Beides in einer Pfanne in heißem Öl etwa 5 Minuten braten. Mit Salz und Pfeffer würzen. 300 Milliliter kaltes Wasser in die Pfanne gießen, Fix für Lasagne al forno einrühren und 1 Minute kochen.
2. In eine gefettete Auflaufform abwechselnd Pilzsauce, Lasagneplatten und Ricotta schichten. Mit Sauce beginnen und abschließen. Crème fraîche und Käse darüber geben.
3. Im vorgeheizten Backofen bei 200 °C (Gas Stufe 3, Umluft 175 °C) in 25 bis 30 Minuten goldbraun backen.

Gut dazu: Blattsalat mit Nussöl-Dressing.

Zubereitungszeit ca. 60 min

Lauch-Cannelloni

Pro Portion (bei 3 Port.): 2995 kJ/715 kcal, 32 g E, 36 g F, 64 g KH

Zutaten für 3–4 Portionen:

- 2 Stangen Lauch
- Salz
- 10 Cannelloni (ital. Nudelrollen)
- 200 g Hackfleisch
- 1 EL Öl
- 2 Beutel KNORR Fix für Lasagne al forno
- 100 g Crème fraîche
- 50 g geriebener Käse

1. Lauch putzen, waschen und in etwa 10 Zentimeter lange Stücke schneiden. Lauchstücke 2 bis 3 Minuten in Salzwasser kochen.
2. Cannelloni mit dem Lauch füllen und nebeneinander in eine gefettete Auflaufform legen.
3. Hackfleisch in einem Topf in heißem Öl unter Rühren anbraten. 600 Milliliter kaltes Wasser dazugießen, Fix für Lasagne al forno einrühren, aufkochen und 1 Minute kochen lassen.
4. Sauce über die Cannelloni gießen, Crème fraîche darauf verteilen und mit Käse bestreuen. Im vorgeheizten Backofen bei 175 °C (Gas Stufe 2, Umluft 150 °C) 35 bis 40 Minuten backen.

tipp

Etwas Thymian zum Hackfleisch geben.

Zubereitungszeit ca. 50 min

Paprika-Schinken-Lasagne al forno

Pro Portion (bei 3 Port.): 2030 kJ/486 kcal, 24 g E, 26 g F, 39 g KH

Zutaten für 2–3 Portionen:

300 g Paprikaschoten (rot, grün, gelb)
150 g gekochter Schinken
2 EL Öl
1 Beutel KNORR Fix für Lasagne al forno
6 Lasagneplatten ohne Vorkochen
100 g Crème fraîche
50 g geriebener Gouda

1. Paprikaschoten waschen, halbieren, entkernen und in Stücke schneiden. Schinken würfeln. Paprikastücke und Schinkenwürfel in einem Topf in heißem Öl anbraten. 300 Milliliter kaltes Wasser dazugießen, Fix für Lasagne al forno einrühren und 1 Minute kochen.
2. In eine gefettete Auflaufform abwechselnd Schinken-Paprika-Sauce und Lasagneplatten schichten. Mit Sauce beginnen und abschließen. Crème fraîche und Gouda darüber geben.
3. Im vorgeheizten Backofen bei 200 °C (Gas Stufe 3, Umluft 175 °C) in 25 bis 30 Minuten goldbraun backen.

tipp

Zur Lasagne passt weißer Pinot Grigio aus dem Trentino oder frischer Orvieto classico.

Zubereitungszeit ca. 40 min

Gefüllte Tortellini mit Thunfischsauce

Pro Portion (bei 2 Port.): 4055 kJ/965 kcal, 45 g E, 46 g F, 92 g KH

Zutaten für 2–3 Portionen:

250 g getrocknete gefüllte Tortellini (z.B. mit Spinat und Ricotta)

140 g Thunfisch aus der Dose

1 Beutel KNORR Fix für Lasagne al forno

100 g Crème fraîche

50 g geriebener Käse

1. Tortellini in einer gefetteten Auflaufform verteilen. Thunfisch abtropfen lassen und darauf verteilen.
2. Fix für Lasagne al forno in 400 Milliliter kaltes Wasser einrühren, aufkochen und 1 Minute kochen lassen. Sauce über die Tortellini und den Thunfisch geben. Crème fraîche darauf verteilen und den Käse darüber streuen.
3. Im vorgeheizten Backofen bei 175 °C (Gas Stufe 2, Umluft 150 °C) 30 bis 35 Minuten backen.

tipp

Statt Thunfisch können Sie auch in Würfel geschnittenen Kochschinken verwenden.

Zubereitungszeit ca. 55 min

Gemüse-Lasagne

Pro Portion (bei 3 Port.): 1965 kJ/469 kcal, 15 g E, 27 g F, 42 g KH

Zutaten für 2–3 Portionen:

250 g Zucchini
250 g Möhren
2 EL Öl
150 g Crème fraîche
Salz, Pfeffer
1 Beutel KNORR Fix für Lasagne al forno
6 Lasagneplatten ohne Vorkochen
125 g Mozzarella

tipp

Italienisch: Die Lasagne anstelle von Möhren und Zucchini mit Mangold zubereiten.

1. Zucchini und Möhren putzen, waschen und separat in feine Scheiben hobeln. Möhren in heißem Öl etwa 5 Minuten dünsten, Zucchini zufügen und kurz mitdünsten.
2. 50 Gramm Crème fraîche unterrühren, mit Salz und Pfeffer würzen. Aus der Pfanne nehmen und warm stellen. 300 Milliliter kaltes Wasser in die Pfanne gießen, Fix für Lasagne al forno einrühren und 1 Minute kochen.
3. In eine gefettete Auflaufform abwechselnd Sauce, 3 Lasagneplatten und Gemüse einschichten. Den Vorgang wiederholen und mit Sauce abschließen. Restliche Crème fraîche und Mozzarellascheiben darüber geben.
4. Im vorgeheizten Backofen bei 200 °C (Gas Stufe 3, Umluft 175 °C) in 25 bis 30 Minuten goldbraun backen.

Zubereitungszeit ca. 40 min

Tortellini-Gratin

Pro Portion (bei 3 Port.): 2230 kJ/529 kcal, 22 g E, 20 g F, 64 g KH

Zutaten für 2–3 Portionen:

- 300 g TK-Broccoli
- 250 g Tortellini mit Fleischfüllung aus dem Kühlregal
- 1 Beutel KNORR Fix für Lasagne al forno
- 100 g Crème fraîche
- 30 g geriebener Käse

1. Broccoli auftauen lassen. In einer gefetteten Auflaufform die Tortellini verteilen. Broccoli darauf geben.
2. Fix für Lasagne al forno in 1/4 Liter (250 Milliliter) kaltes Wasser einrühren, aufkochen und 1 Minute kochen lassen. Sauce über die Tortellini und den Broccoli geben. Crème fraîche darauf verteilen und Käse darüber streuen.
3. Im vorgeheizten Backofen bei 200 °C (Gas Stufe 3, Umluft 175 °C) etwa 25 Minuten backen.

tipp

Noch würziger wird das Gratin, wenn Sie 50 Gramm angebratene Schinkenspeckwürfel mit in die Auflaufform geben.

Zubereitungszeit ca. 55 min

Lasagne mit Sauerkraut

Pro Portion (bei 3 Port.): 2965 kJ/709 kcal, 30 g E, 46 g F, 43 g KH

Zutaten für 2–3 Portionen:

- 250 g Hackfleisch
- 2 EL Öl
- 1 Beutel KNORR Fix für Lasagne al forno
- 1 Apfel
- 240 g Sauerkraut aus der Dose
- 200 g Crème fraîche
- 6 Lasagneplatten ohne Vorkochen
- 50 g geriebener Käse

1. Hackfleisch in einer Pfanne in heißem Öl anbraten. 300 Milliliter kaltes Wasser dazugießen, Fix für Lasagne al forno einrühren und 1 Minute kochen.
2. Apfel schälen, entkernen und in kleine Würfel schneiden. Sauerkraut zusammen mit den Apfelwürfeln, 300 Milliliter Wasser und 100 Gramm Crème fraîche 10 Minuten kochen.
3. In eine gefettete Auflaufform abwechselnd Hackfleischsauce, Sauerkraut und Lasagneplatten schichten. Mit Sauce beginnen und abschließen. Restliche Crème fraîche und Käse darüber geben. Im vorgeheizten Ofen bei 200 °C (Gas Stufe 3, Umluft 175 °C) in 25 bis 30 Minuten goldbraun backen.

Zubereitungszeit ca. 45 min

Lamm-Lasagne

Pro Portion: 2370 kJ/567 kcal, 28 g E, 33 g F, 39 g KH

Zutaten für 3 Portionen:

200 g Aubergine
200 g Lammhackfleisch
2 EL Olivenöl
1 Beutel KNORR Fix für Lasagne al forno
10 schwarze Oliven ohne Stein
6 Lasagneplatten ohne Vorkochen
100 g Schafskäse
100 g Crème fraîche

1. Aubergine waschen, putzen, klein würfeln und mit dem Lammhackfleisch in heißem Öl braten. 300 Milliliter kaltes Wasser dazugießen, Fix für Lasagne al forno einrühren und 1 Minute kochen. Oliven in Scheiben schneiden und zugeben.
2. In eine gefettete Auflaufform abwechselnd Hackfleischsauce und Lasagneplatten schichten. Mit Sauce beginnen und abschließen. Schafskäse fein zerbröckeln und darüber streuen. Crème fraîche darauf verteilen.
3. Im vorgeheizten Backofen bei 200 °C (Gas Stufe 3, Umluft 175 °C) in etwa 25 Minuten goldbraun backen.

Zubereitungszeit ca. 45 min

Hackfleisch-Lasagne

Pro Portion (bei 2 Port.): 3355 kJ/805 kcal, 38 g E, 48 g F, 53 g KH

Zutaten für 2–3 Portionen:

200 g Hackfleisch
2 EL Öl
100 g Champignons
1 kleine Paprikaschote (ca. 200 g)
1 Beutel KNORR Fix für Lasagne al forno
6 Lasagneplatten ohne Vorkochen
100 g Crème fraîche
50 g geriebener Käse

1. Hackfleisch in einem Topf in heißem Öl unter Rühren anbraten. Champignons putzen und in Scheiben schneiden. Paprikaschote waschen, halbieren, entkernen und in Stücke schneiden. Beides zum Hackfleisch geben und mitdünsten.
2. 300 Milliliter kaltes Wasser dazugießen und Fix für Lasagne al forno einrühren. Unter Rühren aufkochen und 1 Minute kochen lassen.
3. In eine gefettete Auflaufform abwechselnd Sauce und Lasagneplatten schichten. Mit Sauce beginnen und abschließen. Crème fraîche und Käse darüber geben. Im vorgeheizten Backofen bei 200 °C (Gas Stufe 3, Umluft 175 °C) 25 bis 30 Minuten goldbraun backen.

Zubereitungszeit ca. 50 min

Spinat-Lachs-Lasagne

Pro Portion (bei 3 Port.): 2575 kJ/616 kcal, 43 g E, 32 g F, 37 g KH

Zutaten für 2–3 Portionen:

225 g TK-Blattspinat
1 EL Öl
150 g Crème fraîche
Salz, Pfeffer
250 g Lachsfilet
200 g Seelachsfilet
1 TL Zitronensaft
1 Beutel KNORR Fix für Lasagne al forno
6 Lasagneplatten
50 g geriebener Käse

1. Blattspinat im Topf oder in der Mikrowelle auftauen und in heißem Öl andünsten. 50 Gramm Crème fraîche unterrühren, salzen und pfeffern. Fisch in Streifen schneiden, mit Zitronensaft beträufeln, salzen und pfeffern. Fix für Lasagne al forno in 300 Milliliter kaltes Wasser einrühren, aufkochen und 1 Minute kochen.
2. In eine gefettete Auflaufform abwechselnd Sauce, Lasagneplatten, Fischstreifen und Spinat schichten. Mit Sauce beginnen und abschließen. Restliche Crème fraîche und Käse darüber geben.
3. Im vorgeheizten Backofen bei 200 °C (Gas Stufe 3, Umluft 175 °C) in 25 bis 30 Minuten goldbraun backen.

tipp

Probieren Sie auch zu Fisch mal einen Roséwein oder sogar einen leichten Rotwein, z.B. Dornfelder.

10 Rezept-Ideen

Fix für Nudel-Broccoli-Auflauf

Für herzhafte Nudelaufläufe und mehr

Zubereitungszeit ca. 50 min

Nudel-Broccoli-Gratin

Pro Portion (bei 2 Port.): 2489 kJ/594 kcal, 28 g E, 32 g F, 49 g KH

Zutaten für 2–3 Portionen:

450 g frischer oder 300 g TK-Broccoli

Salz

100 g Nudeln

1 Beutel KNORR Fix für Nudel-Broccoli-Auflauf

100 g Sahne-Schmelzkäse

50 g geriebener Käse

1. Frischen Broccoli putzen, waschen, in Röschen teilen und in kochendem Salzwasser 2 bis 3 Minuten garen. Gefrorenen Broccoli auftauen. Ungekochte Nudeln und Broccoliröschen in eine gefettete Auflaufform geben.
2. Fix für Nudel-Broccoli-Auflauf in 500 Milliliter kaltes Wasser einrühren. Sahne-Schmelzkäse dazugeben, unter Rühren aufkochen und über den Auflauf gießen.
3. Käse darüber streuen und im vorgeheizten Backofen bei 200 °C (Gas Stufe 3, Umluft 175 °C) in etwa 30 Minuten goldbraun backen.

tipp

Kochen Sie das Gericht doch auch mal mit Chinakohl.

Zubereitungszeit ca. 55 min

Wirsing-Lasagne

Pro Portion (bei 2 Port.): 3105 kJ/741 kcal, 34 g E, 40 g F, 61 g KH

Zutaten für 2–3 Portionen:

500 g Wirsingblätter

Salz

1 Beutel KNORR Fix für Nudel-Broccoli-Auflauf

100 ml Schlagsahne

1 Prise Muskat

9 Lasagneplatten ohne Vorkochen

100 g geriebener Käse

1. Wirsingblätter putzen, waschen und in kochendem Salzwasser 5 Minuten garen. Abtropfen lassen und in 3 bis 4 Zentimeter große Stücke schneiden. Fix für Nudel-Broccoli-Auflauf in 400 Milliliter kaltes Wasser und Sahne einrühren und unter Rühren kurz aufkochen. Mit Muskat würzen.
2. In eine gefettete Auflaufform zuerst etwas Sauce geben. Dann abwechselnd Lasagneplatten, Wirsing, Sauce und Käse schichten. Mit Sauce und Käse abschließen.
3. Lasagne im vorgeheizten Backofen bei 200 °C (Gas Stufe 3, Umluft 175 °C) in ca. 30 Minuten goldbraun backen.

tipp

Noch herzhafter: 50 g knusprig ausgebratene Speckwürfel mit einschichten.

Zubereitungszeit ca. 55 min

Gefüllte Pfannkuchen mit Shrimps

Pro Portion: 2140 kJ/512 kcal, 29 g E, 25 g F, 42 g KH

Zutaten für 4 Portionen:

4 Eier
400 ml Milch
140 g Mehl
1 EL Speisestärke
3 EL Öl
1 Bund Frühlingszwiebeln
200 g Shrimps
1 Beutel KNORR Fix für Nudel-Broccoli-Auflauf
1 EL fein geschnittener Dill
100 ml Schlagsahne
50 g geriebener Emmentaler

1. Eier, Milch, Mehl und Speisestärke verquirlen. Aus dem Teig in einer beschichteten Pfanne mit 2 Esslöffel Öl 4 große Pfannkuchen backen.
2. Frühlingszwiebeln putzen, waschen und in Ringe schneiden. Frühlingszwiebeln im restlichen Öl andünsten. Shrimps kurz mit erhitzen.
3. Fix für Nudel-Broccoli-Auflauf in 400 Milliliter kaltes Wasser und Sahne einrühren und unter Rühren kurz aufkochen, Dill unterrühren. Die Hälfte der Sauce zu den Shrimps geben, die Pfannkuchen damit füllen und nebeneinander in eine gefettete Auflaufform legen.
4. Restliche Sauce darüber gießen und mit Käse bestreuen. Im vorgeheizten Backofen bei 200 °C (Gas Stufe 3, Umluft 175 °C) in 20 Minuten goldbraun backen.

tipp

Schneller: Vorgegarte Pfannkuchen aus der Kühltheke verwenden.

Zubereitungszeit ca. 55 min

Hackfleisch-Broccoli-Auflauf mit Curry

Nudeln kochen
nur 20 Min
frischer Broccoli

Pro Portion: 2405 kJ/575 kcal, 28 g E, 34 g F, 40 g KH

Zutaten für 3 Portionen:

300 g TK-Broccoli
125 g Hörnchennudeln
250 g Hackfleisch
1–2 EL Öl
Salz, Pfeffer
100 ml Schlagsahne
1 Beutel KNORR Fix für Nudel-Broccoli-Auflauf
1–2 TL Currypulver

1. Broccoli auftauen und in kleine Röschen schneiden. Ungekochte Hörnchennudeln in eine gefettete Auflaufform geben, die Broccoliröschen darüber verteilen.
2. Hackfleisch in einem Topf in etwas heißem Öl krümelig braten. Mit Salz und Pfeffer würzen. 400 Milliliter Wasser und Sahne dazugießen. Fix für Nudel-Broccoli-Auflauf einrühren und aufkochen. Curry unterrühren.
3. Die Currysauce über Nudeln und Broccoli gießen. Den Auflauf im vorgeheizten Backofen bei 200 °C (Gas Stufe 3, Umluft 175 °C) etwa 30 Minuten backen.

tipp

Für Käsefans: 5 Minuten vor Ende der Garzeit 2 Esslöffel geriebenen Käse auf dem Auflauf schmelzen lassen.

Zubereitungszeit ca. 45 min

Endivien-Nudel-Auflauf

Pro Portion (bei 2 Port.): 2825 kJ/675 kcal, 24 g E, 40 g F, 55 g KH

Zutaten für 2–3 Portionen:

125 g Hörnchennudeln
1/2 Kopf Endiviensalat (ca. 200 g)
1 Beutel KNORR Fix für Nudel-Broccoli-Auflauf
100 ml Schlagsahne
50 g geriebener Käse
30 g Mandelblättchen

tipp

Offiziell heißt der glatte Endiviensalat »Eskariol«, die krause Sorte wird als »Frisée« verkauft.

1. Die ungekochten Nudeln in eine gefettete Auflaufform geben. Endiviensalat waschen, putzen, klein schneiden und auf die Nudeln geben.
2. Fix für Nudel-Broccoli-Auflauf in 400 Milliliter kaltes Wasser und Sahne einrühren und unter Rühren kurz aufkochen. Die Sauce über Salat und Nudeln gießen, mit Käse und Mandelblättchen bestreuen.
3. Im vorgeheizten Backofen bei 200 °C (Gas Stufe 3, Umluft 175 °C) in etwa 30 Minuten goldbraun backen.

Zubereitungszeit ca. 50 min

Broccoli-Reis-Gratin

Pro Portion (bei 2 Port.): 2640 kJ/630 kcal, 28 g E, 33 g F, 55 g KH

1. Frischen Broccoli putzen, waschen, in Röschen teilen und in kochendem Salzwasser 2 bis 3 Minuten garen bzw. gefrorenen Broccoli auftauen.
2. Zuerst die ungegarten Reiskörner, dann Broccoliröschen in eine gefettete Auflaufform geben. Lachs in Stücke schneiden und darüber verteilen.
3. Fix für Nudel-Broccoli-Auflauf in 400 Milliliter kaltes Wasser und Sahne einrühren, unter Rühren aufkochen und über den Auflauf gießen.
4. Käse darüber streuen und im vorgeheizten Backofen bei 200 °C (Gas Stufe 3, Umluft 175 °C) in etwa 30 Minuten goldbraun backen.

Zutaten für 2–3 Portionen:

450 g frischer oder 300 g TK-Broccoli

Salz

100 g Langkornreis

75 g Räucherlachs oder geräuchertes Forellenfilet

1 Beutel KNORR Fix für Nudel-Broccoli-Auflauf

100 ml Schlagsahne

50 g geriebener Käse

tipp

Statt Räucherlachs können Sie auch Kochschinkenwürfel verwenden.

Zubereitungszeit ca. 45 min

Gnocchi mit Pilzen

Pro Portion (bei 3 Port.): 1645 kJ/392 kcal, 13 g E, 24 g F, 31 g KH

1. Austernpilze putzen und in feine Streifen schneiden. Zwiebel abziehen und würfeln. Knoblauchzehe abziehen und hacken. Alles zusammen in heißem Öl kurz und kräftig anbraten. Mit Pfeffer und Salz würzen.
2. Fix für Nudel-Broccoli-Auflauf in 400 Milliliter kaltes Wasser und Sahne einrühren und unter Rühren kurz aufkochen. Gnocchi und Pilze in eine gefettete Auflaufform geben, Sauce darüber gießen und mit Käse bestreuen.
3. Im vorgeheizten Backofen bei 225 °C (Gas Stufe 4, Umluft 200 °C) in etwa 20 Minuten goldbraun backen. Mit Schnittlauch bestreuen.

Zutaten für 3–4 Portionen:

300 g Austernpilze

1 Zwiebel

1 Knoblauchzehe

2 EL Öl

Pfeffer, Salz

1 Beutel KNORR Fix für Nudel-Broccoli-Auflauf

100 ml Schlagsahne

400 g Gnocchi aus dem Kühlregal

2–3 EL geriebener Käse

2–3 EL Schnittlauchröllchen

Zubereitungszeit ca. 40 min

Nudel-Lachs-Auflauf

Pro Portion: 2729 kJ/650 kcal, 35 g E, 32 g F, 55 g KH

Zutaten für 2 Portionen:

250 g Lachs
1 EL Zitronensaft
Salz, Pfeffer
125 g Nudeln (z.B. Hörnchen oder Spiralen)
1/2 Bund Dill
1 Beutel KNORR Fix für Nudel-Broccoli-Auflauf
100 ml Schlagsahne

tipp

Dazu passt ein leichter Rotwein oder ein gut gekühlter Rosé.

1. Lachs in Würfel schneiden, mit Zitronensaft beträufeln, salzen und pfeffern. Lachs mit den ungekochten Nudeln in eine gefettete Auflaufform geben und mischen. Dill waschen, fein schneiden, 1 Esslöffel beiseite legen, den Rest darüber streuen.
2. Fix für Nudel-Broccoli-Auflauf in 400 Milliliter kaltes Wasser und Sahne einrühren und unter Rühren kurz aufkochen.
3. Die Sauce so über Lachs und Nudeln gießen, dass alles gut bedeckt ist. Im vorgeheizten Backofen bei 200 °C (Gas Stufe 3, Umluft 175 °C) 25 bis 30 Minuten backen. Mit restlichem Dill bestreuen.

Zubereitungszeit ca. 45 min

Kartoffel-Auflauf

Pro Portion (bei 2 Port.): 2625 kJ/627 kcal, 20 g E, 37 g F, 51 g KH

Zutaten für 2–3 Portionen:

1 Beutel KNORR Fix für Nudel-Broccoli-Auflauf
100 ml Schlagsahne
2 Bund Schnittlauch
600 g Kartoffeln
30 g Sonnenblumenkerne
50 g geriebener Emmentaler

1. Fix für Nudel-Broccoli-Auflauf in 400 Milliliter kaltes Wasser und Sahne einrühren und unter Rühren kurz aufkochen. Schnittlauch waschen, in Röllchen schneiden und dazugeben.
2. Kartoffeln schälen, in dünne Scheiben schneiden oder auf einem Gurkenhobel in Scheiben hobeln. Kartoffelscheiben in eine gefettete Auflaufform geben. Die Schnittlauchsauce darüber gießen. Sonnenblumenkerne und Käse darüber streuen.
3. Den Auflauf im vorgeheizten Backofen bei 200 °C (Gas Stufe 3, Umluft 175 °C) 30 bis 40 Minuten goldbraun backen.

Zubereitungszeit ca. 50 min

Spinat-Tomaten-Lasagne

Pro Portion (bei 2 Port.): 2855 kJ/681 kcal, 28 g E, 37 g F, 58 g KH

Zutaten für 2–3 Portionen:

225 g TK-Blattspinat
200 g Tomaten
1 Beutel KNORR Fix für Nudel-Broccoli-Auflauf
100 ml Schlagsahne
9 Lasagneplatten ohne Vorkochen
125 g Mozzarella

1. Blattspinat in einem Topf oder in der Mikrowelle auftauen. Tomaten waschen, die Stielansätze herausschneiden. Tomaten in Scheiben schneiden. Fix für Nudel-Broccoli-Auflauf in 400 Milliliter kaltes Wasser und Sahne einrühren und unter Rühren kurz aufkochen.
2. In eine gefettete Auflaufform etwas Sauce geben. Dann abwechselnd Lasagneplatten, Tomatenscheiben und Spinat schichten. Mit Sauce beginnen und abschließen. Mozzarella in Scheiben schneiden und darauf verteilen.
3. Lasagne im vorgeheizten Backofen bei 200 °C (Gas Stufe 3, Umluft 175 °C) in etwa 30 Minuten goldbraun backen.

tipp

Pikant: 50 Gramm gewürfelten Gorgonzola unter den Spinat mischen.

10 Rezept-Ideen

Fix für Nudel-Hackfleisch-Gratin

Hinreißend vielseitig
und immer lecker

Zubereitungszeit ca. 40 min

Nudel-Hackfleisch-Gratin

Pro Portion (bei 3 Port.): 2500 kJ/598 kcal, 30 g E, 35 g F, 40 g KH

Zutaten für 2–3 Portionen:

250 g Hackfleisch

1–2 EL Öl

100 ml Schlagsahne

1 Beutel KNORR Fix für Nudel-Hackfleisch-Gratin

150 g Nudeln (z.B. Rigatoni)

50 g geriebener Käse

evtl. Thymian

1. Hackfleisch in einem Topf in heißem Öl anbraten. 400 Milliliter Wasser und Sahne dazugießen. Fix für Nudel-Hackfleisch-Gratin einrühren, unter Rühren aufkochen und 1 Minute kochen lassen.
2. Nudeln ungekocht dazugeben und erneut kurz aufkochen. Alles in eine gefettete flache Auflaufform geben.
3. Käse darüber streuen und im vorgeheizten Backofen bei 200 °C (Gas Stufe 3, Umluft 175 °C) in etwa 25 Minuten goldbraun backen. Nach Belieben mit Thymianblättchen garnieren.

tipp

1 geraspelte Möhre und 1 gewürfelte Zwiebel mit anbraten.

Zubereitungszeit ca. 65 min

Hähnchen auf Fenchel

Pro Portion: 1850 kJ/443 kcal, 41 g E, 27 g F, 9 g KH

Zutaten für 3 Portionen:

3 Hähnchenschenkel à ca. 200 g

Salz, Pfeffer

1 große Fenchelknolle (ca. 400 g)

1–2 EL Öl

1 Beutel KNORR Fix für Nudel-Hackfleisch-Gratin

1. Hähnchenschenkel salzen, pfeffern und in eine gefettete Auflaufform legen. Fenchel waschen, putzen und in Streifen schneiden.
2. Fenchelstreifen in einer Pfanne in heißem Öl etwa 5 Minuten dünsten. Um die Hähnchenschenkel herum verteilen.
3. Fix für Nudel-Hackfleisch-Gratin in 1/4 Liter (250 Milliliter) kaltes Wasser einrühren, unter Rühren aufkochen und über Fleisch und Gemüse geben.
4. Hähnchenschenkel im vorgeheizten Backofen bei 200 °C (Gas Stufe 3, Umluft 175 °C) etwa 45 Minuten garen.

Dazu passen Basmatireis oder Salzkartoffeln.

tipp

1 Teelöffel Provence-Kräuter in das Wasser mit einrühren.

Zubereitungszeit ca. 55 min

Gefüllte Zucchini mit Hackfleisch

Pro Portion: 1395 kJ/332 kcal, 24 g E, 18 g F, 17 g KH

Zutaten für 3 Portionen:

3 Zucchini à ca. 250 g

200 g Hackfleisch

1 Beutel KNORR Fix für Nudel-Hackfleisch-Gratin

50 g geriebener Käse

1. Zucchini waschen, putzen, längs halbieren und das Fruchtfleisch mit einem Löffel herauslösen. Fruchtfleisch hacken, mit Hackfleisch und Fix für Nudel-Hackfleisch-Gratin vermischen. Fleischmasse in die Zucchinihälften füllen.
2. Gefüllte Zucchini in eine gefettete Auflaufform legen, mit Käse bestreuen und im vorgeheizten Backofen bei 200 °C (Gas Stufe 3, Umluft 175 °C) etwa 40 Minuten überbacken.

Dazu Reis servieren. Nach Belieben den Reis beim Kochen mit Kurkuma oder Safran gelb färben.

tipp

Zucchini mit Tomatensauce: 1 Packung KNORR Tomato al Gusto Kräuter mit 1 Teelöffel Zucker verrühren. Gefüllte Zucchini auf die Sauce geben und überbacken.

Zubereitungszeit ca. 25 min

Schupfnudel-Zucchini-Pfanne

Pro Portion: 1400 kJ/335 kcal, 12 g E, 18 g F, 31 g KH

1. Zucchini waschen, putzen und in Stücke schneiden. Zwiebel abziehen, fein würfeln und in einer Pfanne in heißem Öl dünsten. Schupfnudeln dazugeben und von allen Seiten anbraten. Zucchinistücke dazugeben und etwa 3 Minuten dünsten.
2. Fix für Nudel-Hackfleisch-Gratin in 150 Milliliter Wasser und Sahne einrühren, unter Rühren aufkochen und bei schwacher Hitze 1 Minute kochen lassen. Schupfnudel-Zucchini-Pfanne mit der Sauce vermischen oder auf der Sauce anrichten.

Zutaten für 3 Portionen:

500 g Zucchini

1 rote Zwiebel

1–2 EL Öl

500 g Schupfnudeln aus dem Kühlregal

1 Beutel KNORR Fix für Nudel-Hackfleisch-Gratin

100 ml Schlagsahne

tipp

50 Gramm gewürfelten Speck zusammen mit den Zwiebeln andünsten.

Zubereitungszeit ca. 45 min

Zucchini-Hack-Auflauf

Pro Portion: 2485 kJ/594 kcal, 30 g E, 34 g F, 42 g KH

Zutaten für 3 Portionen:

200 g Zucchini
250 g Hackfleisch
1–2 EL Öl
100 ml Schlagsahne
1 Beutel KNORR Fix für Nudel-Hackfleisch-Gratin
150 g Nudeln (z.B. Penne oder Hörnchen)
75 g Schafskäse

tipp

Im Sommer den Auflauf mit frischen Schmorgurken zubereiten und mit Borretsch garnieren.

1. Zucchini waschen, putzen und in Würfel schneiden. Hackfleisch in heißem Öl anbraten. 400 Milliliter Wasser und Sahne dazugießen. Fix für Nudel-Hackfleisch-Gratin einrühren, unter Rühren aufkochen und 1 Minute kochen.
2. Die Nudeln ungekocht dazugeben und erneut kurz aufkochen. Zucchiniwürfel untermischen.
3. Alles in eine gefettete flache Auflaufform geben. Mit zerbröckeltem Schafskäse bestreuen und im vorgeheizten Backofen bei 200 °C (Gas Stufe 3, Umluft 175 °C) in etwa 25 Minuten goldbraun backen.

Zubereitungszeit ca. 50 min

Lasagne mit Tomaten

Pro Portion (bei 3 Port.): 2625 kJ/627 kcal, 31 g E, 35 g F, 46 g KH

1. Tomaten waschen und in Würfel schneiden. Hackfleisch in heißem Öl anbraten. 1/4 Liter (250 Milliliter) kaltes Wasser dazugießen, Fix für Nudel-Hackfleisch-Gratin einrühren, unter Rühren aufkochen und 1 Minute kochen lassen. Tomatenwürfel unterrühren.
2. In eine gefettete flache Auflaufform abwechselnd Hackfleischsauce und Lasagneplatten schichten. Crème fraîche darauf verteilen. Mit Käse bestreuen.
3. Lasagne im vorgeheizten Backofen bei 200 °C (Gas Stufe 3, Umluft 175 °C) in etwa 30 Minuten goldbraun überbacken.

Zutaten für 2–3 Portionen:

3 Tomaten
250 g Hackfleisch
1–2 EL Öl
1 Beutel KNORR Fix für Nudel-Hackfleisch-Gratin
6 Lasagneplatten ohne Vorkochen
100 g Crème fraîche
50 g geriebener Käse

tipp

Anstelle von frischen Tomaten 1 Packung KNORR Tomato al Gusto unterrühren.

Zubereitungszeit ca. 15 min

Pasta mit Chili-Sauce

Pro Portion (bei 2 Port.): 3240 kJ/774 kcal, 42 g E, 26 g F, 93 g KH

1. Nudeln in kochendem Salzwasser bissfest garen und in einem Sieb abgießen.
2. Chilischote waschen, halbieren, entkernen und fein hacken. Hackfleisch in einem Topf in heißem Öl braten. Chili dazugeben.
3. 1/4 Liter (250 Milliliter) kaltes Wasser dazugießen, Fix für Nudel-Hackfleisch-Gratin einrühren, unter Rühren aufkochen und 1 Minute kochen lassen. Nudeln mit der Sauce servieren und nach Belieben mit Käse und Thymianblättchen bestreuen.

Zutaten für 2–3 Portionen:

250 g Nudeln (z.B. Bandnudeln)
Salz
1 rote Chilischote
250 g Hackfleisch
1–2 EL Öl
1 Beutel KNORR Fix für Nudel-Hackfleisch-Gratin
evtl. geriebener Käse
evtl. Thymian

Zubereitungszeit ca. 40 min

Überbackene Maultaschen

Pro Portion: 1700 kJ/406 kcal, 21 g E, 27 g F, 18 g KH

Zutaten für 3 Portionen:

- 300 g Broccoli
- 6 Maultaschen aus dem Kühlregal (ca. 300 g)
- 1 Beutel KNORR Fix für Nudel-Hackfleisch-Gratin
- 100 ml Schlagsahne
- 1–2 EL Tomatenmark
- 50 g geriebener Käse
- Kräuter zum Garnieren

1. Broccoli putzen, waschen und in kleine Röschen teilen. Maultaschen in eine gefettete Auflaufform legen. Broccoliröschen darauf verteilen.
2. Fix für Nudel-Hackfleisch-Gratin in 150 Milliliter kaltes Wasser und Sahne einrühren, unter Rühren aufkochen, 1 Minute kochen lassen und Tomatenmark unterrühren. Sauce über den Broccoli gießen. Mit Käse bestreuen.
3. Im vorgeheizten Backofen bei 200 °C (Gas Stufe 3, Umluft 175 °C) 25 bis 30 Minuten backen. Mit Kräutern garnieren.

Zubereitungszeit ca. 1 h 45 min

Pikantes Party-Pizzabrot

Pro Scheibe: 775 kJ/186 kcal, 8 g E, 5 g F, 26 g KH

Zutaten für 15 Scheiben:

- 1/4 l (250 ml) Milch
- 1 Ei
- 500 g Mehl
- 1 TL Zucker
- 1 TL Salz
- 1 Beutel KNORR Fix für Nudel-Hackfleisch-Gratin
- 30 g frische Hefe
- 100 g Salami
- 100 g Käse
- 1 Zwiebel
- 100 g Tomatenpaprika aus dem Glas

1. Milch, Ei, Mehl, Zucker, Salz und Fix für Nudel-Hackfleisch-Gratin in eine Schüssel geben und die Hefe darüber bröseln. Alles mit einem Handrührgerät so lange verkneten, bis sich der Teig vom Schüsselrand löst.
2. Salami und Käse in Würfel schneiden. Zwiebel abziehen und fein würfeln. Tomatenpaprika abtropfen lassen und ebenfalls würfeln. Alles zum Teig geben und unterkneten. Den Teig mindestens 30 Minuten gehen lassen.
3. Teig mit den Händen durchkneten, in eine gefettete Kastenform von 30 Zentimeter Länge füllen, nochmals etwa 20 Minuten gehen lassen und im vorgeheizten Backofen bei 200 °C (Gas Stufe 3, Umluft 175 °C) 45 Minuten backen.

Zubereitungszeit ca. 55 min

Auflauf à la Moussaka

Pro Portion: 2130 kJ/509 kcal, 27 g E, 35 g F, 23 g KH

Zutaten für 3 Portionen:

200 g Aubergine
400 g Kartoffeln
250 g Hackfleisch
1–2 EL Öl
100 ml Schlagsahne
1 Beutel KNORR Fix für Nudel-Hackfleisch-Gratin
100 g Schafskäse
evtl. Salbeiblätter

1. Aubergine waschen, putzen und in Scheiben schneiden. Kartoffeln schälen und klein würfeln. Hackfleisch in heißem Öl braten. Aubergine und Kartoffeln hinzufügen und dünsten.
2. Sahne und 200 Milliliter kaltes Wasser dazugießen. Fix für Nudel-Hackfleisch-Gratin einrühren, unter Rühren aufkochen und 1 Minute kochen lassen.
3. Alles in eine gefettete Auflaufform geben, mit zerbröckeltem Schafskäse bestreuen. Im vorgeheizten Backofen bei 200 °C (Gas Stufe 3, Umluft 175 °C) etwa 35 Minuten überbacken. Nach Belieben mit Salbeiblättern garnieren.

tipp

Den Auflauf in Stücke schneiden und als Vorspeise oder als Beilage kalt oder warm servieren.

10 Rezept-Ideen

Fix für Nudel-Schinken-Gratin

Mit und ohne Pasta ein Vergnügen

Zubereitungszeit ca. 40 min

Nudel-Schinken-Gratin

Pro Portion (bei 2 Port.): 2771 kJ/662 kcal, 33 g E, 35 g F, 52 g KH

Zutaten für 2–3 Portionen:

125 g Nudeln (z.B. Rigatoni oder Penne)
125 g italienischer Schinken
1 Beutel KNORR Fix für Nudel-Schinken-Gratin
100 ml Schlagsahne
125 g Mozzarella

1. Ungekochte Nudeln in eine gefettete Auflaufform geben. Schinken in kleine Würfel schneiden und darüber verteilen.
2. Fix für Nudel-Schinken-Gratin in 400 Milliliter kaltes Wasser und Sahne einrühren. Unter Rühren aufkochen und 1 Minute kochen lassen.
3. Die Sauce über die Nudeln und den Schinken gießen. Mozzarella in Würfel schneiden, darüber verteilen und im vorgeheizten Backofen bei 200 °C (Gas Stufe 3, Umluft 175 °C) in ca. 30 Minuten goldbraun backen.

tipp

Eine Hand voll Rucola fein schneiden und untermischen.

Zubereitungszeit ca. 50 min

Gnocchi-Auflauf

Pro Portion (bei 3 Port.): 2010 kJ/481 kcal, 15 g E, 33 g F, 31 g KH

Zutaten für 2–3 Portionen:

400–500 g Gnocchi aus dem Kühlregal
200 g Zucchini
1 kleine Zwiebel
50 g durchwachsener Speck
100 ml Schlagsahne
1 Beutel KNORR Fix für Nudel-Schinken-Gratin
50 g geriebener Käse

1. Gnocchi in eine gefettete Auflaufform geben. Zucchini waschen, putzen, in dünne Scheiben schneiden und zu den Gnocchi geben.
2. Zwiebel abziehen und fein würfeln. Speck würfeln und in einem kleinen Topf ausbraten. Zwiebelwürfel dazugeben und mitdünsten. 300 Milliliter kaltes Wasser und Sahne dazugießen. Fix für Nudel-Schinken-Gratin einrühren, unter Rühren aufkochen und 1 Minute kochen lassen.
3. Sauce über die Gnocchi geben. Mit Käse bestreuen und im vorgeheizten Backofen bei 200 °C (Gas Stufe 3, Umluft 175 °C) etwa 30 Minuten überbacken.

tipp

Statt der Zucchini 200 Gramm in Scheiben geschnittene Möhren dazugeben.

Zubereitungszeit ca. 40 min

Nudel-Gratin mit Kraut und Würstchen

Pro Portion (bei 2 Port.): 2915 kJ/697 kcal, 27 g E, 42 g F, 53 g KH

Zutaten für 2–3 Portionen:

125 g Nudeln (z.B. Spiralen oder Fusilli)

1 Paar Wiener Würstchen

1 Beutel KNORR Fix für Nudel-Schinken-Gratin

100 ml Schlagsahne

285 g Sauerkraut aus der Dose

50 g geriebener Käse

1. Ungekochte Nudeln in eine gefettete Auflaufform geben. Würstchen in Scheiben schneiden und darauf verteilen.
2. Fix für Nudel-Schinken-Gratin in 400 Milliliter kaltes Wasser und Sahne einrühren, unter Rühren aufkochen und 1 Minute kochen lassen. Die Hälfte der Sauce über die Nudeln gießen. Sauerkraut abtropfen lassen, zerpflücken und über die Nudeln geben. Restliche Sauce darüber gießen.
3. Das Gratin mit Käse bestreuen und im vorgeheizten Backofen bei 200 °C (Gas Stufe 3, Umluft 175 °C) etwa 30 Minuten backen.

tipp

Das Gratin schmeckt auch prima, wenn Sie die Würstchen durch Kasseler-fleisch ersetzen.

Zubereitungszeit ca. 50 min

Nudel-Hähnchen-Gratin mit weißen Bohnen

Pro Portion (bei 2 Port.): 3000 kJ/717 kcal, 38 g E, 39 g F, 53 g KH

Zutaten für 2–3 Portionen:

200 g Hähnchenbrustfilet

2 EL Öl

100 ml Schlagsahne

1 Beutel KNORR Fix für Nudel-Schinken-Gratin

200 g weiße Riesenbohnen aus der Dose

100 g Nudeln (z.B. Farfalle oder Fusilli)

1 Bund Petersilie

30 g geriebener Käse

Kräuter zum Garnieren

1. Hähnchenbrustfilet würfeln, in heißem Öl rundherum braun anbraten und herausnehmen. 400 Milliliter kaltes Wasser und Sahne in die Pfanne gießen. Fix für Nudel-Schinken-Gratin einrühren, unter Rühren aufkochen und 1 Minute bei schwacher Hitze kochen lassen.
2. Riesenbohnen abtropfen lassen, mit dem Fleisch und den Nudeln in einer gefetteten Auflaufform verteilen. Petersilie waschen, hacken und darüber streuen.
3. Sauce darüber gießen, mit Käse bestreuen und im vorgeheizten Backofen bei 200 °C (Gas Stufe 3, Umluft 175 °C) etwa 30 Minuten backen. Mit Kräutern garnieren.

tipp

Dazu passt ein leicht gekühlter roter Landwein oder ein Rosé aus der Provence.

Zubereitungszeit ca. 55 min

Rosenkohl-Speck-Gratin

Pro Portion (bei 2 Port.): 3385 kJ/807 kcal, 21 g E, 65 g F, 37 g KH

Zutaten für 2–3 Portionen:

300 g TK-Rosenkohl
400 g Kartoffeln
100 g durchwachsener Speck
1 Beutel KNORR Fix für Nudel-Schinken-Gratin
100 ml Schlagsahne
50 g geriebener Käse

tipp

Von frischem Rosenkohl 350 Gramm kaufen. Die Kohlköpfchen garen schneller, wenn man sie halbiert.

1. Rosenkohl auftauen lassen. Kartoffeln waschen, schälen und mit einem Gemüsehobel in dünne Scheiben hobeln oder in dünne Scheiben schneiden. Speck würfeln und in einer Pfanne ausbraten.
2. Kartoffeln in eine gefettete Auflaufform geben, Rosenkohl und Speck darüber verteilen.
3. Fix für Nudel-Schinken-Gratin in 300 Milliliter kaltes Wasser und die Sahne einrühren, aufkochen und 1 Minute kochen lassen. Über das Gemüse gießen.
4. Käse darüber streuen und das Gratin im vorgeheizten Backofen bei 200 °C (Gas Stufe 3, Umluft 175 °C) etwa 30 Minuten backen.

Zubereitungszeit ca. 25 min

Pasta in Broccolisauce

Pro Portion (bei 2 Port.): 2265 kJ/541 kcal, 20 g E, 15 g F, 81 g KH

Zutaten für 2–3 Portionen:

200 g Nudeln (z.B. Makkaroni oder Bandnudeln)
Salz
300 g Broccoli
100 ml Schlagsahne
1 Beutel KNORR Fix für Nudel-Schinken-Gratin
1–2 EL Tomatenmark
geriebener Parmesan

1. Nudeln in reichlich kochendem Salzwasser bissfest garen und in einem Sieb abgießen.
2. Broccoli waschen, putzen und in kleine Röschen teilen. 100 Milliliter Wasser aufkochen, Broccoliröschen dazugeben und etwa 5 Minuten garen. 100 Milliliter kaltes Wasser und Sahne dazugeben.
3. Fix für Nudel-Schinken-Gratin einrühren, unter Rühren aufkochen und 1 Minute kochen lassen. Tomatenmark unterrühren. Sauce und Parmesan zu den Nudeln servieren.

tipp

Farbe bekommt das Gericht, wenn Sie ein paar Tomatenwürfel zugeben.

Zubereitungszeit ca. 50 min

Spinat-Lachs-Auflauf

Pro Portion (bei 2 Port.): 3255 kJ/778 kcal, 45 g E, 39 g F, 61 g KH

Zutaten für 2–3 Portionen:

225 g TK-Blattspinat
1 Beutel KNORR Fix für Nudel-Schinken-Gratin
100 ml Schlagsahne
125 g Schnellkochreis (oder gekochter Reis vom Vortag)
250 g Lachs- oder Lachsforellenfilet
6 Cocktailtomaten
125 g Mozzarella

1. Blattspinat in einem Topf oder in der Mikrowelle auftauen lassen. Fix für Nudel-Schinken-Gratin in Sahne und 400 Milliliter kaltes Wasser einrühren, unter Rühren aufkochen. Schnellkochreis hinzufügen, 1 Minute kochen lassen und in eine gefettete Auflaufform geben.
2. Den Fisch in Scheiben schneiden. Jedes Stück mit Spinat belegen und die Stücke schuppenförmig in der Form anordnen. Cocktailtomaten waschen, halbieren und auf dem Auflauf verteilen. Mozzarella in Würfel schneiden und darüber streuen. Im vorgeheizten Backofen bei 200 °C (Gas Stufe 3, Umluft 175 °C) etwa 30 Minuten backen.

Zubereitungszeit ca. 40 min

Tortellini al forno

Pro Portion (bei 2 Port.): 2445 kJ/582 kcal, 23 g E, 29 g F, 56 g KH

Zutaten für 2–3 Portionen:

250 g Tortellini aus dem Kühlregal

125 g TK-Erbsen

1 Beutel KNORR Fix für Nudel-Schinken-Gratin

100 ml Schlagsahne

50 g geriebener Käse

1. Tortellini in eine gefettete Auflaufform geben. Gefrorene Erbsen hinzufügen. Fix für Nudel-Schinken-Gratin in Sahne und 400 Milliliter kaltes Wasser einrühren, unter Rühren aufkochen und 1 Minute kochen lassen.
2. Sauce über die Tortellini gießen. Käse darüber streuen. Im vorgeheizten Backofen bei 200 °C (Gas Stufe 3, Umluft 175 °C) etwa 30 Minuten überbacken.

Servieren Sie dazu einen knackigen Blattsalat nach italienischer Art: Einfach mit Olivenöl, Aceto balsamico, Salz und Pfeffer anmachen.

Zubereitungszeit ca. 35 min

Nudelomelett

Pro Portion (bei 2 Port.): 3180 kJ/761 kcal, 42 g E, 37 g F, 65 g KH

Zutaten für 2–3 Portionen:

125 g Nudeln (z.B. Farfalle)

Salz

1 Beutel KNORR Fix für Nudel-Schinken-Gratin

200 ml Milch

3 Eier

150 g TK-Erbsen

130 g Thunfisch aus der Dose

2 EL Öl

1. Nudeln in reichlich kochendem Salzwasser bissfest garen und in einem Sieb abgießen.
2. Fix für Nudel-Schinken-Gratin in die Milch einrühren. Eier unterrühren. Erbsen auftauen lassen. Abgetropften Thunfisch zerpflücken und zusammen mit den Erbsen und abgekühlten Nudeln zur Eiermilch geben.
3. Die Hälfte der Omelettmasse in einer Pfanne in 1 Esslöffel heißem Öl stocken lassen. Das Omelett mit Hilfe eines großen Deckels oder Tellers wenden und von der anderen Seite garen. Die zweite Hälfte der Omelettmasse genauso zubereiten.

Zubereitungszeit ca. 55 min

Nudel-Fenchel-Gratin

Pro Portion (bei 2 Port.): 2710 kJ/648 kcal, 35 g E, 31 g F, 58 g KH

Zutaten für 2–3 Portionen:

400 g Fenchel

Salz

125 g Nudeln (z.B. Bandnudeln oder Penne)

125 g gekochter Schinken

1 Beutel KNORR Fix für Nudel-Schinken-Gratin

100 ml Schlagsahne

50 g geriebener Käse

1. Fenchel waschen, putzen, in Scheiben schneiden und vierteln. Fenchel in kochendem Salzwasser etwa 6 Minuten garen. Fenchelgrün fein hacken.
2. Ungekochte Nudeln in eine gefettete Auflaufform geben. Schinken würfeln und darüber geben. Fenchel darauf verteilen.
3. Fix für Nudel-Schinken-Gratin in 300 Milliliter kaltes Wasser und Sahne einrühren, aufkochen und 1 Minute kochen lassen. Fenchelgrün dazugeben und die Sauce über das Gratin gießen.
4. Käse über das Gratin streuen und im vorgeheizten Backofen bei 200 °C (Gas Stufe 3, Umluft 175 °C) etwa 30 Minuten backen.

tipp

Anstelle von Schinken gewürfeltes Kasselerfleisch auf den Nudeln verteilen.

10 Rezept-Ideen

Fix für Paprika-Gulasch »Zigeuner Art«

Zum Verlieben feurig – nach Zigeuner Art

Zubereitungszeit ca. 1 h 15 min

Mitternachtssuppe

Pro Portion (bei 8 Port.): 905 kJ/216 kcal, 16 g E, 12 g F, 10 g KH

1. Das Fleisch in sehr kleine Würfel schneiden und in einem großen Topf in heißem Öl anbraten, 1 Liter (1000 Milliliter) Wasser dazugießen und aufkochen.
2. Fix für Paprika-Gulasch »Zigeuner Art« einrühren. Zugedeckt bei schwacher Hitze etwa 1 Stunde schmoren.
3. Bohnen und Mais abtropfen lassen und 10 Minuten vor Ende der Garzeit hinzufügen. Mit Cayennepfeffer oder Tabasco feurig abschmecken. Mit Kräutern garniert servieren.

Zutaten für 8–10 Portionen:

500 g Rindergulasch
2 EL Öl
2 Beutel KNORR Fix für Paprika-Gulasch »Zigeuner Art«
250 g weiße Bohnen aus der Dose
140 g Mais aus der Dose
Cayennepfeffer oder Tabasco
Kräuter zum Garnieren

tipp

Die Suppe lässt sich gut längere Zeit warm halten.

Zubereitungszeit ca. 1 h 10 min

Lammgulasch

Pro Portion: 1170 kJ/280 kcal, 26 g E, 16 g F, 6 g KH

1. Lammfleisch in Würfel schneiden und in einem Topf in heißem Olivenöl anbraten. Knoblauchzehe abziehen, fein hacken und mitdünsten.
2. 3/8 Liter (375 Milliliter) Wasser dazugießen und Fix für Paprika-Gulasch »Zigeuner Art« einrühren. Rotwein zufügen. Zugedeckt bei schwacher Hitze etwa 30 Minuten schmoren.
3. Aubergine waschen, in Würfel schneiden und ins Gulasch geben. Zimt und Oregano zufügen. Weitere 30 Minuten schmoren. Mit Rosmarin bestreut servieren.

Dazu passen gedünstete Okraschoten und Salat, Nudeln oder Reis.

Zutaten für 4 Portionen:

500 g mageres Lammfleisch
2 EL Olivenöl
1 Knoblauchzehe
1 Beutel KNORR Fix für Paprika-Gulasch »Zigeuner Art«
2–3 EL Rotwein
200 g Aubergine
1 Prise Zimt
1/2 TL getrockneter Oregano
1 kleiner Zweig Rosmarin

Zubereitungszeit ca. 1 h 50 min

Basilikum-Rouladen mit Paprikagemüse

Pro Portion: 1510 kJ/361 kcal, 32 g E, 24 g F, 5 g KH

Zutaten für 4 Portionen:

4 Rinderrouladen à 150 g

4 EL Crème fraîche

2 Knoblauchzehen

eine Hand voll Basilikumblätter

Salz, Pfeffer

2 EL Öl

1 Beutel KNORR Fix für Paprika-Gulasch »Zigeuner Art«

je 1 kleine grüne und gelbe Paprikaschote

1. Rinderrouladen mit Crème fraîche bestreichen. Knoblauchzehen abziehen und in feine Scheiben schneiden. Mit reichlich Basilikumblättern auf den Fleischscheiben verteilen. Mit Salz und Pfeffer würzen. Rouladen aufrollen und mit Holzspießchen zustecken.
2. Rouladen in einem Topf in heißem Öl anbraten, 3/8 Liter (375 Milliliter) Wasser dazugießen und aufkochen. Fix für Paprika-Gulasch »Zigeuner Art« einrühren und zugedeckt bei schwacher Hitze etwa 1 1/2 Stunden schmoren.
3. Paprikaschoten waschen, halbieren, entkernen und in Würfel schneiden. 10 Minuten vor Ende der Garzeit dazugeben.

tipp

Verfeinern Sie die Sauce noch mit etwas Crème fraîche.

Zubereitungszeit ca. 35 min

Serbisches Hähnchen mit Gemüse und Reis

Pro Portion (bei 2 Port.): 2475 kJ/594 kcal, 43 g E, 17 g F, 64 g KH

Zutaten für 2–3 Portionen:

2 Hähnchenbrustfilets à 150 g

2 EL Öl

1 Zucchini

3 Frühlingszwiebeln

125 g Schnellkochreis

1 Beutel KNORR Fix für Paprika-Gulasch »Zigeuner Art«

1. Hähnchenbrustfilets würfeln und in heißem Öl anbraten. Zucchini waschen, putzen und würfeln, Frühlingszwiebeln putzen, waschen und klein schneiden. Zucchini und Frühlingszwiebeln zum Fleisch geben und mitdünsten.
2. Schnellkochreis unterrühren, 3/8 Liter (375 Milliliter) Wasser dazugießen und aufkochen. Fix für Paprika-Gulasch »Zigeuner Art« einrühren. Zugedeckt bei schwacher Hitze 10 bis 15 Minuten garen. Bei Bedarf etwas Wasser nachgießen.

tipp

Mit geriebenem Parmesan bestreut servieren.

Zubereitungszeit ca. 25 min

Ingwer-Orangen-Schnitzel

Pro Portion: 1355 kJ/324 kcal, 34 g E, 16 g F, 10 g KH

Zutaten für 4 Portionen:

4 Schweineschnitzel à 150 g

2 EL Öl

1 walnussgroßes Stück Ingwerwurzel

1 Beutel KNORR Fix für Paprika-Gulasch »Zigeuner Art«

1–2 Orangen

1 TL Honig

Minze oder Zitronenmelisse zum Garnieren

tipp

Nach diesem Rezept können Sie auch kleine Straußenfleischsteaks zubereiten.

1. Schweineschnitzel in heißem Öl anbraten. Ingwerwurzel schälen, fein würfeln und mitdünsten.
2. 3/8 Liter (375 Milliliter) Wasser dazugießen und aufkochen. Fix für Paprika-Gulasch »Zigeuner Art« einrühren und zugedeckt bei schwacher Hitze etwa 10 Minuten schmoren.
3. Orangen so dick schälen, dass die weiße Haut entfernt wird. Fruchtfilets herausschneiden. Kurz vor Ende der Garzeit die Fruchtfilets zur Sauce geben und heiß werden lassen. Mit Honig abschmecken. Mit Kräutern garniert anrichten.

Dazu schmeckt Basmatireis.

Zubereitungszeit ca. 25 min

Bohneneintopf mit Wurst

Pro Portion: 1970 kJ/417 kcal, 19 g E, 37 g F, 16 g KH

1. Zucchini waschen, putzen, längs halbieren und in Scheiben schneiden. Cabanossi ebenfalls in Scheiben schneiden und in einer Pfanne in heißem Öl anbraten.
2. 3/8 Liter (375 Milliliter) kaltes Wasser dazugießen und Fix für Paprika-Gulasch »Zigeuner Art« einrühren.
3. Bohnen abtropfen lassen und zusammen mit den Zucchinischeiben dazugeben. Unter Rühren aufkochen und zugedeckt bei schwacher Hitze etwa 10 Minuten kochen.

Zutaten für 3 Portionen:

150 g Zucchini

250 g Cabanossi oder andere kräftig gewürzte Brühwurst

1–2 EL Öl

1 Beutel KNORR Fix für Paprika-Gulasch »Zigeuner Art«

250 g weiße Bohnen aus der Dose

tipp

Den Eintopf mit Kichererbsen und 1 Prise Kreuzkümmel zubereiten.

Zubereitungszeit ca. 1 h 10 min

Indisches Gulasch

Pro Portion: 1615 kJ/387 kcal, 27 g E, 24 g F, 16 g KH

1. Schweinegulasch in einem Topf in heißem Öl rundherum anbraten, mit Curry bestäuben und umrühren. 3/8 Liter (375 Milliliter) Wasser dazugießen und aufkochen.
2. Fix für Paprika-Gulasch »Zigeuner Art« einrühren und zugedeckt bei schwacher Hitze etwa 1 Stunde schmoren. Ingwer schälen und fein hacken.
3. Bananen schälen und in Scheiben schneiden. Ingwer, Bananen und Kokosraspel 5 Minuten vor Ende der Garzeit zum Gulasch geben. Mit Zitronensaft und etwas Zucker abschmecken. Mit Kräutern garnieren.

Dazu Reis servieren.

Zutaten für 4 Portionen:

500 g Schweinegulasch

2 EL Öl

1–3 TL Currypulver (je nach Schärfe)

1 Beutel KNORR Fix für Paprika-Gulasch »Zigeuner Art«

1 Stück Ingwerwurzel

1–2 Bananen

1–2 EL Kokosraspel

Zitronensaft, Zucker

Kräuter zum Garnieren

Zubereitungszeit ca. 1 h 20 min

Schweinebraten mit Kohl

Pro Portion: 1620 kJ/388 kcal, 28 g E, 25 g F, 13 g KH

Zutaten für 4 Portionen:

250 g Weißkohl
Salz
250 g Rote Bete (küchenfertig, vakuumverpackt)
500 g Schweinenacken
2 EL Öl
1 Beutel KNORR Fix für Paprika-Gulasch »Zigeuner Art«
evtl. 1/2 TL Kümmel
3–4 EL Schlagsahne

1. Weißkohl waschen, putzen und in Streifen schneiden. In Salzwasser 10 Minuten garen. Rote Bete in mundgerechte Stücke schneiden. Schweinenacken in heißem Öl rundherum braun anbraten.
2. 3/8 Liter (375 Milliliter) kaltes Wasser zum Fleisch gießen, aufkochen und Fix für Paprika-Gulasch »Zigeuner Art« einrühren. Nach Belieben Kümmel zufügen.
3. Den Braten zugedeckt bei schwacher Hitze etwa 1 Stunde schmoren. Kurz vor dem Ende der Garzeit Kohl und Rote Bete zugeben und heiß werden lassen. Die Sahne unterrühren. Das Fleisch in Scheiben schneiden und mit der Sauce anrichten.

Gut dazu: Knödel, z.B. von Pfanni.

Zubereitungszeit ca. 1 h 40 min

Szegediner Gulasch

Pro Portion: 925 kJ/225 kcal, 27 g E, 10 g F, 5 g KH

Zutaten für 4 Portionen:

1 Beutel KNORR Fix für Paprika-Gulasch »Zigeuner Art«
500 g Gulasch (Schwein oder Rind)
250 g Sauerkraut aus der Dose
1/2–1 EL Tomatenketchup
Tabasco
1 EL Crème fraîche
Kräuter zum Garnieren

1. Fix für Paprika-Gulasch »Zigeuner Art« in 3/8 Liter (375 Milliliter) kochendes Wasser einrühren. Fleisch dazugeben, aufkochen und zugedeckt bei schwacher Hitze etwa 1 1/2 Stunden garen.
2. Bei Bedarf etwas Wasser nachgießen. Sauerkraut abtropfen lassen und 20 Minuten vor Ende der Garzeit zufügen und mitgaren. Mit Tomatenketchup und Tabasco abschmecken. Mit einem Klecks Crème fraîche und Kräutern anrichten.

Zubereitungszeit ca. 1 h 15 min

Polnisches Gulasch

Pro Portion: 2165 kJ/517 kcal, 30 g E, 33 g F, 26 g KH

Zutaten für 4 Portionen:

- 3 PFANNI Kartoffel-Knödel »Der Klassiker« (halb und halb in Kochbeuteln)
- Salz
- 50 g Schinkenspeck
- 500 g Schweinegulasch
- 2 EL Öl
- 1 Beutel KNORR Fix für Paprika-Gulasch »Zigeuner Art«
- 300 g Weißkohl
- 1/2 gelbe Paprikaschote (100 g)
- 1 EL Butter oder Margarine
- 3–4 EL Schlagsahne
- Pfeffer, evtl. gemahlener Kümmel

1. Kartoffel-Knödel in kaltes Salzwasser geben, aufkochen und bei schwacher Hitze 15 Minuten ziehen lassen.
2. Speck würfeln. Schweinegulasch und Speck in einem Topf in heißem Öl anbraten. 3/8 Liter (375 Milliliter) Wasser dazugießen. Fix für Paprika-Gulasch »Zigeuner Art« einrühren und aufkochen. Zugedeckt bei schwacher Hitze etwa 30 Minuten schmoren.
3. Weißkohl waschen, putzen und in Streifen schneiden. Paprikahälfte waschen, halbieren, entkernen und in kleine Würfel schneiden. Zum Gulasch geben und noch 15 bis 20 Minuten schmoren.
4. Abgetropfte Knödel in Stücke schneiden. In heißem Fett goldbraun rösten. Sahne unter das Gulasch rühren. Mit Salz, Pfeffer und nach Belieben mit Kümmel würzen. Die Knödel auf dem Gulasch anrichten.

tipp

2 bis 3 frische Lorbeerblätter geben dem herzhaften Schmorgericht zusätzlichen Reiz.

10 Rezept-Ideen

Fix für Paprika-Rahmschnitzel

Wunderbar wandelbar
und fein gewürzt

Zubereitungszeit ca. 35 min

Paprika-Rahmsauce

Pro Portion (bei 3 Port.): 895 kJ/214 kcal, 4 g E, 16 g F, 13 g KH

Zutaten für 3–4 Portionen:

3 Paprikaschoten (rot, gelb, grün)
2 EL Öl
100 ml Schlagsahne
1 Beutel KNORR Fix für Paprika-Rahmschnitzel
Salz, Pfeffer
1–2 TL Zitronensaft

1. Paprikaschoten waschen, halbieren, entkernen und in kleine Stücke schneiden. Paprikastücke in heißem Öl andünsten.
2. 1/4 Liter (250 Milliliter) kaltes Wasser und Sahne dazugießen. Fix für Paprika-Rahmschnitzel einrühren und unter Rühren aufkochen.
3. Zugedeckt bei schwacher Hitze 10 bis 15 Minuten garen. Mit wenig Salz und Pfeffer würzen und mit Zitronensaft abschmecken.

Diese vegetarische Sauce passt gut zu Pasta oder zu Pellkartoffeln.

tipp

Falls keine Kinder mitessen, die Sauce mit Madeira würzen.

Zubereitungszeit ca. 50 min

Schnitzel »Amerika«

Pro Portion: 2805 kJ/671 kcal, 53 g E, 45 g F, 13 g KH

Zutaten für 3 Portionen:

3 Putenschnitzel à 150 g
2–3 EL Erdnusscreme
200 g Zucchini
2 EL geröstete, gesalzene Erdnüsse
1 Beutel KNORR Fix für Paprika-Rahmschnitzel
1/4 l (250 ml) Schlagsahne
125 g Mozzarella

1. Putenschnitzel von beiden Seiten mit Erdnusscreme bestreichen und in eine gefettete Auflaufform legen. Zucchini waschen, putzen, in feine Stifte schneiden und auf dem Fleisch verteilen. Mit den Erdnüssen bestreuen.
2. Fix für Paprika-Rahmschnitzel in die Sahne einrühren. Sauce über Fleisch und Gemüse gießen. Mozzarella in Scheiben schneiden und darauf verteilen.
3. Im vorgeheizten Backofen bei 200 °C (Gas Stufe 3, Umluft 175 °C) etwa 30 Minuten backen.

tipp

Statt der Erdnüsse zerkleinerte Walnüsse nehmen.

Zubereitungszeit ca. 45 min

Szegediner Gulasch-Auflauf

Pro Portion (bei 3 Port.): 2350 kJ/562 kcal, 41 g E, 40 g F, 9 g KH

Zutaten für 2–3 Portionen:

500 g Schweinenacken

2 EL Öl

100 ml Schlagsahne

1 Beutel KNORR Fix für Paprika-Rahmschnitzel

285 g Sauerkraut aus der Dose

50 g geriebener Käse

1. Schweinenacken in etwa 2 Zentimeter große Würfel schneiden und in heißem Öl rundherum braun anbraten. 200 Milliliter kaltes Wasser und Sahne dazugießen.
2. Fix für Paprika-Rahmschnitzel einrühren und unter Rühren aufkochen. Sauerkraut abtropfen lassen, zum Fleisch geben und untermischen.
3. Alles in eine gefettete Auflaufform geben und mit geriebenem Käse bestreuen. Im vorgeheizten Backofen bei 200 °C (Gas Stufe 3, Umluft 175 °C) etwa 30 Minuten backen.

Dazu: Schupfnudeln oder Spätzle aus dem Kühlregal.

tipp

Vor dem Essen einen trockenen ungarischen Tokayer als Aperitif servieren.

lecker

Zubereitungszeit ca. 50 min

Griechischer Hackfleisch-Auflauf

Pro Portion (bei 3 Port.): 2930 kJ/701 kcal, 41 g E, 55 g F, 11 g KH

mit Reis
backen
–
würzen

Zutaten für 2–3 Portionen:

500 g Hackfleisch
2 EL Öl
1 Knoblauchzehe
Zimt, Nelkenpulver
Pfeffer
1 rote oder gelbe Paprikaschote
1 Beutel KNORR Fix für Paprika-Rahmschnitzel
150 ml Schlagsahne
100 g Schafskäse

1. Hackfleisch in einer Pfanne in heißem Öl unter Rühren anbraten. Knoblauchzehe abziehen, zerdrücken und zum Hackfleisch geben. Sparsam mit Zimt, Nelkenpulver und Pfeffer würzen.
2. Paprikaschote waschen, halbieren, entkernen und in Streifen schneiden. Paprikastreifen zusammen mit dem Fleisch in eine gefettete Auflaufform geben.
3. Fix für Paprika-Rahmschnitzel in die Sahne und 100 Milliliter Wasser einrühren. Sauce über Fleisch und Gemüse verteilen. Schafskäse zerbröckeln und über den Auflauf streuen.
4. Den Hackfleisch-Auflauf im vorgeheizten Backofen bei 200 °C (Gas Stufe 3, Umluft 175 °C) etwa 30 Minuten backen.

tipp

Weinauswahl für den griechischen Abend: leichten roten Demestika, kräftigen weißen Lindos oder geharzten Retsina.

Zubereitungszeit ca. 20 min

Schnitzel mit Paprika

Pro Portion (bei 2 Port.): 1395 kJ/334 kcal, 36 g E, 15 g F, 13 g KH

Zutaten für 2–3 Portionen:

1 Paprikaschote (200 g)

2–3 Schnitzel (Kalb, Schwein oder Pute) à 150 g

2 EL Öl

1 Beutel KNORR Fix für Paprika-Rahmschnitzel

tipp

Wer eine Schwäche für scharfes Essen hat, würzt zusätzlich mit 1 Prise Rosenpaprika.

1. Paprikaschote waschen, halbieren, entkernen und in dünne Streifen schneiden. Schnitzel in einer Pfanne in heißem Öl von jeder Seite 3 bis 5 Minuten braten, aus der Pfanne nehmen und warm stellen.
2. 1/4 Liter (250 Milliliter) kaltes Wasser in die Pfanne gießen. Fix für Paprika-Rahmschnitzel einrühren und die Paprikastreifen dazugeben. Unter Rühren aufkochen und bei schwacher Hitze 3 Minuten kochen.
3. Schnitzel wieder in die Pfanne geben und in der Sauce heiß werden lassen.

Gut dazu: Salzkartoffeln mit Petersilie bestreut.

Zubereitungszeit ca. 15 min

Garnelensuppe mit Dill

Pro Portion: 1210 kJ/290 kcal, 14 g E, 19 g F, 15 g KH

Zutaten für 2 Portionen:

- 100 ml Schlagsahne
- 1 Beutel KNORR Fix für Paprika-Rahmschnitzel
- 2 Frühlingszwiebeln
- 100 g Garnelen (Shrimps)
- 1–2 TL fein geschnittener Dill
- 1 EL Zitronensaft
- 4 Shrimps und 2 Zitronenspalten zum Garnieren

1. 400 Milliliter Wasser und Sahne in einen Topf gießen. Fix für Paprika-Rahmschnitzel einrühren und unter Rühren aufkochen.
2. Frühlingszwiebeln putzen, waschen, in Ringe schneiden und dazugeben. 2 bis 3 Minuten kochen. Kurz vor dem Servieren die Garnelen und Dill zufügen. Die Suppe mit Zitronensaft abschmecken. Je 2 Shrimps und 1 Zitronenspalte auf 1 Spieß stecken und die Suppe damit anrichten.

   Wenn Sie zusätzlich 100 Gramm gekochten Reis zur Suppe geben, wird ein sättigender Eintopf daraus.

tipp

Etwa 100 Gramm gewürfeltes Fischfilet mitgaren.

Zubereitungszeit ca. 55 min

Paprika-Kartoffel-Gratin

Pro Portion (bei 2 Port.): 3000 kJ/715 kcal, 18 g E, 49 g F, 51 g KH

Zutaten für 2–3 Portionen:

- 600 g Kartoffeln
- 1 Beutel KNORR Fix für Paprika-Rahmschnitzel
- 1/4 l (250 ml) Schlagsahne
- 1 Knoblauchzehe
- 50 g geriebener Käse
- Kräuter zum Garnieren

1. Kartoffeln schälen und in dünne Scheiben schneiden oder hobeln. Kartoffelscheiben in eine gefettete Auflaufform schichten.
2. Fix für Paprika-Rahmschnitzel in die Sahne einrühren. Knoblauchzehe abziehen, zerdrücken und zur Sauce geben. Sauce über die Kartoffeln gießen und alles mit geriebenem Käse bestreuen.
3. Im vorgeheizten Backofen bei 200 °C (Gas Stufe 3, Umluft 175 °C) 35 bis 40 Minuten backen. Mit Kräutern bestreut anrichten.

tipp

Das Gratin schmeckt zu kurz gebratenem Fleisch sehr gut.

Zubereitungszeit ca. 40 min

Lachsfilet auf Fenchel

Pro Portion (bei 3 Port.): 1965 kJ/470 kcal, 36 g E, 31 g F, 11 g KH

Zutaten für 3–4 Portionen:

1 Fenchelknolle (ca. 300 g)

2 EL Öl

500 g Lachsfilet

1 Beutel KNORR Fix für Paprika-Rahmschnitzel

150 ml Schlagsahne

1–2 EL fein geschnittener Dill

evtl. 1–2 TL Zitronensaft

1. Fenchelknolle putzen, waschen und in Streifen schneiden; das Fenchelgrün beiseite legen. Das Gemüse in heißem Öl 3 bis 5 Minuten dünsten, dann in eine gefettete Auflaufform geben. Den Fisch in Portionsstücke schneiden und auf das Gemüse legen.
2. Fix für Paprika-Rahmschnitzel in 100 Milliliter Wasser und Sahne einrühren. Dill untermischen. Nach Belieben mit Zitronensaft abschmecken. Sauce auf dem Fisch verteilen.
3. Im vorgeheizten Backofen bei 200 °C (Gas Stufe 3, Umluft 175 °C) etwa 25 Minuten backen. Mit Fenchelgrün garnieren.

Zubereitungszeit ca. 45 min

Überbackene Auberginen

Pro Portion (bei 3 Port.): 1735 kJ/414 kcal, 11 g E, 36 g F, 13 g KH

Zutaten für 3–4 Portionen:

400 g Auberginen

6–8 grüne Oliven

1 Beutel KNORR Fix für Paprika-Rahmschnitzel

1/4 l (250 ml) Schlagsahne

100 g Schafskäse

Kräuter zum Garnieren

1. Auberginen waschen, putzen und in Scheiben schneiden. Oliven ebenfalls in dünne Scheiben schneiden.
2. Fix für Paprika-Rahmschnitzel in die Sahne einrühren. Sauce und Gemüse in eine gefettete Auflaufform geben und mischen.
3. Schafskäse zerbröckeln und über das Gemüse geben. Im vorgeheizten Backofen bei 200 °C (Gas Stufe 3, Umluft 175 °C) etwa 30 Minuten backen. Mit Kräutern anrichten.

Zubereitungszeit ca. 60 min

Knödel-Gemüse-Gratin

Pro Portion: 2255 kJ/537 kcal, 17 g E, 33 g F, 43 g KH

Zutaten für 4 Portionen:

1 Packung PFANNI Semmelknödel in Kochbeuteln (6 Stück)

Salz

250 g Zucchini

250 g Möhren

1 Beutel KNORR Fix für Paprika-Rahmschnitzel

1/4 l (250 ml) Schlagsahne

100 g geriebener Käse

1. Knödel in kaltem Salzwasser 10 Minuten quellen lassen. Sprudelnd aufkochen, dann bei schwacher Hitze 10 Minuten ziehen lassen. Herausnehmen, Kochbeutel aufreißen und jeden Knödel in 4 bis 5 Scheiben schneiden.
2. Zucchini und Möhren putzen, waschen, in Scheiben schneiden und im Knödelkochwasser 3 bis 5 Minuten garen. Gemüse abtropfen lassen und mit den Knödelscheiben in eine gefette Auflaufform schichten.
3. Fix für Paprika-Rahmschnitzel in die Sahne einrühren, über das Gemüse geben und mit geriebenem Käse bestreuen. Im vorgeheizten Backofen bei 200 °C (Gas Stufe 3, Umluft 175 °C) etwa 30 Minuten backen.

tipp

Statt der Möhren 250 Gramm gewürfelte Tomaten in die Auflaufform geben.

10 Rezept-Ideen

Fix für Pfeffer-Rahm-Medaillons

Magisch – mit grünem Madagaskar-Pfeffer

Zubereitungszeit ca. 20 min

Puten-Lauch-Pfanne

Pro Portion (bei 2 Port.): 1490 kJ/269 kcal, 39 g E, 17 g F, 12 g KH

Zutaten für 2–3 Portionen:

150 g Lauch
300 g Putenschnitzel
2 EL Öl
1 Beutel KNORR Fix für Pfeffer-Rahm-Medaillons
1 EL Weißwein
1–2 EL Crème fraîche

1. Lauch putzen, waschen und in feine Ringe schneiden. Das Fleisch in feine Streifen schneiden und in heißem Öl kurz braten. Lauch – bis auf einige schöne Ringe zum Garnieren – dazugeben und mitdünsten.
2. 200 Milliliter kaltes Wasser dazugießen, Fix für Pfeffer-Rahm-Medaillons und Wein einrühren, unter Rühren aufkochen und 1 Minute kochen lassen.
3. Crème fraîche unterrühren und mit Lauchringen bestreut servieren.

tipp

Verfeinern Sie die Sauce mit ein paar rosa Pfefferkörnern (gibt's im Feinkostladen).

Zubereitungszeit ca. 30 min

Paprika-Hackbällchen

Pro Portion (bei 2 Port.): 2735 kJ/566 kcal, 28 g E, 48 g F, 28 g KH

Zutaten für 2–3 Portionen:

je 1 gelbe und rote Paprikaschote
200 g Hackfleisch
1 Ei
4 EL Semmelbrösel
Salz, Pfeffer
3 EL Öl
50 ml Schlagsahne
1 Beutel KNORR Fix für Pfeffer-Rahm-Medaillons

1. Paprikaschoten waschen, halbieren, entkernen und in feine Streifen schneiden. Das Hackfleisch mit Ei, Semmelbröseln, Salz und Pfeffer mischen und etwa 15 kleine Bällchen formen.
2. Bällchen in einer Pfanne in 2 Esslöffel heißem Öl rundherum braten, aus der Pfanne nehmen und warm stellen.
3. Paprikastreifen in der Pfanne in restlichem Öl dünsten. 200 Milliliter kaltes Wasser und Sahne dazugießen. Fix für Pfeffer-Rahm-Medaillons einrühren, unter Rühren aufkochen und 1 Minute kochen lassen. Hackbällchen in der Sauce heiß werden lassen.

tipp

2 Teelöffel Senf in den Hackteig geben.

Zubereitungszeit ca. 35 min

Schnitzeltaschen mit Paprika-Pesto

Pro Portion: 2570 kJ/558 kcal, 33 g E, 50 g F, 8 g KH

Zutaten für 3 Portionen:

1 rote Paprikaschote
30 g Parmesan
30 g Pinienkerne
8 EL Olivenöl
Salz, Pfeffer
3 Schweineschnitzel à 125 g
50 ml Schlagsahne
1 Beutel KNORR Fix für Pfeffer-Rahm-Medaillons

1. Paprikaschote waschen, vierteln und entkernen. Ein Viertel der Paprika, Parmesan, Pinienkerne, 6 Esslöffel Olivenöl, Salz und Pfeffer in einem Blitzhacker pürieren. Restliche Paprikaviertel in Streifen schneiden.
2. Schweineschnitzel flach klopfen und halbieren. Die Hälfte des Paprika-Pestos auf die Schnitzel verteilen, zusammenklappen und mit Holzspießen feststecken. Schnitzel in restlichem Olivenöl von beiden Seiten 6 bis 8 Minuten braten. Paprikastreifen zufügen und mitdünsten.
3. 200 Milliliter kaltes Wasser und Sahne in die Pfanne gießen. Fix für Pfeffer-Rahm-Medaillons einrühren, unter Rühren aufkochen und 1 Minute kochen. Restliches Pesto zu den Schnitzeltaschen servieren.

tipp

Für ein grünes Pesto anstelle der Paprika 50 Gramm Rucola verwenden.

Zubereitungszeit ca. 15 min

Fleischkäse mit Ei auf Pfeffersauce

Pro Portion: 2860 kJ/594 kcal, 35 g E, 57 g F, 8 g KH

Zutaten für 2 Portionen:

2 dicke Scheiben Fleischkäse

2 EL Öl

2 Eier

1 Beutel KNORR Fix für Pfeffer-Rahm-Medaillons

evtl. 2–3 EL Schlagsahne

1. Fleischkäse in einer Pfanne in heißem Öl braten. Aus der Pfanne nehmen und warm stellen.
2. Eier im Bratfett zu Spiegeleiern braten, herausnehmen, auf die Fleischkäsescheiben geben und warm stellen.
3. 1/4 Liter (250 Milliliter) kaltes Wasser in die Pfanne gießen. Fix für Pfeffer-Rahm-Medaillons einrühren, unter Rühren aufkochen und 1 Minute kochen. Nach Belieben mit Sahne verfeinern. Sauce mit dem Fleischkäse und den Spiegeleiern servieren.

Dazu passt geröstetes Bauernbrot.

tipp

Damit das Spiegelei so schön rund wird wie auf dem Foto: Spezielle Form aus dem Haushaltswarenladen verwenden.

Zubereitungszeit ca. 20 min

Lammkoteletts provençal

Pro Portion: 1985 kJ/415 kcal, 29 g E, 36 g F, 6 g KH

Zutaten für 3 Portionen:

6 Lammkoteletts
2–3 EL Öl
1 Knoblauchzehe
1 TL Kräuter der Provence
50 ml Rotwein
50 ml Schlagsahne
1 Beutel KNORR Fix für Pfeffer-Rahm-Medaillons

tipp

Einen jungen, leicht gekühlten Rotwein oder einen Rosé aus der Provence dazu servieren.

1. Lammkoteletts in einer Pfanne in heißem Öl von jeder Seite 3 bis 5 Minuten braten. Knoblauchzehe abziehen, zerdrücken und auf die Koteletts streichen. Mit Kräutern der Provence bestreuen.
2. Koteletts aus der Pfanne nehmen und warm stellen.
3. 150 Milliliter Wasser, Rotwein und Sahne in die Pfanne gießen. Fix für Pfeffer-Rahm-Medaillons einrühren, unter Rühren aufkochen und 1 Minute kochen. Koteletts wieder in die Pfanne geben und in der Sauce heiß werden lassen.

   Gut dazu: grüne Bohnen und Salzkartoffeln.

Zubereitungszeit ca. 45 min

Hack-Bohnen-Auflauf

Pro Portion: 2105 kJ/441 kcal, 27 g E, 26 g F, 39 g KH

Zutaten für 3 Portionen:

- 1 Zwiebel
- 200 g Hackfleisch
- 1–2 EL Öl
- Salz
- 1 Beutel KNORR Fix für Pfeffer-Rahm-Medaillons
- 200 g weiße Bohnen aus der Dose
- 1/8 l (125 ml) Milch
- 1 Packung PFANNI Kartoffel-Püree »Das Kräftige«
- 50 g geriebener Käse

1. Zwiebel abziehen, würfeln und mit dem Hackfleisch in einer Pfanne in heißem Öl unter Rühren anbraten; eventuell mit Salz würzen.
2. 200 Milliliter Wasser dazugießen, Fix für Pfeffer-Rahm-Medaillons einrühren, unter Rühren aufkochen und 1 Minute kochen lassen. Bohnen abtropfen lassen, untermischen und alles in eine gefettete Auflaufform geben.
3. 3/8 Liter (375 Milliliter) Wasser mit Salz aufkochen, Topf vom Herd nehmen, Milch dazugießen und Püreeflocken einrühren. Das fertige Püree über das Fleisch geben, mit Käse bestreuen und im vorgeheizten Backofen bei 200 °C (Gas Stufe 3, Umluft 175 °C) etwa 30 Minuten überbacken.

Dazu schmeckt ein Gurkensalat mit Dill.

Zubereitungszeit ca. 30 min

Paprika-Reisfleisch

Pro Portion: 2645 kJ/544 kcal, 32 g E, 29 g F, 59 g KH

Zutaten für 2 Portionen:

- 125 g Langkornreis
- 1/2–1 TL Currypulver
- Salz
- 1 rote Paprikaschote
- 1 Zwiebel
- 250 g Schweinenacken
- 2 EL Öl
- 1 Beutel KNORR Fix für ~~Pfeffer~~-Rahm-Medaillons

1. Reis mit Curry in 350 Milliliter Salzwasser 15 bis 20 Minuten kochen.
2. Paprikaschote waschen, halbieren, entkernen und in feine Streifen schneiden. Die Zwiebel abziehen und fein würfeln. Schweinenacken würfeln.
3. Zwiebel- und Fleischwürfel in einer Pfanne in heißem Öl braten und salzen. Paprikastreifen dazugeben und kurz mitdünsten. 1/4 Liter (250 Milliliter) kaltes Wasser dazugeben, Fix für Pfeffer-Rahm-Medaillons einrühren, unter Rühren aufkochen und 1 Minute kochen lassen. Reis abtropfen lassen, untermischen und servieren.

Zubereitungszeit ca. 25 min

Schinken-Putenröllchen

Pro Portion: 1480 kJ/309 kcal, 45 g E, 16 g F, 7 g KH

Zutaten für 4 Portionen:

- 4 Putenschnitzel à 150 g
- 4 Scheiben gekochter Schinken
- 2–3 EL Öl
- 50 ml Schlagsahne
- 1 Beutel KNORR Fix für Pfeffer-Rahm-Medaillons

1. Putenschnitzel flach klopfen und mit je 1 Scheibe Schinken belegen. Schnitzel von der Schmalseite her aufrollen und in etwa 2 Zentimeter dicke Scheiben schneiden. Je 3 bis 4 Röllchen auf Spieße stecken.
2. Spieße in einer Pfanne in heißem Öl von beiden Seiten braten, aus der Pfanne nehmen und warm stellen.
3. 200 Milliliter kaltes Wasser und Sahne in die Pfanne gießen, Fix für Pfeffer-Rahm-Medaillons einrühren, unter Rühren aufkochen und 1 Minute kochen lassen. Spieße in der Sauce servieren.

tipp

Toll als Fingerfood für ein Partybüfett! Dann die Pfeffersauce als Dip dazu servieren.

Zubereitungszeit ca. 30 min

Pilz-Zwiebel-Pfanne

Pro Portion: 1140 kJ/183 kcal, 8 g E, 20 g F, 11 g KH

Zutaten für 2 Portionen:

- 500 g Champignons
- 2 Zwiebeln
- 1 Stange Lauch
- 2 EL Öl
- 50 ml Weißwein
- 50 ml Schlagsahne
- 1 Beutel KNORR Fix für Pfeffer-Rahm-Medaillons

1. Champignons putzen, halbieren und eventuell vierteln. Zwiebeln abziehen, halbieren und in dünne Scheiben schneiden. Lauch putzen, waschen und in feine Ringe schneiden.
2. Champignons, Lauch und Zwiebelscheiben in einer Pfanne in heißem Öl dünsten, bis die Flüssigkeit verdampft ist.
3. 150 Milliliter kaltes Wasser, Weißwein und Sahne zu den Pilzen gießen. Fix für Pfeffer-Rahm-Medaillons einrühren, unter Rühren aufkochen und bei schwacher Hitze 1 Minute kochen.

tipp

Schmeckt als vegetarisches Hauptgericht und zu Wild oder Geflügel.

Zubereitungszeit ca. 30 min

Pfeffer-Hacksteaks

Pro Portion (bei 2 Port.): 3115 kJ/655 kcal, 38 g E, 48 g F, 32 g KH

Zutaten für 2–3 Portionen:

250 g Schalotten
300 g Hackfleisch
1 Ei
5 EL Semmelbrösel
Salz, Pfeffer
2 EL Öl
100 ml Rotwein
50 ml Schlagsahne
1 Beutel KNORR Fix für Pfeffer-Rahm-Medaillons

1. Schalotten abziehen und vierteln. Hackfleisch mit Ei, Semmelbröseln, Salz und Pfeffer mischen und 2 oder 3 flache Steaks formen.
2. Hacksteaks in einer Pfanne in heißem Öl von beiden Seiten braten, aus der Pfanne nehmen und warm stellen. Schalotten im restlichen Bratfett zugedeckt bei schwacher Hitze weich dünsten.
3. Rotwein, 100 Milliliter kaltes Wasser und Sahne dazugießen. Fix für Pfeffer-Rahm-Medaillons einrühren, unter Rühren aufkochen und 1 Minute kochen lassen. Hacksteaks mit dem Schalottengemüse servieren.

tipp

Romanesco heißt der hübsche Verwandte des weißen Blumenkohls. Er schmeckt ähnlich, gart aber etwas schneller.

10 Rezept-Ideen

Fix für Puten-Geschnetzeltes

Immer gut für
Lob in höchsten Tönen

Zubereitungszeit ca. 30 min

Putenbrust mit Mango

Pro Portion (bei 2 Port.): 1680 kJ/404 kcal, 33 g E, 17 g F, 28 g KH

Zutaten für 2–3 Portionen:

1 kleine reife Mango
250 g Putenbrustfilet
3 EL Öl, 1 Zwiebel
1 Knoblauchzehe
1 EL Zucker
1 Beutel KNORR Fix für Puten-Geschnetzeltes

1. Mango schälen, das Fruchtfleisch vom Stein schneiden und würfeln. Putenbrustfilet würfeln und in 2 Esslöffel heißem Öl goldbraun braten. Fleisch herausnehmen und warm stellen.
2. Zwiebel abziehen und würfeln, Knoblauchzehe abziehen und zerdrücken. Zwiebelwürfel und Knoblauch in der Pfanne in restlichem Öl anbraten. Zucker darüber streuen und hellbraun werden lassen.
3. Die Mangowürfel zugeben und kurz bräunen. 1/4 Liter (250 Milliliter) Wasser dazugießen und Fix für Puten-Geschnetzeltes einrühren. Unter Rühren aufkochen und bei schwacher Hitze 2 Minuten kochen lassen. Fleisch wieder zugeben und in der Sauce erwärmen.

Dazu passt Reis.

tipp

Je nach Saison die Mango durch frische Pfirsiche, Aprikosen oder Cranberries ersetzen.

Zubereitungszeit ca. 20 min

Pilzpfanne mit Tomaten

Pro Portion: 1060 kJ/255 kcal, 5 g E, 21 g F, 11 g KH

Zutaten für 2 Portionen:

50 g getrocknete Tomaten in Öl
200 g gemischte Pilze (z.B. Champignons, Austernpilze, Shiitake)
1 Zwiebel
1–2 EL Öl
1 Beutel KNORR Fix für Puten-Geschnetzeltes
1–2 EL Weißwein
evtl. Kräuter zum Garnieren

1. Tomaten abtropfen lassen und in kleine Würfel schneiden. Pilze putzen, in Stücke schneiden. Zwiebel abziehen, würfeln und zusammen mit den Pilzen in heißem Öl braun anbraten.
2. 1/4 Liter (250 Milliliter) Wasser dazugießen und Fix für Puten-Geschnetzeltes einrühren. Tomatenwürfel und Weißwein zufügen, unter Rühren aufkochen und bei schwacher Hitze 2 Minuten kochen lassen. Eventuell mit Kräutern garnieren.

Dazu passen Bandnudeln.

Zubereitungszeit ca. 35 min

Schweinefilet im Schinkenmantel

Pro Portion (bei 2 Port.): 2210 kJ/528 kcal, 50 g E, 32 g F, 11 g KH

Zutaten für 2–3 Portionen:

300 g Schweinefilet

100 g roher Schinken in Scheiben

1 Beutel KNORR Fix für Puten-Geschnetzeltes

150 ml Schlagsahne

1. Fleisch in 2 bis 3 Portionsstücke schneiden. Jedes Stück mit Schinkenscheiben umwickeln und ohne Anbraten in eine gefettete Auflaufform legen.
2. Fix für Puten-Geschnetzeltes in die Sahne und 100 Milliliter kaltes Wasser einrühren und über das Fleisch gießen.
3. Das Fleisch im vorgeheizten Backofen bei 200 °C (Gas Stufe 3, Umluft 175 °C) 25 bis 30 Minuten garen.

tipp

Sie können das Filet auch in der Pfanne braten und mit frischem Salbei garnieren. Reichen Sie KNORR Fix als Sauce dazu.

Zubereitungszeit ca. 25 min

Schweinegeschnetzeltes mit Kürbis

Pro Portion (bei 2 Port.): 2790 kJ/668 kcal, 33 g E, 30 g F, 65 g KH

Zutaten für 2–3 Portionen:

125 g Langkornreis
Salz
ca. 40 g frische Ingwerwurzel
300 g süßsauer eingelegter Kürbis aus dem Glas
250 g Schweineschnitzel
2 EL Öl
1 Beutel KNORR Fix für Puten-Geschnetzeltes
1–2 EL Weißwein
Pfeffer

1. Den Reis in reichlich kochendes Salzwasser geben und 15 bis 20 Minuten kochen. Ingwerwurzel schälen und raspeln oder im Blitzhacker zerkleinern. Eingelegten Kürbis abtropfen lassen.
2. Schweineschnitzel in dünne Streifen schneiden und in heißem Öl anbraten. 1/4 Liter (250 Milliliter) Wasser dazugießen, Fix für Puten-Geschnetzeltes einrühren und unter Rühren aufkochen.
3. Kürbis, Ingwer und Weißwein zugeben. Bei schwacher Hitze 2 Minuten kochen lassen. Mit Pfeffer abschmecken. Reis zum Geschnetzelten servieren.

tipp

In der Kürbissaison frischen Kürbis verwenden. Einfach das Fruchtfleisch würfeln und in Salzwasser bissfest garen.

Zubereitungszeit ca. 40 min

Geflügelragout

Pro Portion (bei 2 Port.): 1725 kJ/415 kcal, 40 g E, 20 g F, 17 g KH

Zutaten für 2–3 Portionen:

300 g Hähnchenbrustfilet
2 1/2 TL Honig
Salz, Pfeffer
400 g Lauch
1 Zwiebel
2 EL Öl
1 Beutel KNORR Fix für Puten-Geschnetzeltes
2–3 EL Schlagsahne
evtl. 1 TL rote oder grüne Pfefferkörner

tipp

Für eine süß-säuerliche Note die Sauce mit einigen Tropfen Limetten- oder Zitronensaft abrunden.

1. Hähnchenbrustfilet in große Würfel schneiden. 1/2 Teelöffel Honig darüber verteilen. Das Fleisch leicht salzen und pfeffern.
2. Lauch waschen, putzen und in kleine Stücke schneiden. Zwiebel abziehen und würfeln.
3. Hähnchenwürfel in heißem Öl in einer großen Pfanne von allen Seiten anbraten. Lauchstücke und Zwiebelwürfel dazugeben und 2 Minuten mitgaren.
4. 300 Milliliter Wasser zugießen, Fix für Puten-Geschnetzeltes einrühren, unter Rühren aufkochen und bei schwacher Hitze 5 Minuten kochen lassen. Mit Sahne und restlichem Honig abschmecken. Nach Belieben Pfefferkörner dazugeben.

Zubereitungszeit ca. 30 min

Hähnchenleber

Pro Portion (bei 3 Port.): 2015 kJ/480 kcal, 47 g E, 20 g F, 27 g KH

Zutaten für 3–4 Portionen:

400 g Hähnchenleber

1 Bund Frühlingszwiebeln

200 g Champignons

2 EL Öl

1 Beutel KNORR Fix für Puten-Geschnetzeltes

evtl. Kräuter zum Garnieren

1. Hähnchenleber in Stücke schneiden. Frühlingszwiebeln putzen, waschen und in 3 Zentimeter lange Stücke schneiden. Champignons putzen und in Scheiben schneiden.
2. Leber mit etwas Mehl bestäuben, in einer Pfanne in heißem Öl 2 Minuten braten, herausnehmen und warm stellen. Gemüse im restlichen Bratfett andünsten.
3. 1/4 Liter (250 Milliliter) kaltes Wasser dazugießen, Fix für Puten-Geschnetzeltes einrühren, unter Rühren aufkochen und bei schwacher Hitze 2 Minuten kochen lassen. Leber mit der Pilz-Zwiebel-Sauce anrichten. Eventuell mit frischen Kräutern garnieren.

Eine ideale Beilage ist cremig-lockeres Kartoffelpüree mit gehackten Kräutern verfeinert.

tipp

In der kalten Jahreszeit das Gericht zur Abwechslung einmal mit Gänseleber zubereiten.

Zubereitungszeit ca. 35 min

Nudeln mit Seelachsfilet

Pro Portion (bei 2 Port.): 3115 kJ/744 kcal, 41 g E, 23 g F, 92 g KH

1. Seelachsfilet auftauen und würfeln. Nudeln in reichlich kochendem Salzwasser bissfest garen.
2. Knoblauchzehe abziehen, zerdrücken und in heißem Öl kurz dünsten. 1/4 Liter (250 Milliliter) kaltes Wasser dazugießen, Fix für Puten-Geschnetzeltes einrühren, unter Rühren aufkochen und bei schwacher Hitze 2 Minuten kochen. Fisch dazugeben und bei schwacher Hitze etwa 5 Minuten gar ziehen lassen.
3. Weintrauben waschen, halbieren und entkernen. Mit Mandelblättchen und Dill zum Fisch geben. Mit Zitronensaft, Salz und Pfeffer abschmecken. Die Nudeln dazu servieren.

Zutaten für 2–3 Portionen:

250 g TK-Seelachsfilet

200 g Nudeln (z.B. Farfalle oder Muscheln)

Salz

1 Knoblauchzehe

1 TL Öl

1 Beutel KNORR Fix für Puten-Geschnetzeltes

150 g grüne oder blaue Weintrauben

30 g Mandelblättchen

1–2 EL fein geschnittener Dill

2–3 EL Zitronensaft

Pfeffer

Zubereitungszeit ca. 25 min

Kokos-Geflügel-Pfanne

Pro Portion: 2640 kJ/632 kcal, 39 g E, 17 g F, 78 g KH

Zutaten für 2 Portionen:

- 125 g Langkornreis
- Salz
- 200 g Wirsingkohl
- 250 g Hähnchenbrustfilet
- 2 EL Öl
- 100 ml Kokosmilch aus der Dose
- 1 Beutel KNORR Fix für Puten-Geschnetzeltes
- 150 g Ananasstücke aus der Dose
- 1/2 TL gemahlener Koriander

1. Den Reis in reichlich kochendes Salzwasser geben und 15 bis 20 Minuten kochen. Wirsingkohl waschen, putzen und in feine Streifen schneiden. Hähnchenbrustfilet würfeln und in heißem Öl anbraten. Wirsingstreifen zufügen und kurz mit anbraten.
2. Kokosmilch mit Wasser auf 1/4 Liter (250 Milliliter) Flüssigkeit auffüllen und in die Pfanne gießen. Fix für Puten-Geschnetzeltes einrühren, unter Rühren aufkochen und bei schwacher Hitze 2 Minuten kochen lassen.
3. Ananasstücke abtropfen lassen und in der Sauce erwärmen. Mit Koriander abschmecken. Reis abtropfen lassen, mit Fleisch und Sauce anrichten.

Zubereitungszeit ca. 50 min

Zwiebel-Hähnchen

Pro Portion (bei 3 Port.): 2365 kJ/566 kcal, 34 g E, 41 g F, 15 g KH

Zutaten für 3–4 Portionen:

- 6 mittelgroße Zwiebeln
- 6 Knoblauchzehen
- 2 Möhren
- 2 EL Öl
- 500 g Hähnchenunterkeulen
- 1 Beutel KNORR Fix für Puten-Geschnetzeltes
- 150 ml Schlagsahne
- evtl. 1–2 EL Weißwein
- evtl. Salbei zum Garnieren

1. Zwiebeln abziehen und in Spalten schneiden. Knoblauchzehen abziehen und in Scheiben schneiden. Möhren waschen, schälen und in Scheiben schneiden. Alles zusammen in heißem Öl etwa 5 Minuten dünsten. Zusammen mit den Hähnchenunterkeulen in eine gefettete Auflaufform geben.
2. Fix für Puten-Geschnetzeltes in Sahne, 100 Milliliter kaltes Wasser und evtl. Wein einrühren. Die Mischung über Fleisch und Gemüse gießen. Im vorgeheizten Backofen bei 200 °C (Gas Stufe 3, Umluft 175 °C) 30 bis 40 Minuten braten. Das Gericht nach Belieben mit frischem Salbei garnieren.

Zubereitungszeit ca. 30 min

Putengeschnetzeltes

Pro Portion: 1660 kJ/399 kcal, 33 g E, 18 g F, 26 g KH

Zutaten für 2 Portionen:

250 g Putenschnitzel
1 Apfel
1/2 Bund Frühlingszwiebeln
2 EL Öl
1 Beutel KNORR Fix für Puten-Geschnetzeltes
1 EL körniger Senf
evtl. Kräuter zum Garnieren

1. Putenschnitzel in schmale Streifen schneiden. Apfel waschen, das Kerngehäuse entfernen, Fruchtfleisch in Spalten schneiden. Frühlingszwiebeln putzen, waschen und in Ringe schneiden.
2. Fleischstreifen in heißem Öl kurz braten und herausnehmen. Apfelspalten und Frühlingszwiebeln im restlichen Bratfett kurz anbraten, ebenfalls herausnehmen und warm stellen.
3. 1/4 Liter (250 Milliliter) kaltes Wasser in die Pfanne gießen, Fix für Puten-Geschnetzeltes einrühren, unter Rühren aufkochen und bei schwacher Hitze 2 Minuten kochen lassen. Fleisch, Apfelspalten und Zwiebelringe wieder dazugeben und heiß werden lassen. Mit Senf abschmecken und eventuell mit Kräutern garnieren.

tipp

Sie können das Putengeschnetzelte nach Belieben mit 8 bis 10 Rosinen verfeinern.

10 Rezept-Ideen

Fix für Rahm-Champignons

Unwiderstehlich rahmig –
mit Sahne und Petersilie

Zubereitungszeit ca. 30 min

Nudeln in Pilzrahm

Pro Portion (bei 2 Port.): 2560 kJ/613 kcal, 20 g E, 15 g F, 98 g KH

Zutaten für 2–3 Portionen:

250 g Bandnudeln
Salz
1 Knoblauchzehe
2 EL Öl
100 g gemischte Pilze (z.B. Pfifferlinge und Champignons)
1 Beutel KNORR Fix für Rahm-Champignons
2 Frühlingszwiebeln
Basilikumblätter
evtl. 1–2 EL geriebener Parmesan

1. Bandnudeln in reichlich kochendem Salzwasser bissfest garen und in einem Sieb abgießen.
2. Knoblauchzehe abziehen, zerdrücken und in heißem Öl dünsten. Pilze putzen, in Scheiben schneiden, dazugeben und dünsten, bis die Flüssigkeit verdampft ist.
3. 1/4 Liter (250 Milliliter) kaltes Wasser dazugießen, Fix für Rahm-Champignons einrühren, unter Rühren aufkochen und 1 Minute kochen lassen. Frühlingszwiebeln putzen, waschen, in feine Ringe schneiden und untermischen.
4. Sauce zu den Bandnudeln servieren. Mit Basilikum garnieren und eventuell mit Parmesan bestreuen.

Zubereitungszeit ca. 60 min

Hackbraten mit Pilzen

Pro Portion: 2675 kJ/640 kcal, 44 g E, 41 g F, 25 g KH

Zutaten für 2 Portionen:

250 g Champignons
250 g Hackfleisch
1 EL gehackte Petersilie
75 g geriebener Emmentaler
40 g Semmelbrösel
1 Ei
1 Beutel KNORR Fix für Rahm-Champignons

1. Champignons putzen und fein würfeln. Das Hackfleisch mit Champignonwürfeln, Petersilie, Käse, Semmelbröseln, Ei und Fix für Rahm-Champignons gut vermischen.
2. Den Teig in eine gefettete Kastenform (20 Zentimeter lang) geben und im vorgeheizten Backofen bei 200 °C (Gas Stufe 3, Umluft 175 °C) etwa 40 Minuten backen. Hackbraten in Scheiben schneiden und mit einem Kräuterdip anrichten.

Dazu passt ein gemischter Salat.

tipp

Besonders würzig: Geben Sie einige gehackte Kapern unter den Teig.

Zubereitungszeit ca. 35 min

Rahmgeschnetzeltes mit Austernpilzen

Pro Portion: 1030 kJ/248 kcal, 35 g E, 8 g F, 9 g KH

Zutaten für 3 Portionen:

400 g Hähnchenbrustfilet
2 EL Öl
Salz, Pfeffer
250 g Austernpilze
3 Frühlingszwiebeln
1 Beutel KNORR Fix für Rahm-Champignons
evtl. 1–2 TL Sojasauce

1. Hähnchenbrustfilet in kleine Stücke schneiden und in heißem Öl anbraten, mit Salz und Pfeffer würzen. Fleischstücke aus der Pfanne nehmen und warm stellen.
2. Austernpilze putzen und im restlichen Bratfett dünsten. Frühlingszwiebeln putzen, waschen, in Ringe schneiden und kurz mitdünsten. 1/4 Liter (250 Milliliter) kaltes Wasser dazugeben, Fix für Rahm-Champignons einrühren, unter Rühren aufkochen und 1 Minute kochen lassen.
3. Eventuell mit Sojasauce abschmecken. Fleischstücke wieder in die Pfanne geben und in der Sauce heiß werden lassen.

Gut dazu: Reismischung aus Langkorn- und Wildreis.

tipp

Wer von der Sauce gern eine größere Menge möchte, gibt noch 2 bis 3 Esslöffel Sahne dazu.

Zubereitungszeit ca. 50 min

Überbackenes Hähnchen mit Kartoffelhaube

Pro Portion (bei 2 Port.): 3190 kJ/763 kcal, 50 g E, 44 g F, 39 g KH

Zutaten für 2–3 Portionen:

2 Hähnchenbrustfilets à 150 g

1 Beutel KNORR Fix für Rahm-Champignons

150 g Schmand

50 g geriebener Käse

1 Packung PFANNI Kartoffelrösti

1. Hähnchenbrustfilets in eine gefettete Auflaufform geben. Fix für Rahm-Champignons in 1/4 Liter (250 Milliliter) kaltes Wasser einrühren, unter Rühren aufkochen, 1 Minute kochen lassen und über die Hähnchenbrustfilets gießen.
2. Schmand, Käse und Kartoffelrösti verrühren und auf dem Fleisch verteilen.
3. Im vorgeheizten Backofen bei 225 °C (Gas Stufe 4, Umluft 200 °C) in 30 bis 40 Minuten goldgelb überbacken.

tipp

Servieren Sie dazu gedünstete Frühlingszwiebeln und Möhren.

Zubereitungszeit ca. 45 min

Pilzknödel in Rahmsauce

Pro Portion (bei 4 Port.): 1594 kJ/378 kcal, 7 g E, 10 g F, 63 g KH

Zutaten für 4–6 Portionen:

250 g Pilze (Sorte nach Wahl)

2 EL Öl

1 Packung PFANNI Kartoffel-Knödel-Teig »Der Klassiker« (12 Knödel)

Salz

2 Beutel KNORR Fix für Rahm-Champignons

tipp

Pilze besser nicht waschen, sonst nehmen sie viel Wasser auf. Verunreinigungen mit einem Pinsel abbürsten.

1. Pilze putzen und klein schneiden, dabei einige schöne Exemplare für die Sauce beiseite legen. Alle Pilze in heißem Öl anbraten, bis die Flüssigkeit verdampft ist.
2. Knödelteig in 3/4 Liter (750 Milliliter) kaltes Wasser einrühren. Kleingeschnittene Pilze untermischen. Den Teig 10 Minuten quellen lassen. Aus dem Pilz-Knödelteig mit angefeuchteten Händen 12 Knödel formen, in reichlich kochendes, gesalzenes Wasser geben und kurz aufkochen. Bei schwacher Hitze 20 Minuten ziehen lassen.
3. Fix für Rahm-Champignons in 1/2 Liter (500 Milliliter) kaltes Wasser einrühren, unter Rühren aufkochen und 1 Minute kochen lassen. Ganze Pilze in der Sauce erhitzen und zu den Pilzknödeln servieren.

Zubereitungszeit ca. 60 min

Pilz-Blätterteigtorte

Pro Stück: 1040 kJ/249 kcal, 9 g E, 17 g F, 15 g KH

Zutaten für 12 Stücke:

- 6 Scheiben TK-Blätterteig (450 g)
- 500 g Champignons
- 2 EL Öl
- 150 g gekochter Schinken
- 1 Beutel KNORR Fix für Rahm-Champignons
- 2 Eier
- 150 g Crème fraîche
- 3 EL gehackte Petersilie
- 50 g geriebener Käse

1. Eine Springform (26 Zentimeter Durchmesser) mit den Blätterteigscheiben auskleiden, dabei einen 2 Zentimeter hohen Rand formen.
2. Champignons putzen, in Scheiben schneiden und in heißem Öl bei starker Hitze dünsten, bis die Flüssigkeit verdampft ist. Schinken würfeln. Pilze und Schinken auf dem Teig verteilen.
3. Fix für Rahm-Champignons mit Eiern, Crème fraîche und Petersilie vermischen und auf den Pilzen verteilen. Mit Käse bestreuen. Im vorgeheizten Backofen bei 200 °C (Gas Stufe 3, Umluft 175 °C) etwa 35 Minuten backen. Ofenwarm servieren.

tipp

Die Blätterteigtorte schmeckt auch lauwarm oder kalt.

Zubereitungszeit ca. 30 min

Bohnen-Speck-Pfanne

Pro Portion: 2780 kJ/670 kcal, 12 g E, 56 g F, 29 g KH

1. Bohnen auftauen lassen. Champignons putzen und vierteln. Speck würfeln und in 1 Esslöffel heißem Öl anbraten. Champignons und Bohnen zum Speck geben und kurz dünsten.
2. 1/4 Liter (250 Milliliter) kaltes Wasser dazugießen, Fix für Rahm-Champignons einrühren, unter Rühren aufkochen und 2 Minuten kochen lassen.
3. Schupfnudeln im restlichen Öl rundherum braten und mit der Bohnen-Speck-Pfanne anrichten. Mit Petersilie bestreuen.

Zutaten für 2 Portionen:

- 150 g grüne TK-Bohnen
- 200 g Champignons
- 50 g durchwachsener Speck
- 3 EL Öl
- 1 Beutel KNORR Fix für Rahm-Champignons
- 250 g Schupfnudeln aus dem Kühlregal
- 2 EL gehackte Petersilie

Zubereitungszeit ca. 60 min

Gefüllte Pizzataschen

Pro Stück: 350 kJ/84 kcal, 2 g E, 5 g F, 8 g KH

Zutaten für 20 Stück:

1 Frühlingszwiebel

250 g gemischte Pilze (z.B. Champignons und Austernpilze)

2 EL Öl

1 Beutel KNORR Fix für Rahm-Champignons

50 g geriebener Käse

1 Packung MONDAMIN Pizza-Teig

1–2 EL flüssige Butter

tipp

2 Esslöffel Olivenöl in den Pizzateig kneten.

1. Frühlingszwiebel putzen, waschen und in feine Ringe schneiden. Pilze putzen und klein schneiden. Pilze in heißem Öl dünsten, bis die Flüssigkeit verdampft ist. 100 Milliliter kaltes Wasser dazugießen, Fix für Rahm-Champignons einrühren, unter Rühren aufkochen und 1 Minute kochen lassen. Frühlingszwiebel und Käse zufügen und untermischen.
2. 1 Beutel Pizza-Teig mit 1/8 Liter (125 Milliliter) lauwarmem Wasser verkneten. Teig ausrollen und mit einem Glas 20 Kreise ausstechen.
3. Pilze auf den Teigkreisen verteilen, zusammenklappen und mit flüssiger Butter bestreichen. Im vorgeheizten Backofen bei 200 °C (Gas Stufe 3, Umluft 175 °C) etwa 20 Minuten backen.

Zubereitungszeit ca. 35 min

Omelett mit Pilzen

Pro Portion: 1730 kJ/416 kcal, 28 g E, 29 g F, 12 g KH

Zutaten für 2 Portionen:

1 Zwiebel

3–4 EL Öl

250 g Champignons

1 Beutel KNORR Fix für Rahm-Champignons

100 g Schinkenwürfel

2 EL Schnittlauchröllchen

4 Eier

Salz

tipp

Pilze mit gehacktem Knoblauch braten.

1. Zwiebel abziehen, würfeln und in 1 Esslöffel heißem Öl dünsten. Champignons putzen, in Scheiben schneiden, dazugeben und mitdünsten.
2. 1/4 Liter (250 Milliliter) kaltes Wasser zu den Pilzen gießen, Fix für Rahm-Champignons einrühren, unter Rühren aufkochen und 1 Minute kochen lassen. Schinkenwürfel und Schnittlauch untermischen.
3. Eier mit etwas Salz verrühren. Im restlichen, heißen Öl nacheinander 2 Omeletts braten. Jeweils die Hälfte der Rahm-Champignons auf eine Seite eines Omeletts füllen, zusammenklappen und servieren.

Zubereitungszeit ca. 30 min

Rotbarsch auf Gemüsereis

Pro Portion: 2975 kJ/713 kcal, 41 g E, 32 g F, 65 g KH

Zutaten für 2 Portionen:

125 g Reismischung (z.B. Langkorn- und Wildreis)

Salz

200 g Zucchini

150 g Aubergine

350 g Fischfilet (z.B. Rotbarsch oder Rotbarbe)

4 EL Öl

1 Beutel KNORR Fix für Rahm-Champignons

evtl. Basilikum zum Garnieren

1. Reis in 350 Milliliter Salzwasser 15 bis 20 Minuten kochen. Zucchini und Aubergine putzen und waschen.
2. Fisch salzen und in Mehl wenden. In 2 Esslöffel heißem Öl von jeder Seite 3 bis 4 Minuten braten. Aus der Pfanne nehmen und warm stellen.
3. Zucchini und Aubergine in Würfel schneiden und in restlichem, heißem Öl dünsten. 200 Milliliter kaltes Wasser dazugeben, Fix für Rahm-Champignons einrühren, unter Rühren aufkochen. Reis abtropfen lassen, dazugeben und untermischen. Eventuell mit Basilikumblättchen garnieren. Den Fisch auf dem Gemüsereis anrichten.

tipp

Sehr edel dazu: ein Glas kühlen Macon oder Meursault aus dem Burgund.

10 Rezept-Ideen

Fix für Ratatouille

Mit dem Charme der französischen Küche

Zubereitungszeit ca. 35 min

Fenchel-Kartoffel-Topf

Pro Portion (bei 2 Port.): 505 kJ/121 kcal, 5 g E, 1 g F, 22 g KH

1. Kartoffeln schälen und würfeln. Fenchel waschen, putzen und in Streifen schneiden; dabei etwas vom Fenchelgrün zum Garnieren beiseite legen.
2. Fix für Ratatouille in 400 Milliliter kaltes Wasser einrühren und unter Rühren aufkochen.
3. Kartoffelwürfel und Fenchelstreifen zum Ratatouille geben. Zugedeckt bei schwacher Hitze etwa 15 Minuten garen. Mit Fenchelgrün garnieren.

Zutaten für 2–3 Portionen:

200 g Kartoffeln
1/2 Fenchelknolle (ca. 150 g)
1 Beutel KNORR Fix für Ratatouille

tipp

Gewürfeltes Fischfilet auf das Gemüse legen und im geschlossenen Topf mitgaren.

Zubereitungszeit ca. 20 min

Hähnchen-Pilz-Pfanne

Pro Portion (bei 2 Port.): 2645 kJ/632 kcal, 41 g E, 22 g F, 65 g KH

1. Den Reis in reichlich kochendes Salzwasser geben; eventuell zum Gelbfärben 1 Prise Kurkuma zufügen. Reis 15 bis 20 Minuten garen.
2. Speck würfeln. Champignons putzen und in Scheiben schneiden. Paprikaschote waschen, halbieren, entkernen und würfeln.
3. Hähnchenfleisch in Streifen schneiden und zusammen mit den Speckwürfeln in heißem Öl anbraten. Champignons und Paprikawürfel dazugeben und andünsten. 1/4 Liter (250 Milliliter) kaltes Wasser zugießen und Fix für Ratatouille einrühren. Alles unter Rühren aufkochen. Nach Belieben mit Weißwein verfeinern und 1 bis 2 Minuten kochen. Reis unterrühren.

Zutaten für 2–3 Portionen:

125 g Basmatireis
Salz, evtl. Kurkuma
50 g durchwachsener Speck
200 g Champignons
1 rote Paprikaschote
250 g Hähnchenbrustfilet
1 EL Öl
1 Beutel KNORR Fix für Ratatouille
evtl. 1–2 EL Weißwein

tipp

Zum Servieren auf jede Portion einige Basilikumblätter geben.

Zubereitungszeit ca. 25 min

Gemüsepfanne mit Pinienkernen

Pro Portion (bei 2 Port.): 608 kJ/146 kcal, 5 g E, 6 g F, 17 g KH

Zutaten für 2–3 Portionen:

2 Möhren (ca. 200 g)
1 rote Paprikaschote
150 g Kohlrabi
2 EL Öl
1 Beutel KNORR Fix für Ratatouille
100 g Zuckerschoten
1 EL Pinienkerne oder Cashewkerne

1. Möhren putzen, waschen und längs vierteln. Paprikaschote waschen, halbieren, entkernen und in kleine Stücke schneiden. Kohlrabi waschen, schälen und in Scheiben schneiden. Das Gemüse in einem Topf in heißem Öl andünsten.
2. 1/4 Liter (250 Milliliter) kaltes Wasser dazugießen. Fix für Ratatouille einrühren und unter Rühren aufkochen. Zugedeckt bei schwacher Hitze etwa 12 Minuten garen. Zuckerschoten zugeben und noch 3 Minuten weitergaren. Das fertige Gericht mit Pinien- oder Cashewkernen bestreuen.

tipp

Das Gericht mit Walnuss- oder Haselnussöl beträufeln und in kleinen Portionen als Vorspeise servieren.

Zubereitungszeit ca. 45 min

Putenschnitzel mit Ratatouille al forno

Pro Portion (bei 2 Port.): 1840 kJ/443 kcal, 49 g E, 21 g F, 14 g KH

Zutaten für 2–3 Portionen:

je 1 rote und gelbe Paprikaschote

2 EL Öl

1 Beutel KNORR Fix für Ratatouille

2 Putenschnitzel à 150 g

50 g geriebener Emmentaler

evtl. 3 EL Mandelblättchen oder Sesam

1. Paprikaschoten waschen, halbieren, entkernen und in Streifen schneiden. In einem Topf in heißem Öl andünsten. 1/4 Liter (250 Milliliter) kaltes Wasser dazugießen, Fix für Ratatouille einrühren und unter Rühren aufkochen.
2. Die Putenschnitzel in eine gefettete Auflaufform legen, Ratatouille darüber geben und mit Emmentaler bestreuen. Nach Belieben zusätzlich Mandelblättchen oder Sesam darauf verteilen.
3. Im vorgeheizten Backofen bei 200 °C (Gas Stufe 3, Umluft 175 °C) 20 Minuten backen.

tipp

Zerdrückte Knoblauchzehe und fein gehackte Rosmarinnadeln mitgaren.

Zubereitungszeit ca. 30 min

Auberginen-Röllchen

Pro Stück: 430 kJ/103 kcal, 7 g E, 7 g F, 4 g KH

Zutaten für 8 Stück:

500 g Aubergine
2 EL Olivenöl
Salz, Pfeffer
125 g Mozzarella
4 Scheiben gekochter Schinken
8 Basilikumblätter
2 EL Öl
1 Beutel KNORR Fix für Ratatouille

tipp

Toll als Fingerfood fürs Partybüfett! Dann einfach die Sauce als Dip reichen.

1. Aubergine putzen und der Länge nach in 8 dünne Scheiben schneiden. Auberginenscheiben in heißem Olivenöl von beiden Seiten kurz anbraten, mit Salz und Pfeffer würzen.
2. Mozzarella in 8 dünne Scheiben schneiden. Schinkenscheiben halbieren. Jeweils 1 Auberginenscheibe mit 1/2 Schinkenscheibe, 1 Scheibe Mozzarella und 1 Basilikumblatt belegen, aufrollen und mit Holzspießchen feststecken. Röllchen in heißem Öl bei mittlerer Hitze braten.
3. Fix für Ratatouille in 1/4 Liter (250 Milliliter) kaltes Wasser einrühren und aufkochen. Zugedeckt bei schwacher Hitze 5 Minuten garen. Die Röllchen auf der Ratatouillesauce anrichten.

Zubereitungszeit ca. 35 min

Crêpes mit Ratatouille

Pro Stück: 795 kJ/190 kcal, 8 g E, 9 g F, 19 g KH

Zutaten für 8 Stück:

150 g Mehl
2 Eier
1 Prise Salz
1/4 l (250 ml) Milch
3 EL Öl
3 Paprikaschoten (rot, gelb)
1 Beutel KNORR Fix für Ratatouille
100 g Schafskäse
Kräuter zum Garnieren

1. Mehl, Eier, Salz und Milch zu einem glatten Teig verrühren. In einer beschichteten Pfanne in 2 Esslöffel heißem Öl nacheinander 8 Crêpes backen.
2. Paprikaschoten waschen, halbieren, entkernen und in kleine Stücke schneiden. Paprikastücke in einem Topf in restlichem Öl andünsten. 1/4 Liter (250 Milliliter) kaltes Wasser dazugießen und Fix für Ratatouille einrühren. Unter Rühren aufkochen und zugedeckt bei schwacher Hitze 10 bis 15 Minuten garen.
3. Die Crêpes mit Ratatouille füllen und zusammenfalten. Schafskäse würfeln und darüber streuen. Mit Kräutern garnieren.

tipp

Junge Salbeiblätter in etwas Öl knusprig anbraten und auf die Crêpes geben.

Zubereitungszeit ca. 25 min

Kürbis-Ratatouille

Pro Portion: 2030 kJ/485 kcal, 32 g E, 32 g F, 16 g KH

Zutaten für 2 Portionen:

300 g ausgelöster Lammrücken (2 Lammlachse)
Salz, Pfeffer
2 EL Öl
1 Beutel KNORR Fix für Ratatouille
400 g Kürbisstücke aus dem Glas

1. Lammfleisch mit Salz und Pfeffer würzen und in heißem Öl rundherum kräftig anbraten. In eine Form legen und im vorgeheizten Ofen bei 175 °C (Gas Stufe 2, Umluft 150 °C) etwa 8 Minuten garen. Herausnehmen und 3 Minuten ruhen lassen.
2. 1/4 Liter (250 Milliliter) kaltes Wasser in einen Topf gießen. Fix für Ratatouille einrühren und unter Rühren aufkochen. Kürbisstücke abtropfen lassen und in die Sauce geben. Zugedeckt bei schwacher Hitze 5 Minuten garen. Lamm mit dem Ratatouille servieren.

tipp

Das Kürbis-Ratatouille mit gemahlenen Nelken abschmecken.

Zubereitungszeit ca. 30 min

Linsenbratlinge mit Dip

Pro Portion: 1885 kJ/451 kcal, 13 g E, 30 g F, 33 g KH

Zutaten für 4 Portionen:

- 400 g braune Linsen aus der Dose
- 2 Möhren (ca. 200 g)
- 1/2 Bund Frühlingszwiebeln
- 1 Beutel KNORR Fix für Ratatouille
- 2 Eier
- 6 EL Semmelbrösel
- Salz, Pfeffer
- 2–3 EL Öl
- 1 Knoblauchzehe
- 100 g Mayonnaise
- 2 EL Naturjoghurt

1. Linsen gut abtropfen lassen. Möhren schälen und fein raspeln, Frühlingszwiebeln putzen, waschen und in dünne Ringe schneiden.
2. Linsen, Möhren und Frühlingszwiebeln mit Fix für Ratatouille gut vermischen. Eier und Semmelbrösel darunter mischen, mit Salz und Pfeffer abschmecken. Aus der Mischung 8 bis 10 Bratlinge formen und in heißem Öl von beiden Seiten in etwa 5 Minuten goldbraun braten.
3. Knoblauchzehe abziehen, zerdrücken und mit Mayonnaise und Joghurt verrühren. Mit Salz und Pfeffer abschmecken und zu den Bratlingen servieren.

Zubereitungszeit ca. 30 min

Gemüserisotto mit Fisch

Pro Portion (bei 2 Port.): 1660 kJ/395 kcal, 13 g E, 3 g F, 78 g KH

Zutaten für 2–3 Portionen:

- 1 rote Paprikaschote (ca. 200 g)
- 1 Beutel KNORR Fix für Ratatouille
- 140 g Mais aus der Dose
- 100 g TK-Erbsen
- 125 g Schnellkochreis
- Salz, Pfeffer
- 300 g Fischfilet (z.B. Rotbarbenfilets oder Seelachs)
- 1 EL Mehl
- 2 EL Öl
- Schnittlauch zum Garnieren

1. Paprikaschote waschen, halbieren, entkernen und würfeln. 1/2 Liter (500 Milliliter) kaltes Wasser in einen Topf gießen. Fix für Ratatouille einrühren und unter Rühren aufkochen.
2. Mais abtropfen lassen und mit den Paprikawürfeln, gefrorenen Erbsen und dem Schnellkochreis in die Sauce geben. Zugedeckt bei mittlerer Hitze 10 Minuten kochen. Nach Belieben mit Salz und Pfeffer würzen.
3. Fischfilet in Portionsstücke schneiden, in Mehl wenden und in einer beschichteten Pfanne in heißem Öl von jeder Seite 3 bis 5 Minuten braten. Mit Schnittlauch garnieren.

Zubereitungszeit ca. 35 min

Pasta-Ratatouille

Pro Portion (bei 2 Port.): 1655 kJ/396 kcal, 14 g E, 15 g F, 49 g KH

Zutaten für 2–3 Portionen:

3 rote Paprikaschoten

2 EL Öl

1 Beutel KNORR Fix für Ratatouille

100 g Nudeln (z.B. Rigatoni oder Penne)

50 g Cabanossi

1. Paprikaschoten waschen, halbieren, entkernen, in Stücke schneiden und in einem Topf in heißem Öl andünsten.
2. 450 Milliliter kaltes Wasser dazugeben und Fix für Ratatouille einrühren. Unter Rühren aufkochen und die ungekochten Nudeln zufügen.
3. Zugedeckt bei schwacher Hitze 10 bis 15 Minuten garen. Cabanossi in Scheiben schneiden, dazugeben und im Ratatouille heiß werden lassen.

tipp

Statt Cabanossi können Sie auch gewürfelte Chorizo, eine spanische Paprikasalami, nehmen.

10 Rezept-Ideen

Fix für Rouladen

Eine runde Sache mit herzhafter Sauce

Zubereitungszeit ca. 1 h 30 min

Rinderrouladen

Pro Portion: 1790 kJ/427 kcal, 36 g E, 28 g F, 8 g KH

Zutaten für 3 Portionen:

3 Rinderrouladen à 170 g

1–2 TL Senf

2 Gewürzgurken

50 g durchwachsener Speck

1 Zwiebel

1 Beutel KNORR Fix für Rouladen

1. Die Fleischscheiben ausbreiten und dünn mit Senf bestreichen. Gewürzgurken in Streifen schneiden. Speck würfeln. Zwiebel abziehen und ebenfalls in kleine Würfel schneiden. Alles so auf den Fleischscheiben verteilen, dass außen ein Rand frei bleibt. Ränder nach innen umschlagen, damit nichts herausfällt. Die Rouladen aufrollen, mit Nadeln zustecken oder mit Küchengarn binden.
2. Fix für Rouladen in 3/8 Liter (375 Milliliter) kochendes Wasser einrühren. Rouladen dazugeben und zugedeckt bei schwacher Hitze 1 bis 1 1/2 Stunden garen, ab und zu wenden, bei Bedarf etwas Wasser nachgießen.

Gut dazu: Rosenkohl und Semmelknödel.

tipp

Dazu passt ein kräftiger Rotwein, z.B. ein Rioja aus Spanien oder ein Chianti aus Italien.

Zubereitungszeit ca. 1 h 10 min

Rollbraten mit Spinat

Pro Portion (bei 4 Port.): 1585 kJ/379 kcal, 37 g E, 21 g F, 6 g KH

Zutaten für 3–4 Portionen:

300 g frischer Spinat

500–600 g Schweinerollbraten

Salz, Pfeffer

80 g Schafskäse

1 Knoblauchzehe

1 Prise Muskat

2–3 EL Öl

100 ml Weißwein

1 Beutel KNORR Fix für Rouladen

1. Spinat waschen und verlesen. Die tropfnassen Blätter zugedeckt in einem Topf bei großer Hitze zusammenfallen lassen. Den Braten auseinander rollen. Die Innenseite mit Salz und Pfeffer würzen. Schafskäse würfeln.
2. Knoblauchzehe abziehen und zerdrücken. Spinat abtropfen lassen, ausdrücken, mit Knoblauch und Schafskäsewürfeln auf dem Fleisch verteilen, dabei einen Rand frei lassen. Mit Pfeffer und Muskat würzen. Fleisch aufrollen und mit Küchengarn zusammenbinden.
3. Braten in einem Topf in heißem Öl anbraten. 300 Milliliter Wasser und Weißwein dazugießen, Fix für Rouladen einrühren und zugedeckt bei schwacher Hitze etwa 1 Stunde schmoren.

Zubereitungszeit ca. 45 min

Geflügelrouladen mit Roquefort und Schinken

Pro Portion: 1985 kJ/477 kcal, 44 g E, 22 g F, 25 g KH

Zutaten für 4 Portionen:

- 4–6 große Kartoffeln
- Salz
- 4 dünne Putenschnitzel à 125 g
- 4 Scheiben gekochter Schinken
- 30 g Roquefortkäse
- 3 EL gehackte Kräuter
- 1 Ei
- 1–2 EL Semmelbrösel
- 4 EL Öl
- 1 Beutel KNORR Fix für Rouladen
- 50 ml Schlagsahne

1. Kartoffeln in der Schale in Salzwasser etwa 20 Minuten kochen. Jedes Putenschnitzel mit 1 Scheibe Schinken belegen. Für die Füllung Roquefort zerbröckeln und mit Kräutern, Ei und Semmelbröseln mischen. Die Masse auf dem Schinken verteilen.
2. Schnitzel aufrollen, mit Küchengarn binden und in 2 Esslöffel heißem Öl rundherum anbraten. 300 Milliliter Wasser zugießen, aufkochen und Fix für Rouladen einrühren. Zugedeckt bei schwacher Hitze etwa 20 Minuten garen.
3. Die Kartoffeln pellen, der Länge nach vierteln und im restlichen Öl leicht bräunen. Die Sauce mit Sahne verrühren. Die Rouladen mit der Sauce und Kartoffelvierteln anrichten.

tipp

Anstelle von Roquefort englischen Stilton oder italienischen Gorgonzola-Käse verwenden.

Zubereitungszeit ca. 1 h 10 min

Schweinerouladen mit Sauerkraut und Speck

Pro Portion: 2505 kJ/600 kcal, 35 g E, 34 g F, 23 g KH

Zutaten für 3 Portionen:

- 3 dünne Schweineschnitzel à 150 g
- 3 dünne Scheiben durchwachsener Speck
- 2 Äpfel
- 150 g Sauerkraut aus der Dose
- 4 EL Crème fraîche
- 2–3 EL Öl
- 200 ml Malzbier
- 1 Beutel KNORR Fix für Rouladen
- 1 EL Butter oder Margarine

1. Die Fleischscheiben eventuell flach klopfen. Mit je 1 Scheibe Speck belegen. 1 Apfel schälen, vierteln, entkernen und in kleine Würfel schneiden.
2. Sauerkraut abtropfen lassen und mit Apfelwürfeln und Crème fraîche vermischen. Die Mischung auf den Fleischscheiben verteilen, aufrollen und mit Garn binden oder mit Holzspießchen zustecken.
3. Rouladen in heißem Öl anbraten, Malzbier und 100 Milliliter Wasser zugießen, aufkochen und Fix für Rouladen einrühren. Zugedeckt bei schwacher Hitze etwa 50 Minuten garen, Rouladen ab und zu wenden.
4. Den zweiten Apfel waschen, halbieren und entkernen. Das Fruchtfleisch in Spalten schneiden und in einer beschichteten Pfanne in heißem Fett weich dünsten. Rouladen mit Sauce und Apfelspalten anrichten.

tipp

Dazu ein gut gekühltes Bier trinken! Kinder mögen das alkoholfreie Malzbier.

Zubereitungszeit ca. 1 h 20

Kohlrouladen

Pro Portion: 1780 kJ/426 kcal, 28 g E, 30 g F, 12 g KH

Zutaten für 4 Portionen:

1 Kopf Weißkohl oder Wirsing
Salz
1 kleine rote Paprikaschote
500 g Hackfleisch
2 EL Schlagsahne
2 EL Semmelbrösel
1 TL Edelsüß-Paprika
Pfeffer
2–3 EL Öl
1 Beutel KNORR Fix für Rouladen

tipp

Kurz angebratene gehackte Geflügelleber unter die Hackfüllung mischen.

1. Von Weißkohl oder Wirsing 8 bis 10 große Blätter ablösen und in Salzwasser 5 Minuten kochen. Herausnehmen und die Rippen flach schneiden.
2. Paprikaschote waschen, halbieren, entkernen und würfeln. Hackfleisch, Paprikawürfel, Sahne, Semmelbrösel und Paprikapulver zu einem Hackfleischteig vermischen, mit Salz und Pfeffer würzen. Fleischteig auf den Kohlblättern verteilen und aufrollen. Die Rollen mit Küchengarn binden.
3. Rouladen in einem weiten Topf in heißem Öl anbraten. 300 Milliliter Wasser dazugießen, Fix für Rouladen einrühren und zugedeckt bei schwacher Hitze etwa 40 Minuten schmoren.

Dazu passen Salzkartoffeln.

Zubereitungszeit ca. 45 min

Putenrouladen

Pro Portion: 1640 kJ/394 kcal, 41 g E, 23 g F, 6 g KH

Zutaten für 4 Portionen:

125 g TK-Blattspinat
125 g Mozzarella
4 dünne Putenschnitzel à 125 g
Salz, Pfeffer
4 Scheiben Mortadella
2–3 EL Öl
1 Beutel KNORR Fix für Rouladen
50 ml Schlagsahne
1 EL Zitronensaft

1. Blattspinat in einem Topf oder in der Mikrowelle auftauen. Mozzarella in 8 dünne Scheiben schneiden.
2. Putenschnitzel mit Salz und Pfeffer würzen und mit je 1 Scheibe Mortadella, Blattspinat und je 2 Scheiben Mozzarella belegen. Fleischscheiben aufrollen und mit Holzspießchen zustecken.
3. Rouladen rundherum in heißem Öl anbraten. 300 Milliliter Wasser zugießen, aufkochen und Fix für Rouladen einrühren. Zugedeckt bei schwacher Hitze 20 bis 25 Minuten garen. Sauce mit Sahne und Zitronensaft verfeinern.

Dazu passt Reis, mit Gemüse und Kräutern vermischt, oder Risotto.

tipp

Dazu einen Gurken- oder Tomatensalat reichen.

Zubereitungszeit ca. 40 min

Kalbsrouladen

Pro Portion: 1165 kJ/278 kcal, 30 g E, 15 g F, 5 g KH

Zutaten für 4 Portionen:

4 dünne Kalbsschnitzel à 125 g
Salz, Pfeffer
4–8 Scheiben Parmaschinken
Salbeiblätter
2–3 EL Öl
1 Beutel KNORR Fix für Rouladen
50 ml Schlagsahne

1. Die Schnitzel eventuell flach klopfen. Mit Salz und Pfeffer würzen und mit je 1 bis 2 Scheiben Parmaschinken und einigen Salbeiblättern belegen. Fleischscheiben aufrollen und mit Holzspießchen zustecken.
2. Rouladen in heißem Öl anbraten. 300 Milliliter Wasser zugießen, aufkochen und Fix für Rouladen einrühren. Zugedeckt bei schwacher Hitze 20 bis 25 Minuten schmoren. Die Sauce mit Sahne verfeinern.

Dazu passen TK-Rösti, Kroketten oder Polenta.

tipp

Dazu passt ein Rosé aus Korsika.

Zubereitungszeit ca. 1 h 50 min

Paprika-Rouladen

Pro Portion: 1330 kJ/318 kcal, 35 g E, 17 g F, 6 g KH

Zutaten für 4 Portionen:

je 1 rote und gelbe Paprikaschote
1 Knoblauchzehe
2 TL Senf
4 Rinderrouladen à 170 g
2–3 EL Öl
Salz
1 Beutel KNORR Fix für Rouladen

1. Paprikaschoten waschen, halbieren, entkernen und in Streifen schneiden. Knoblauchzehe abziehen, zerdrücken und mit Senf verrühren. Rinderrouladen mit dem Knoblauchsenf bestreichen und mit einigen Paprikastreifen belegen. Fleischscheiben aufrollen und mit Garn binden oder mit Holzspießchen zustecken.
2. Rouladen in heißem Öl anbraten. Die restlichen Paprikastreifen kurz mitschmoren, salzen, herausnehmen und warm stellen.
3. 3/8 Liter (375 Milliliter) Wasser zum Fleisch gießen, aufkochen und Fix für Rouladen einrühren. Zugedeckt bei schwacher Hitze 1 1/2 Stunden garen, Fleisch ab und zu wenden; bei Bedarf etwas Wasser nachgießen. Rouladen mit Sauce und Paprikagemüse anrichten.

Zubereitungszeit ca. 55 min

Rouladen in Weißwein

Pro Portion: 1115 kJ/266 kcal, 32 g E, 9 g F, 9 g KH

Zutaten für 3 Portionen:

200 g Zucchini
3 rote Zwiebeln
6 Cornichons (kleine Gewürzgurken)
4 Putenschnitzel à 125 g
Salz, Pfeffer
2–3 EL Öl
100 ml Weißwein
1 Beutel KNORR Fix für Rouladen
50 ml Schlagsahne

1. Zucchini waschen, putzen und der Länge nach in dünne Scheiben schneiden. Die Scheiben für 1 Minute in kochendes Wasser geben, herausnehmen und abtropfen lassen.
2. Zwiebeln abziehen und in Spalten, Cornichons in Scheiben schneiden. Putenschnitzel mit Salz und Pfeffer würzen. Zucchinischeiben auf das Fleisch legen, aufrollen und zubinden oder mit Holzspießchen zustecken. Die Rouladen in heißem Öl anbraten.
3. 200 Milliliter Wasser und Weißwein zugießen, aufkochen und Fix für Rouladen einrühren. Zwiebeln und Cornichons zufügen. Zugedeckt bei schwacher Hitze 20 bis 25 Minuten garen. Sahne unterrühren.

Zubereitungszeit ca. 60 min

Pilz-Kräuter-Rouladen

Pro Portion: 2215 kJ/529 kcal, 39 g E, 34 g F, 12 g KH

Zutaten für 4 Portionen:

- 100 g gemischte Pilze (z.B. Champignons und Pfifferlinge)
- 50 g durchwachsener Speck
- 1 Ei
- 2 EL Semmelbrösel
- 30 g geriebener Käse
- 3 EL gehackte Kräuter
- Pfeffer
- 4 dünne Schweineschnitzel à 150 g
- 2–3 EL Öl
- 100 ml Weißwein
- 1 Beutel KNORR Fix für Rouladen
- 50 ml Schlagsahne
- 4 Tomaten
- 1 EL Butter oder Margarine

1. Pilze putzen und fein würfeln, Speck ebenfalls würfeln. Mit Ei, Semmelbröseln, Käse und Kräutern vermischen, mit Pfeffer würzen.
2. Mischung auf die Schweineschnitzel verteilen. Fleischscheiben aufrollen, mit Küchengarn binden und in heißem Öl anbraten.
3. 200 Milliliter Wasser und Weißwein zugießen, aufkochen und Fix für Rouladen einrühren. Zugedeckt bei schwacher Hitze 20 bis 25 Minuten garen. Die Sauce mit Sahne verrühren.
4. Inzwischen Tomaten mit kochendem Wasser überbrühen und abziehen. Tomaten vierteln, entkernen und das Fruchtfleisch in Stücke schneiden. In heißer Butter oder Margarine andünsten und zu den Rouladen servieren.

tipp

Die Sauce mit frischem, fein geschnittenem Estragon abrunden.

10 Rezept-Ideen

Fix für Sauerbraten

Für ganz neue Lieblingsgerichte

Zubereitungszeit ca. 40 min

Hähnchen in Currysauce

Pro Portion: 2160 kJ/516 kcal, 38 g E, 29 g F, 25 g KH

Zutaten für 4 Portionen:

- 4 Hähnchenbrustfilets à 150 g
- 2–3 EL Öl
- 1/2 l (500 ml) Apfelsaft
- 1 Beutel KNORR Fix für Sauerbraten
- 1 roter Apfel
- 1–2 TL Currypulver
- 2 EL Schlagsahne
- evtl. Minze

1. Hähnchenbrustfilets in heißem Öl von jeder Seite 2 bis 3 Minuten anbraten. Apfelsaft und 1/4 Liter (250 Milliliter) Wasser dazugießen, aufkochen und Fix für Sauerbraten einrühren. Zugedeckt bei schwacher Hitze etwa 30 Minuten garen.
2. Apfel waschen, vierteln, entkernen und in Würfel schneiden. Apfelwürfel und Curry zum Fleisch geben und noch 5 Minuten weitergaren.
3. Sauce mit Curry abschmecken und mit Sahne verfeinern. Nach Belieben mit Minze garnieren.

Zubereitungszeit ca. 45 min

Erdnussbällchen

Pro Portion: 2305 kJ/552 kcal, 31 g E, 31 g F, 37 g KH

Zutaten für 4 Portionen:

- 1 Zwiebel
- 500 g Hackfleisch
- 3 EL Semmelbrösel
- 1 Ei
- 2 EL gehackte Erdnüsse
- 1 TL Currypulver
- je 1 rote und grüne Paprikaschote
- 225 g Ananasscheiben aus der Dose
- 1 Beutel KNORR Fix für Sauerbraten
- 1–2 EL Tomatenketchup
- 1 EL Sojasauce

1. Zwiebel abziehen, würfeln und zusammen mit Hackfleisch, Semmelbröseln, Ei, gehackten Erdnüssen und Curry mischen und zu kleinen Bällchen formen.
2. Paprikaschoten waschen, halbieren, entkernen und in feine Streifen schneiden. Ananasscheiben abtropfen lassen, Saft dabei auffangen. Ananas in Stücke schneiden.
3. 1/8 Liter (125 Milliliter) Ananassaft und 1/4 Liter (250 Milliliter) Wasser aufkochen, Fix für Sauerbraten einrühren, Hackbällchen und Paprikastreifen dazugeben. Zugedeckt bei schwacher Hitze etwa 15 Minuten garen.
4. Ananasstücke dazugeben und erwärmen. Sauce mit Tomatenketchup und Sojasauce abschmecken.

Zubereitungszeit ca. 1 h 10 min

Schweinebraten mit Sherry-Orangen-Sauce

Pro Portion: 1270 kJ/304 kcal, 27 g E, 16 g F, 9 g KH

Zutaten für 4 Portionen:

- 500 g Schweinenacken
- 2–3 EL Öl
- 2 unbehandelte Orangen
- 50 ml trockener Sherry
- 1 Beutel KNORR Fix für Sauerbraten
- 1 Zweig Rosmarin
- 1/2 Bund Thymian
- Pfeffer, Zucker

1. Schweinenacken von allen Seiten in heißem Öl anbraten. 1 Orange auspressen, den Saft in einen Messbecher gießen. Sherry dazugeben und alles mit Wasser auf 1/2 Liter (500 Milliliter) Flüssigkeit auffüllen. Zum Fleisch gießen, aufkochen und Fix für Sauerbraten einrühren.
2. Etwas Rosmarin und Thymian zum Garnieren zurücklegen, den Rest zum Fleisch geben. Das Fleisch zugedeckt bei schwacher Hitze etwa 1 Stunde garen.
3. Die zweite Orange waschen, in Scheiben schneiden und kurz mitgaren. Die Sauce mit Pfeffer und Zucker abschmecken. Das Fleisch in Scheiben schneiden, auf den Orangenscheiben anrichten und mit Kräutern garniert in der Sauce servieren.

Gut dazu: Thymiankartoffeln.

tipp

Eine Hand voll Schalotten abziehen, halbieren und mitgaren.

Zubereitungszeit ca. 1 h 55 min

Rosmarinbraten mit Zucchini und Tomaten

Pro Portion: 1260 kJ/302 kcal, 29 g E, 16 g F, 11 g KH

Zutaten für 4 Portionen:

500 g Schweinefleisch (z.B. Schweineschulter)

2–3 EL Öl

1 Beutel KNORR Fix für Sauerbraten

2 Knoblauchzehen

1 großer Zweig Rosmarin

500 g Tomaten

300 g Zucchini

Salz, Pfeffer

1. Das Fleisch in heißem Öl rundherum anbraten. 1/2 Liter (500 Milliliter) Wasser dazugießen, aufkochen und Fix für Sauerbraten einrühren. Knoblauchzehen abziehen, zerdrücken und mit einem Stück vom Rosmarinzweig zum Fleisch geben. Zugedeckt bei schwacher Hitze 1 Stunde garen.
2. Tomaten mit kochendem Wasser überbrühen und abziehen. Tomaten entkernen und in kleine Würfel schneiden. Zucchini waschen, putzen und in Scheiben schneiden. Zucchinischeiben zum Fleisch geben und weitere 10 Minuten garen.
3. Tomatenwürfel zufügen und heiß werden lassen. Mit Salz und Pfeffer abschmecken. Den Braten in Scheiben schneiden und mit der Sauce servieren. Mit restlichem Rosmarin garnieren.

tipp

Es lohnt, dazu ein Glas tiefroten Rubesco aus der italienischen Provinz Umbrien zu probieren.

Zubereitungszeit ca. 60 min

Rotweinhähnchen

Pro Portion: 3000 kJ/717 kcal, 39 g E, 55 g F, 8 g KH

Zutaten für 4 Portionen:

1 Hähnchen (ca. 1 kg)
250 g Champignons
75 g durchwachsener Speck
2 Schalotten
1 EL Öl
1/4 l (250 ml) Rotwein
1 Beutel KNORR Fix für Sauerbraten
evtl. Thymian

tipp

Sehr edel: Ein kleines frisches Perlhuhn nach diesem Rezept zubereiten.

1. Das Hähnchen in 4 Teile zerlegen. Champignons putzen und klein schneiden.
2. Speck in Streifen schneiden. Schalotten abziehen, würfeln und zusammen mit dem Speck in heißem Öl braten. Hähnchenteile dazugeben und von allen Seiten anbraten. Champignons hinzufügen und mitdünsten.
3. Rotwein und 1/8 Liter (125 Milliliter) Wasser dazugießen, aufkochen und Fix für Sauerbraten einrühren. Zugedeckt bei schwacher Hitze 30 bis 40 Minuten garen. Eventuell mit Thymian würzen.

Zubereitungszeit ca. 1 h 10 min

Bohnentopf mit Birnen

Pro Portion: 2105 kJ/503 kcal, 6 g E, 42 g F, 25 g KH

Zutaten für 4 Portionen:

300 g grüne Bohnen
300 g Kartoffeln
200 g durchwachsener Speck
1 EL Öl
1 Beutel KNORR Fix für Sauerbraten
1 Knoblauchzehe
1/2 TL Chilipulver
1 TL getrocknetes Bohnenkraut
2 kleine Birnen
Pfeffer
1 Prise Zucker

1. Grüne Bohnen putzen und halbieren. Kartoffeln schälen und in Würfel schneiden.
2. Speck in Streifen schneiden und in heißem Öl ausbraten. 1/2 Liter (500 Milliliter) Wasser dazugießen, Fix für Sauerbraten einrühren und aufkochen.
3. Knoblauchzehe abziehen, zerdrücken und zusammen mit den Bohnen und Kartoffelwürfeln zufügen. Mit Chilipulver und Bohnenkraut würzen. Zugedeckt bei schwacher Hitze 40 Minuten garen.
4. Birnen schälen, halbieren, entkernen und in große Würfel schneiden. 10 bis 15 Minuten vor Ende der Garzeit zugeben. Mit Pfeffer und Zucker abschmecken.

tipp

Verwenden Sie dazu säuerliche grüne Kochbirnen.

Zubereitungszeit ca. 35 min

Fischtopf süß-sauer

Pro Portion: 1075 kJ/256 kcal, 37 g E, 4 g F, 11 g KH

1. Möhren schälen und in Scheiben schneiden. Lauch putzen, waschen und in Ringe schneiden. Seelachsfilets würfeln.
2. Weißwein mit 1/4 Liter (250 Milliliter) Wasser aufkochen. Fix für Sauerbraten einrühren. Gemüse dazugeben und zugedeckt bei schwacher Hitze etwa 10 Minuten garen.
3. Fischwürfel zufügen und weitere 10 bis 12 Minuten garen. Mit Tomatenmark abschmecken und mit Sahne verfeinern. Nach Belieben mit Dill garnieren.

Zutaten für 4 Portionen:

350 g Möhren
200 g Lauch
750 g Seelachsfilet
1/8 l (125 ml) Weißwein
1 Beutel KNORR Fix für Sauerbraten
1–2 TL Tomatenmark
1 EL Schlagsahne
evtl. Dill zum Garnieren

Zubereitungszeit ca. 1 h 45 min

Rheinischer Sauerbraten

Zutaten für 4 Portionen:

50 g Rosinen
1 Beutel KNORR Fix für Sauerbraten
500 g Rindfleisch (z.B. aus Unterschale oder Hüfte)
25 g Mandelstifte
2 EL Weißwein
2 EL saure Sahne

tipp

Einige Zwiebelwürfel mitschmoren.

Pro Portion: 1230 kJ/293 kcal, 28 g E, 13 g F, 15 g KH

1. Rosinen in etwas Wasser einweichen. Fix für Sauerbraten in 1/2 Liter (500 Milliliter) kochendes Wasser einrühren. Rindfleisch dazugeben und zugedeckt bei schwacher Hitze etwa 1 1/2 Stunden garen.
2. Abgetropfte Rosinen, Mandelstifte und Weißwein zufügen und aufkochen. Saure Sahne unterrühren. Fleisch in Scheiben schneiden und mit der Sauce servieren.

Dazu schmecken Semmelknödel und Apfelkompott.

Zubereitungszeit ca. 35 min

China-Pfanne mit Ananas

Zutaten für 4 Portionen:

4 dünne Rumpsteaks à 100 g
2 EL Öl
2 rote Paprikaschoten
225 g Ananasscheiben aus der Dose
1 Beutel KNORR Fix für Sauerbraten
1–2 EL Tomatenketchup
1–2 EL Sojasauce

tipp

Dekorativ: Reis mit einer kräftigen Prise Kurkuma kochen, damit er gelb wird.

Pro Portion: 1425 kJ/341 kcal, 25 g E, 13 g F, 29 g KH

1. Steaks in Streifen schneiden und in heißem Öl kräftig anbraten. Fleisch herausnehmen und warm stellen. Paprikaschoten waschen, halbieren, entkernen und in feine Streifen schneiden. Im Bratfett kurz andünsten.
2. Ananasscheiben abtropfen lassen, den Saft dabei auffangen. Ananas in Stücke schneiden. Ananassaft mit Wasser zu 3/8 Liter (375 Milliliter) Flüssigkeit auffüllen, aufkochen und Fix für Sauerbraten einrühren. Paprikastreifen dazugeben. Zugedeckt bei schwacher Hitze etwa 3 Minuten garen.
3. Ananasstücke und Fleisch dazugeben und erwärmen. Die Sauce mit Ketchup und Sojasauce abschmecken.

Gut dazu: Basmatireis.

Zubereitungszeit ca. 1 h 25 min

Reh mit Rotweinsauce

Pro Portion (bei 4 Port.): 1915 kJ/458 kcal, 41 g E, 22 g F, 18 g KH

Zutaten für 4–6 Portionen:

750 g ausgelöste, gespickte Rehkeule
3 EL Öl
200 ml Rotwein
1 Beutel KNORR Fix für Sauerbraten
2 EL Rosinen
1–2 Orangen
evtl. 1–2 TL MONDAMIN Fix-Soßenbinder, dunkel
2 TL Hagebutten-konfitüre oder Johannisbeergelee

1. Rehkeule in heißem Öl rundherum anbraten. Rotwein und 300 Milliliter Wasser zugießen, aufkochen und Fix für Sauerbraten einrühren. Rosinen zugeben. Zugedeckt bei schwacher Hitze etwa 1 Stunde garen.
2. Orangen so schälen, dass die weiße Haut vollständig entfernt wird. Fruchtfilets herausschneiden, einige davon beiseite legen, den Rest kurz vor Ende der Garzeit in der Sauce erwärmen.
3. Fleisch herausnehmen. Sauce nach Belieben mit Fix-Soßenbinder binden und mit Hagebuttenkonfitüre oder Johannisbeergelee abschmecken. Fleisch in Scheiben schneiden und mit der Sauce anrichten. Mit restlichen Orangenfilets garnieren.

Gut dazu: Semmelknödel.

tipp

Zur Rehkeule einfach ideal: ein tiefroter spanischer Rotwein aus der Region Navarra.

10 Rezept-Ideen

Fix für Schmorbraten

Verlockende Vielfalt mit Pfiff

Zubereitungszeit ca. 60 min

Kräuterrollbraten

Pro Portion: 1400 kJ/336 kcal, 36 g E, 16 g F, 9 g KH

1. Zwiebel abziehen und würfeln. Zwiebelwürfel mit Kräutern, Käse und Ei vermischen. Semmelbrösel zufügen, mit Salz und Pfeffer würzen. Rollbraten öffnen, die Kräutermischung auf die Innenseite des Fleischstücks verteilen.
2. Fleisch wieder zu einer Rolle formen, mit Küchengarn binden und in heißem Öl anbraten. 300 Milliliter Wasser und Weißwein zugießen, aufkochen und Fix für Schmorbraten einrühren.
3. Zugedeckt bei schwacher Hitze 30 bis 40 Minuten schmoren, das Fleisch ab und zu wenden. Fleisch herausnehmen und das Garn entfernen. Sauce mit Sahne verfeinern.

Dazu schmecken gedünstete Möhren und Kartoffelknödel.

Zutaten für 4 Portionen:

- 1 Zwiebel
- 3 EL gehackte Kräuter (z.B. Petersilie und Schnittlauch)
- 30 g geriebener Käse
- 1 Ei
- 1 EL Semmelbrösel
- Salz, Pfeffer
- 500 g Putenrollbraten
- 2 EL Öl
- 100 ml Weißwein
- 1 Beutel KNORR Fix für Schmorbraten
- 3 EL Schlagsahne

tipp

Genießen Sie zum Braten ein Glas trockenen Riesling.

Zubereitungszeit ca. 1 h 50 min

Lammbraten mit Bohnen

Pro Portion: 1085 kJ/260 kcal, 27 g E, 13 g F, 8 g KH

1. Lammfleisch in heißem Öl rundherum anbraten. 1/2 Liter (500 Milliliter) Wasser dazugießen und aufkochen. Fix für Schmorbraten einrühren. Zugedeckt bei schwacher Hitze etwa 1 Stunde schmoren.
2. Zwiebeln abziehen und in Spalten schneiden. Bohnen putzen und halbieren. Knoblauchzehen abziehen, zerdrücken und mit den Zwiebeln und Bohnen dazugeben. Weitere 30 Minuten garen. Mit Salz, Pfeffer und Thymian abschmecken.

Dazu Röstkartoffeln servieren.

Zutaten für 4 Portionen:

- 500 g Lammfleisch (z.B. Keule, Kamm oder Hals)
- 2 EL Öl
- 1 Beutel KNORR Fix für Schmorbraten
- 3 rote Zwiebeln
- 150 g grüne Bohnen
- 2 Knoblauchzehen
- Salz, Pfeffer
- getrockneter Thymian

Zubereitungszeit ca. 30 min

Schweinegeschnetzeltes »Shanghai«

Pro Portion: 1495 kJ/358 kcal, 28 g E, 19 g F, 20 g KH

Zutaten für 4 Portionen:

500 g Schweinefleisch (z.B. Schweinefilet)

2 EL Öl

1 Beutel KNORR Fix für Schmorbraten

1 kleine rote Paprikaschote

140 g Ananasstücke aus der Dose

100 g Soja- oder Mungobohnensprossen

evtl. Sojasauce

1. Das Fleisch in Streifen schneiden und in heißem Öl anbraten. Fleisch aus der Pfanne nehmen und warm stellen. 400 Milliliter Wasser in die Pfanne gießen, aufkochen und Fix für Schmorbraten einrühren.
2. Paprikaschote waschen, halbieren, entkernen und in Streifen schneiden. Ananas abtropfen lassen; dabei den Saft auffangen. Ananasstücke mit den Paprikastreifen, Sprossen und dem Ananassaft (etwa 100 Milliliter) zur Sauce geben.
3. Geschnetzeltes dazugeben, alles in der Sauce erwärmen und eventuell mit Sojasauce abschmecken.

Gut dazu: Reis.

tipp

Anstelle der Sprossen fein geschnittenen Chinakohl verwenden.

Zubereitungszeit ca. 1 h 50 min

Schweinebraten mit Kürbis und Pfirsich

Pro Portion: 1550 kJ/370 kcal, 28 g E, 22 g F, 16 g KH

Zutaten für 4 Portionen:

500 g Schweinefleisch (z.B. Schweinenacken)

2 EL Öl

1 Beutel KNORR Fix für Schmorbraten

1 Zimtstange

1 Prise Nelkenpulver

400 g Kürbisstückchen aus dem Glas

140 g Pfirsichhälften aus der Dose

50 ml Schlagsahne

Zucker, Salz, Pfeffer

1. Schweinefleisch in heißem Öl anbraten. 1/2 Liter (500 Milliliter) Wasser dazugießen und aufkochen.
2. Fix für Schmorbraten einrühren. Das Fleisch zugedeckt bei schwacher Hitze etwa 1 1/2 Stunden schmoren; nach etwa 30 Minuten den Braten wenden, Zimtstange und Nelkenpulver zufügen.
3. Kürbisstücke und Pfirsichhälften abtropfen lassen. Pfirsiche in Stücke schneiden, beides zum Braten geben und in der Sauce heiß werden lassen. Sahne unterrühren und die Sauce mit Zucker, Salz und Pfeffer abschmecken.

Dazu passen TK-Rösti, Kroketten oder Reis.

tipp

Mit Kokosmilch anstelle von Sahne gerät der Braten noch raffinierter.

Zubereitungszeit ca. 1 h 10 min

Gulasch mit Steckrüben

Pro Portion: 1175 kJ/282 kcal, 28 g E, 14 g F, 11 g KH

Zutaten für 4 Portionen:

- 500 g Rindergulasch
- 2 EL Öl
- 1 Beutel KNORR Fix für Schmorbraten
- 1 Steckrübe (ca. 700 g)
- 1 Gewürzgurke
- Salz, Pfeffer, Zucker
- 1 TL Senf
- Kräuter zum Garnieren

tipp

Probieren Sie das Gericht auch mal mit Schwarzwurzeln anstelle von Steckrüben.

1. Rindfleisch in heißem Öl anbraten. 1/2 Liter (500 Milliliter) Wasser dazugießen und aufkochen. Fix für Schmorbraten einrühren.
2. Steckrübe schälen. Erst in Scheiben, dann in etwa 2 Zentimeter große Würfel schneiden, zum Gulasch geben und zugedeckt bei schwacher Hitze etwa 1 Stunde schmoren; Fleisch nach der Hälfte der Garzeit wenden.
3. Die Gewürzgurke in Scheiben schneiden und dazugeben. Mit Salz, Pfeffer, Zucker und Senf abschmecken. Mit Kräutern garnieren.

Zubereitungszeit ca. 30 min

Lammkoteletts

Pro Portion: 1010 kJ/241 kcal, 27 g E, 11 g F, 7 g KH

Zutaten für 4 Portionen:

250 g Lauch
1 Beutel KNORR Fix für Schmorbraten
500 g Lammkoteletts
2–3 EL Öl
Salz, Pfeffer
1/2 TL Senf
1 EL Crème fraîche

1. Lauch putzen, waschen und in Ringe schneiden. Fix für Schmorbraten in 3/8 Liter (375 Milliliter) kochendes Wasser einrühren. Lauch zufügen und zugedeckt bei schwacher Hitze etwa 15 Minuten garen.
2. Lammkoteletts von jeder Seite 4 bis 6 Minuten in heißem Öl braten. Mit Salz und Pfeffer würzen. Die Sauce mit Senf und Crème fraîche abschmecken und zu den Lammkoteletts servieren.

Dazu passen Semmelknödel oder italienisches Weißbrot.

tipp

Wenn die Lammkoteletts sehr fett sind, geben Sie sie ohne Öl in die vorgeheizte Pfanne.

Zubereitungszeit ca. 1 h 15 min

Kalbsbraten mit Backobst

Pro Portion: 1605 kJ/383 kcal, 28 g E, 15 g F, 33 g KH

Zutaten für 4 Portionen:

500 g Kalbfleisch (z.B. Kalbsnuss)
2 EL Öl
1 Beutel KNORR Fix für Schmorbraten
2 EL Mandelstifte
200 g gemischte Trockenfrüchte (z.B. Apfelringe, Trockenpflaumen, Aprikosen)

1. Kalbfleisch in heißem Öl anbraten. 1/2 Liter (500 Milliliter) Wasser dazugießen und aufkochen. Fix für Schmorbraten einrühren. Zugedeckt bei schwacher Hitze 30 Minuten schmoren.
2. Mandelstifte in einer Pfanne ohne Fett hellbraun rösten.
3. Das Fleisch wenden, Trockenfrüchte und Mandelstifte dazugeben. Weitere 30 Minuten garen, bei Bedarf etwas Wasser nachgießen. Den fertigen Braten mit der Sauce und dem Backobst anrichten.

Gut dazu: Kroketten, Kartoffelbällchen oder Kartoffelpüree.

tipp

Mit trockenem weißem Wermut (Noilly Prat) abrunden.

Zubereitungszeit ca. 1 h 45 min

Schmorbraten provençal

Pro Portion: 1463 kJ/351 kcal, 26 g E, 24 g F, 7 g KH

Zutaten für 4 Portionen:

500 g Schweinenacken
2 EL Öl
1 Beutel KNORR Fix für Schmorbraten
1 Knoblauchzehe
1 TL Kräuter der Provence
1/2 TL Senf
1 Zucchini
1 gelbe Paprikaschote
200 g Cocktailtomaten

1. Schweinenacken in heißem Öl anbraten. 1/2 Liter (500 Milliliter) Wasser dazugießen und aufkochen. Fix für Schmorbraten einrühren. Knoblauchzehe abziehen, fein hacken und zusammen mit Kräutern der Provence und Senf zugeben.
2. Zugedeckt bei schwacher Hitze insgesamt 1 1/2 Stunden schmoren – Fleisch ab und zu wenden; bei Bedarf etwas Wasser nachgießen.
3. Inzwischen die Zucchini waschen, putzen und würfeln. Die Paprikaschote waschen, halbieren, entkernen und klein schneiden. Das Gemüse 1/2 Stunde vor Ende der Garzeit zum Fleisch geben. Cocktailtomaten halbieren, zum Schluss in der Sauce heiß werden lassen.

Zubereitungszeit ca. 1 h 10 min

Rinderragout mit Pilzen

Pro Portion: 1340 kJ/320 kcal, 27 g E, 18 g F, 7 g KH

Zutaten für 4 Portionen:

500 g Rinder- oder Schweinegulasch
2 EL Öl
150 ml Rotwein
1 Beutel KNORR Fix für Schmorbraten
300 g Champignons
Salz, Pfeffer
Kräuter zum Garnieren

1. Das Gulasch in heißem Öl rundherum anbraten. 1/4 Liter (250 Milliliter) Wasser und Rotwein zugießen, aufkochen und Fix für Schmorbraten einrühren. Zugedeckt bei schwacher Hitze 30 bis 45 Minuten garen.
2. Champignons putzen, vierteln und zugeben. Weitere 30 Minuten garen. Mit Salz und Pfeffer abschmecken. Mit Kräutern garnieren.

tipp

Rotwein durch Madeira ersetzen.

Zubereitungszeit ca. 1 h 55 min

Rinderbraten

Pro Portion: 1365 kJ/327 kcal, 28 g E, 17 g F, 15 g KH

Zutaten für 4 Portionen:

500 g Rindfleisch (z.B. aus der Unterschale)

2 EL Öl

1 Beutel KNORR Fix für Schmorbraten

500 g Rote Bete (vakuumverpackt)

1 TL Klare Delikatessbrühe

1/8 l (125 ml) Orangensaft

Pfeffer

2–3 TL geriebener Meerrettich

Salz

50 ml Schlagsahne

1. Rindfleisch in heißem Öl rundherum anbraten. 1/2 Liter (500 Milliliter) Wasser dazugießen und aufkochen. Fix für Schmorbraten einrühren. Zugedeckt bei schwacher Hitze etwa 1 1/2 Stunden schmoren; nach der Hälfte der Garzeit wenden.
2. Rote Bete in Scheiben schneiden. 1/8 Liter (125 Milliliter) Wasser mit Brühe und Orangensaft aufkochen. Rote-Bete-Scheiben darin 5 Minuten dünsten. Mit Pfeffer würzen.
3. Bratensauce mit Meerrettich, Salz und Pfeffer abschmecken, mit Sahne verfeinern. Den Braten mit Sauce und Roter Bete anrichten.

tipp

Selleriewürfel kurz mit anbraten und mitschmoren. Vor dem Abschmecken die Sauce mit einem Stabmixer »glätten«.

10 Rezept-Ideen

Fix für Schweinebraten

Herzhafte Klassiker
und neue Kreationen

Zubereitungszeit ca. 1 h 20 min

Möhren-Zwiebel-Gulasch

Pro Portion: 1375 kJ/329 kcal, 27 g E, 18 g F, 14 g KH

1. Zwiebeln abziehen und würfeln. Möhren schälen und in Scheiben schneiden.
2. Schweinegulasch in heißem Öl anbraten. Gemüse dazugeben und mitdünsten. 3/8 Liter (375 Milliliter) Wasser dazugießen, aufkochen und Fix für Schweinebraten einrühren.
3. Zugedeckt bei schwacher Hitze etwa 1 Stunde schmoren, Fleisch ab und zu wenden. Mit Kräutern garniert servieren.

Dazu: Kartoffelpüree oder Gnocchi.

Zutaten für 4 Portionen:

4 Zwiebeln (ca. 300 g)
2 Möhren (ca. 350 g)
500 g Schweinegulasch
2–3 EL Öl
1 Beutel KNORR Fix für Schweinebraten
Kräuter zum Garnieren

tipp

Zum Schweinegulasch Altbier oder einen französischen Landwein anbieten.

Zubereitungszeit ca. 1 h 20 min

Schweinebraten provençal

Pro Portion: 1275 kJ/305 kcal, 26 g E, 18 g F, 7 g KH

1. Fleisch in einem Topf in Öl rundherum anbraten. 300 Milliliter Wasser und Rotwein dazugießen, aufkochen und Fix für Schweinebraten einrühren. Provence-Kräuter zufügen.
2. Zugedeckt bei schwacher Hitze etwa 1 Stunde schmoren. Fleisch nach der Hälfte der Garzeit wenden. Bei Bedarf etwas Wasser oder Rotwein nachgießen. Zum Schluss mit Pfeffer und etwas Zucker abschmecken. Den Braten herausnehmen, in Scheiben schneiden und auf der Sauce anrichten.

Servieren Sie dazu Rosmarinkartoffeln: Dafür kleine gekochte Pellkartoffeln in Olivenöl rundherum anbraten. Mit Rosmarinnadeln bestreuen.

Zutaten für 4 Portionen:

500 g Schweinefleisch ohne Knochen (z.B. Rücken oder Keule)
2–3 EL Öl
100 ml Rotwein
1 Beutel KNORR Fix für Schweinebraten
1–2 TL Kräuter der Provence
Pfeffer, Zucker

tipp

Reichlich Knoblauch mitschmoren.

Zubereitungszeit ca. 30 min

Kasseler-Sauerkraut mit Äpfeln

Pro Portion: 1250 kJ/299 kcal, 31 g E, 10 g F, 21 g KH

Zutaten für 4 Portionen:

2 Äpfel
400 g Möhren
285 g Sauerkraut aus der Dose
1 Beutel KNORR Fix für Schweinebraten
500 g Kasselerfleisch
evtl. gemahlener Kümmel

1. Äpfel waschen, vierteln, entkernen und in Spalten schneiden. Möhren schälen und klein schneiden. Sauerkraut abtropfen lassen.
2. Fix für Schweinebraten in 3/8 Liter (375 Milliliter) kochendes Wasser einrühren.
3. Das Fleisch in Würfel schneiden und zugeben. Apfelspalten, Möhren und Sauerkraut zum Fleisch geben und zugedeckt bei schwacher Hitze 15 bis 20 Minuten schmoren. Nach Belieben mit Kümmel abschmecken.

   Gut dazu: 500 Gramm Schupfnudeln aus dem Kühlregal in 2 Esslöffel heißem Öl etwa 5 Minuten braten.

tipp

Besonders fein wird das Sauerkraut, wenn Sie beim Kochen 1 Schuss Weißwein dazugeben.

Zubereitungszeit ca. 1 h 10 min

Schweinebraten mit Malzbier

Pro Portion: 1730 kJ/414 kcal, 28 g E, 20 g F, 29 g KH

Zutaten für 4 Portionen:

- 500 g Schweinefleisch (z.B. aus der Keule)
- 2–3 EL Öl
- 200 ml Malzbier
- 1 Beutel KNORR Fix für Schweinebraten
- 100 g Trockenfrüchte (z.B. Aprikosen)
- Salz, Pfeffer
- 3 EL Mandelblättchen
- Kräuter zum Garnieren

1. Schweinefleisch in heißem Öl anbraten. 200 Milliliter Wasser und Malzbier dazugießen und aufkochen. Fix für Schweinebraten einrühren.
2. Zugedeckt bei schwacher Hitze etwa 1 Stunde schmoren – Fleisch ab und zu wenden; bei Bedarf etwas Wasser oder Malzbier nachgießen.
3. 15 Minuten vor Ende der Garzeit die Trockenfrüchte zufügen. Mit Salz und Pfeffer abschmecken. Mandelblättchen in einer Pfanne ohne Fett goldbraun rösten und in die Sauce geben. Mit Kräutern anrichten.

Dazu schmecken gekochte Klöße, z.B. von Pfanni.

tipp

Dazu passt ein Glas frischer Beaujolais villages aus dem Burgund oder roter Dao aus Portugal.

Zubereitungszeit ca. 1 h 10 min

Schweinenackenbraten

Pro Portion: 1605 kJ/384 kcal, 27 g E, 22 g F, 16 g KH

Zutaten für 4 Portionen:

200 g Staudensellerie
500 g Schweinenacken
2 EL Öl
1 Packung passierte Tomaten (ca. 500 g)
100 ml Weißwein
1 Beutel KNORR Fix für Schweinebraten
1 Knoblauchzehe
1/2 TL Thymian
1 Prise Zucker

tipp

Zum Servieren den Braten mit einem scharfen Messer quer zur Faser in Scheiben schneiden.

1. Staudensellerie waschen, putzen und in kleine Würfel schneiden. Schweinefleisch in heißem Öl anbraten, Selleriewürfel mitdünsten. Passierte Tomaten und Weißwein dazugießen und aufkochen.
2. Fix für Schweinebraten einrühren. Knoblauchzehe abziehen, fein hacken und mit Thymian und Zucker zugeben.
3. Zugedeckt bei schwacher Hitze etwa 1 Stunde schmoren – Fleisch ab und zu wenden; bei Bedarf etwas Wasser nachgießen.

Dazu: Polenta oder Nudeln.

Zubereitungszeit ca. 1 h 10 min

Schweinebraten »Orange«

Pro Portion: 1610 kJ/362 kcal, 27 g E, 18 g F, 21 g KH

1. Schweinefleisch in heißem Öl anbraten. 1/4 Liter (250 Milliliter) Wasser und Orangensaft dazugießen und aufkochen. Fix für Schweinebraten einrühren. Zugedeckt bei schwacher Hitze etwa 1 Stunde schmoren.
2. Orangen schälen, Fruchtfilets herausschneiden und kurz vor dem Servieren zusammen mit dem Cointreau in die Sauce geben und erhitzen. Nach Belieben mit Honig abschmecken.

Zutaten für 4 Portionen:

500 g Schweinefleisch (z.B. aus der Keule)
2–3 EL Öl
150 ml Orangensaft
1 Beutel KNORR Fix für Schweinebraten
2 Orangen
1 TL Cointreau (Orangenlikör)
evtl. 1 TL Honig

tipp

Den Schweinebraten mit eingelegten Kapernfrüchten servieren.

Zubereitungszeit ca. 1 h 10 min

Lombardisches Gulasch

Pro Portion: 1325 kJ/317 kcal, 27 g E, 18 g F, 11 g KH

1. Kalbsgulasch in heißem Öl anbraten. 3/8 Liter (375 Milliliter) Wasser dazugießen und aufkochen. Fix für Schweinebraten einrühren.
2. Zugedeckt bei schwacher Hitze etwa 45 Minuten schmoren. Möhren schälen und in Scheiben schneiden, Staudensellerie waschen, putzen und in Stücke schneiden.
3. Gemüse zum Gulasch geben und etwa 15 Minuten weiterschmoren. Sahne unterrühren. Mit Salz und Pfeffer abschmecken.

Dazu: Röstkartoffeln oder Spätzle.

Zutaten für 4 Portionen:

500 g Kalbsgulasch
2–3 EL Öl
1 Beutel KNORR Fix für Schweinebraten
200 g Möhren
200 g Staudensellerie
100 ml Schlagsahne
Salz, Pfeffer

tipp

2 Lorbeerblätter und etwas unbehandelte Zitronenschale mitgaren.

Zubereitungszeit ca. 1 h 10 min

Kasselerbraten

Pro Portion: 1065 kJ/254 kcal, 28 g E, 12 g F, 9 g KH

Zutaten für
4 Portionen:

500 g Kasselerfleisch
2–3 EL Öl
1 Beutel KNORR Fix für Schweinebraten
250 g Mixed Pickles aus dem Glas
1 TL Zucker

1. Das Fleisch in heißem Öl anbraten. 3/8 Liter (375 Milliliter) Wasser dazugießen und aufkochen. Fix für Schweinebraten einrühren.
2. Zugedeckt bei schwacher Hitze etwa 1 Stunde schmoren; Fleisch ab und zu wenden.
3. Mixed Pickles abtropfen lassen und 5 Minuten vor Ende der Garzeit zugeben. Mit Zucker und nach Belieben mit etwas Mixed-Pickles-Flüssigkeit abschmecken.

tipp

Dazu schmeckt Weißbier oder eine Schorle aus trockenem Weißwein und Mineralwasser.

Zubereitungszeit ca. 55 min

Kaninchen »Dijoner Art«

Pro Portion: 1115 kJ/267 kcal, 24 g E, 7 g F, 22 g KH

Zutaten für
4 Portionen:

2 Kaninchenkeulen à 250 g
2–3 TL Dijon-Senf
2 EL Öl
1/8 l (125 ml) Weißwein
1 Beutel KNORR Fix für Schweinebraten
100 g Backpflaumen
Zucker

1. Kaninchenkeulen mit 2 Teelöffel Dijon-Senf bestreichen. In einer Pfanne in heißem Öl anbraten. 1/4 Liter (250 Milliliter) Wasser und Weißwein dazugießen und aufkochen.
2. Fix für Schweinebraten einrühren. Zugedeckt bei schwacher Hitze 25 bis 30 Minuten schmoren, dabei mehrmals wenden.
3. 10 Minuten vor Ende der Garzeit Backpflaumen in die Sauce geben. Mit restlichem Dijon-Senf und etwas Zucker abschmecken.

tipp

2 in dünne Scheiben geschnittene Zwiebeln mitgaren.

Zubereitungszeit ca. 1 h 10 min

Schweinekasserolle

Pro Portion: 1715 kJ/410 kcal, 29 g E, 18 g F, 33 g KH

Zutaten für 4 Portionen:

500 g Schweinegulasch
2–3 EL Öl
1 Beutel KNORR Fix für Schweinebraten
500 g Kartoffeln
1 Birne (ca. 300 g)
Salz, Pfeffer

1. Schweinegulasch in heißem Öl anbraten. 3/8 Liter (375 Milliliter) Wasser dazugießen und aufkochen. Fix für Schweinebraten einrühren. Zugedeckt bei schwacher Hitze 40 Minuten schmoren.
2. Kartoffeln schälen und würfeln. Birne schälen, vierteln, entkernen und ebenfalls würfeln. Beides zum Fleisch geben und weitere 15 bis 20 Minuten schmoren; bei Bedarf etwas Wasser nachgießen. Mit Salz und Pfeffer würzen.

tipp

Zusätzlich mit 1 Prise gemahlenem Piment würzen.

10 Rezept-Ideen

Fix für Spaghetti alla Carbonara

Mit vier
Sorten Käse

Zubereitungszeit ca. 20 min

Pasta in Basilikum-Sahne

Pro Portion: 2835 kJ/677 kcal, 22 g E, 23 g F, 94 g KH

Zutaten für 2 Portionen:

250 g Spaghetti
Salz
2–3 EL Pinienkerne
1 Knoblauchzehe
1 Beutel KNORR Fix für Spaghetti alla Carbonara
50 ml Schlagsahne
Pfeffer
1 TL Zitronensaft
10 Basilikumblätter

1. Spaghetti in reichlich kochendem Salzwasser bissfest garen und in einem Sieb abgießen. Pinienkerne in einem Topf ohne Fett goldbraun rösten.
2. 1/4 Liter (250 Milliliter) kaltes Wasser zu den Pinienkernen gießen. Knoblauchzehe abziehen, zerdrücken und dazugeben. Fix für Spaghetti alla Carbonara einrühren, aufkochen und bei schwacher Hitze 1 Minute kochen lassen.
3. Sahne unterrühren und mit Salz, Pfeffer und Zitronensaft abschmecken. Basilikumblätter in Streifen schneiden und mit den Spaghetti unter die Sauce mischen.

tipp

Frisch geriebenen Parmesan oder Grana Padano dazu servieren.

Zubereitungszeit ca. 20 min

Pasta mit Räucherfisch

Pro Portion: 2525 kJ/604 kcal, 27 g E, 12 g F, 95 g KH

1. Spaghetti in reichlich kochendem Salzwasser bissfest garen und in einem Sieb abgießen.
2. Fix für Spaghetti alla Carbonara in 1/4 Liter (250 Milliliter) Wasser einrühren, unter Rühren aufkochen, gefrorene Erbsen dazugeben und bei schwacher Hitze 1 Minute kochen.
3. Forellenfilet in Stücke schneiden, zur Sauce geben und erwärmen. Sauce zu den Spaghetti servieren. Mit Zitronenspalten und nach Belieben mit Dill garnieren.

Zutaten für 2 Portionen:

250 g Spaghetti
Salz
1 Beutel KNORR Fix für Spaghetti alla Carbonara
3 EL TK-Erbsen
1 geräuchertes Forellenfilet (ca. 100–150 g)
1/2 unbehandelte Zitrone
evtl. Dill

Zubereitungszeit ca. 20 min

Kalbsschnitzel alla saltimbocca

Pro Portion: 1630 kJ/390 kcal, 44 g E, 20 g F, 8 g KH

Zutaten für 3 Portionen:

- 2 Kalbsschnitzel à 150 g
- Salz, Pfeffer
- 4 Scheiben Parmaschinken
- einige Salbeiblätter
- 1–2 EL Öl
- 1 Beutel KNORR Fix für Spaghetti alla Carbonara
- 50 ml Schlagsahne
- 1 TL Zitronensaft

1. Jedes Schnitzel in 3 Stücke teilen, leicht flach klopfen, mit Salz und Pfeffer würzen. 3 Scheiben Schinken halbieren, die vierte Scheibe in Streifen schneiden.
2. Auf jedes Schnitzelchen eine halbe Schinkenscheibe und 1 bis 2 Salbeiblätter geben, mit Holzstäbchen feststecken. Die Schnitzel in heißem Öl von jeder Seite 2 bis 3 Minuten braten.
3. 1/4 Liter (250 Milliliter) kaltes Wasser in einen Topf gießen. Fix für Spaghetti alla Carbonara einrühren, aufkochen und bei schwacher Hitze 1 Minute kochen. Schinkenstreifen dazugeben. Sahne und Zitronensaft unterrühren. Sauce zu den Schnitzelchen servieren.

Dazu passen Bandnudeln.

tipp

Trockenen leichten Weißwein aus der Gegend um Rom, z.B. Frascati oder Colli Albani, zu den Kalbsschnitzeln reichen.

Zubereitungszeit ca. 20 min

Nudeln mit mediterraner Sauce

Pro Portion (bei 2 Port.): 865 kJ/206 kcal, 6 g E, 16 g F, 10 g KH

Zutaten für 2–3 Portionen:

250 g Nudeln (z.B. Penne)
Salz
2–3 Sardellenfilets
1 Beutel KNORR Fix für Spaghetti alla Carbonara
1 EL Kapern
50 ml Schlagsahne

1. Die Nudeln in reichlich kochendem Salzwasser bissfest garen und in einem Sieb abgießen.
2. Sardellenfilets in kleine Stücke schneiden. 1/4 Liter (250 Milliliter) kaltes Wasser in einen Topf gießen. Fix für Spaghetti alla Carbonara einrühren, unter Rühren aufkochen und bei schwacher Hitze 1 Minute kochen.
3. Kapern, 1 Esslöffel Kapernflüssigkeit und Sardellen dazugeben. Sahne unterrühren. Nudeln mit der Sauce vermischen.

tipp

Mit abgezupften Blättchen von frischer Zitronenmelisse anrichten.

Zubereitungszeit ca. 20 min

Lauchcremesuppe

Pro Portion (bei 2 Port.): 1540 kJ/370 kcal, 6 g E, 33 g F, 12 g KH

Zutaten für 2–3 Portionen:

2 kleine Stangen Lauch (ca. 300 g)

2 EL Öl

100 ml Schlagsahne

1 Beutel KNORR Fix für Spaghetti alla Carbonara

1–2 TL MONDAMIN Fix-Soßenbinder, hell

tipp

Falls keine Kinder mitessen, einen Schuss Pernod oder anderen Anisschnaps zur Suppe geben.

1. Lauch putzen, waschen, in feine Streifen schneiden und in einem Topf in heißem Öl dünsten.
2. 1/2 Liter (500 Milliliter) Wasser und Sahne dazugießen, Fix für Spaghetti alla Carbonara einrühren, aufkochen und bei schwacher Hitze 1 Minute kochen lassen. Fix-Soßenbinder einrühren und noch einmal aufkochen.

Dazu passt Baguette oder Bauernbrot.

Zubereitungszeit ca. 25 min

Pasta »Hawaii«

Pro Portion (bei 2 Port.): 3110 kJ/743 kcal, 30 g E, 21 g F, 107 g KH

Zutaten für 2–3 Portionen:

250 g Nudeln (z.B. Farfalle)

Salz

140 g Ananasscheiben aus der Dose

2 Scheiben gekochter Schinken

1 Beutel KNORR Fix für Spaghetti alla Carbonara

50 ml Schlagsahne

1 Prise Currypulver

1. Nudeln in reichlich kochendem Salzwasser bissfest garen und in einem Sieb abgießen.
2. Ananasscheiben abtropfen lassen, den Saft dabei auffangen. Ananas in kleine Stücke schneiden. Schinken in Würfel schneiden.
3. Fix für Spaghetti alla Carbonara in 300 Milliliter kaltes Wasser und Sahne einrühren, aufkochen und bei schwacher Hitze 1 Minute kochen. Ananasstücke, Schinkenwürfel und Curry dazugeben und 1 Minute weiterkochen. Sauce mit 2 bis 3 Esslöffel Ananassaft abschmecken, Nudeln untermischen.

Zubereitungszeit ca. 60 min

Sauerkraut-Auflauf

Pro Portion: 1310 kJ/313 kcal, 12 g E, 17 g F, 26 g KH

Zutaten für 3 Portionen:

500 g Kartoffeln

Salz

400 g Sauerkraut aus der Dose

Pfeffer, Zucker

1 Beutel KNORR Fix für Spaghetti alla Carbonara

50 ml Schlagsahne

50 g geriebener Käse

1. Kartoffeln mit der Schale in 15 bis 20 Minuten in Salzwasser kochen und abgießen. Kartoffeln pellen und in Scheiben schneiden.
2. Sauerkraut abtropfen lassen, mit Pfeffer, Zucker und etwas Salz würzen. Kraut und Kartoffelscheiben in eine gefettete Auflaufform geben und mischen.
3. Fix für Spaghetti alla Carbonara in 1/4 Liter (250 Milliliter) kaltes Wasser und Sahne einrühren, aufkochen und bei schwacher Hitze 1 Minute kochen. Sauce über Sauerkraut und Kartoffeln verteilen und mit Käse bestreuen.
4. Im vorgeheizten Backofen bei 225 °C (Gas Stufe 4, Umluft 200 °C) 20 bis 25 Minuten backen.

tipp

Den Auflauf zu Kasseler, Fleischkäse oder Bratwurst servieren.

Zubereitungszeit ca. 25 min

Pasta mit Zwiebelsauce

Pro Portion (bei 2 Port.): 3525 kJ/844 kcal, 34 g E, 36 g F, 95 g KH

Zutaten für 2–3 Portionen:

250 g Spaghetti
Salz
1/2 Bund Frühlingszwiebeln
150 g Hackfleisch
1 EL Tomatenmark
1–2 EL Öl
Pfeffer
1 TL Oregano
1 Beutel KNORR Fix für Spaghetti alla Carbonara
50 ml Schlagsahne

1. Spaghetti in reichlich kochendem Salzwasser bissfest garen und in einem Sieb abgießen. Frühlingszwiebeln putzen, waschen und in Ringe schneiden.
2. Hackfleisch und Tomatenmark in einem Topf in heißem Öl anbraten. Mit Salz, Pfeffer und Oregano würzen. 300 Milliliter kaltes Wasser dazugießen, Fix für Spaghetti alla Carbonara einrühren und aufkochen. Zwiebelringe zugeben und bei schwacher Hitze 2 bis 3 Minuten kochen. Sahne unterrühren. Spaghetti mit der Sauce vermischen.

Zubereitungszeit ca. 20 min

Hähnchen-Rucola-Pasta

Pro Portion (bei 2 Port.): 3490 kJ/835 kcal, 52 g E, 24 g F, 99 g KH

Zutaten für 2–3 Portionen:

250 g Spaghetti
Salz
60 g Rucola
250 g Hähnchenbrustfilet
1–2 EL Öl
1 Beutel KNORR Fix für Spaghetti alla Carbonara
100 g TK-Erbsen
50 ml Schlagsahne

tipp

1 gehackte Knoblauchzehe mitbraten.

1. Spaghetti in reichlich kochendem Salzwasser bissfest garen und in einem Sieb abgießen. Rucola waschen, putzen und einige Blätter zum Garnieren beiseite legen.
2. Hähnchenbrustfilet in Würfel schneiden und in heißem Öl etwa 5 Minuten braten. 1/4 Liter (250 Milliliter) Wasser dazugießen und Fix für Spaghetti alla Carbonara einrühren. Unter Rühren aufkochen, Erbsen zufügen und bei schwacher Hitze 2 Minuten kochen lassen.
3. Sahne und Rucola unterrühren, die Spaghetti mit der Sauce vermischen. Mit restlichem Rucola garnieren.

Zubereitungszeit ca. 50 min

Kartoffel-Apfel-Gratin

Pro Portion (bei 2 Port.): 1920 kJ/459 kcal, 15 g E, 25 g F, 41 g KH

Zutaten für 2–3 Portionen:

400 g Kartoffeln
150 g Zwiebeln oder Schalotten
1 roter Apfel
50 ml Schlagsahne
1 Beutel KNORR Fix für Spaghetti alla Carbonara
50 g geriebener Käse
evtl. Salbei

1. Kartoffeln schälen und in dünne Scheiben schneiden. Zwiebeln abziehen und in Spalten schneiden. Apfel waschen, vierteln, entkernen und ebenfalls in dünne Spalten schneiden.
2. 350 Milliliter kaltes Wasser und Sahne in einen weiten Topf geben, Fix für Spaghetti alla Carbonara einrühren und aufkochen. Kartoffelscheiben, Zwiebel- und Apfelspalten zur Sauce geben und bei schwacher Hitze 3 Minuten kochen. Alles in eine gefettete Auflaufform füllen und mit Käse bestreuen.
3. Im vorgeheizten Backofen bei 200 °C (Gas Stufe 3, Umluft 175 °C) etwa 30 Minuten gratinieren. Nach Belieben mit Salbeiblättern bestreut servieren.

Dazu schmecken Bratwurst, Kasseler oder Fleischkäse.

tipp

Als vegetarisches Gericht mit in Sesam gewälztem, in Öl gebratenem Tofu servieren.

10 Rezept-Ideen

Fix für Spaghetti Bolognese

Neuer Auftritt für den Pasta-Klassiker

Zubereitungszeit ca. 25 min

Pasta Bolognese

Pro Portion (bei 2 Port.): 2535 kJ/605 kcal, 32 g E, 24 g F, 63 g KH

1. Zwiebel abziehen und würfeln. Hackfleisch zusammen mit den Zwiebelwürfeln in heißem Öl anbraten. 1/2 Liter (500 Milliliter) Wasser zugießen, Fix für Spaghetti Bolognese einrühren und aufkochen.
2. Ungekochte Nudeln in die Hackfleischsauce geben. Zugedeckt bei schwacher Hitze 12 bis 15 Minuten garen, bis die Nudeln gar sind. Mit Parmesan bestreut servieren.

Zutaten für 2–3 Portionen:

- 1 Zwiebel
- 200 g Hackfleisch
- 2 EL Öl
- 1 Beutel KNORR Fix für Spaghetti Bolognese
- 150 g kurze Röhrennudeln (z.B. Rigatoni oder Hörnchen)
- 50 g geriebener Parmesan

tipp

Gelingt am besten in einem beschichteten Topf oder einer tiefen beschichteten Pfanne.

Zubereitungszeit ca. 25 min

Bruschetta

Pro Stück: 350 kJ/84 kcal, 5 g E, 4 g F, 7 g KH

1. Brot in dünne Scheiben schneiden. Im vorgeheizten Backofen bei 225 °C (Gas Stufe 4, Umluft 200 °C) auf oberster Schiene oder unter dem vorgeheizten Grill einige Minuten bräunen.
2. Hackfleisch in heißem Öl krümelig braun anbraten. Knoblauch abziehen, zerdrücken und kurz mitbraten. 200 Milliliter Wasser zugießen, Fix für Spaghetti Bolognese einrühren und aufkochen. Zugedeckt 5 Minuten kochen.
3. Die Hackfleischmischung auf die Brote verteilen, mit Mozzarellascheiben belegen und etwa 5 Minuten im Backofen überbacken.

Zutaten für ca. 15 Stück:

- 1/2 Baguette (ca. 150 g)
- 200 g Hackfleisch
- 2 EL Öl
- 1 Knoblauchzehe
- 1 Beutel KNORR Fix für Spaghetti Bolognese
- 100 g Mozzarella

tipp

Bruschetta mit Tomatenwürfeln und Rosmarinnadeln hübsch garnieren.

Zubereitungszeit ca. 20 min

Spaghetti Bolognese mit frischem Gemüse

Pro Portion (bei 2 Port.): 3685 kJ/882 kcal, 39 g E, 36 g F, 99 g KH

Zutaten für 2–3 Portionen:

200 g Hackfleisch
2 EL Öl
1 Beutel KNORR Fix für Spaghetti Bolognese
250 g Spaghetti
Salz
200 g Gemüse (z.B. Paprika, Zucchini)
1 EL geriebener Parmesan

1. Hackfleisch in heißem Öl krümelig braun anbraten. 1/4 Liter (250 Milliliter) Wasser dazugießen, Fix für Spaghetti Bolognese einrühren und aufkochen.
2. Spaghetti in Salzwasser bissfest garen und in einem Sieb abgießen. Gemüse putzen, waschen und in kleine Würfel schneiden. Gemüsewürfel in die Fleischsauce geben und im offenen Topf bei schwacher Hitze 5 bis 8 Minuten garen. Nudeln mit der Sauce und geriebenem Parmesan bestreut servieren.

tipp

1 Esslöffel Mascarpone in die Sauce geben und schmelzen lassen.

Zubereitungszeit ca. 25 min

Fenchelgemüse Bolognese

Pro Portion (bei 2 Port.): 1525 kJ/364 kcal, 26 g E, 21 g F, 17 g KH

Zutaten für 2–3 Portionen:

1 große Fenchelknolle (ca. 400 g)
1 EL Tomatenmark
2 EL Öl
200 g Hackfleisch
1 Beutel KNORR Fix für Spaghetti Bolognese

1. Fenchelknolle putzen und waschen. 2 bis 3 äußere Blätter ablösen und beiseite legen. Restlichen Fenchel klein schneiden und zusammen mit dem Tomatenmark in heißem Öl etwa 5 Minuten andünsten. Die Fenchelblätter in kochendem Wasser 3 Minuten garen.
2. Hackfleisch zum Gemüse geben und krümelig anbraten. 1/4 Liter (250 Milliliter) Wasser zugießen, Fix für Spaghetti Bolognese einrühren und aufkochen. Zugedeckt bei schwacher Hitze 5 Minuten garen. Die Bolognese in den Fenchelblättern anrichten.

tipp

Dazu schmeckt ein Glas Weißburgunder aus Südtirol oder ein deutscher Silvaner.

Zubereitungszeit ca. 45 min

Nudelauflauf

Pro Portion (bei 2 Port.): 3740 kJ/892 kcal, 34 g E, 33 g F, 114 g KH

Zutaten für 2–3 Portionen:

250 g Nudeln (z.B. Hörnchen oder Penne)
Salz
200 g Hackfleisch
2 EL Öl
1 Beutel KNORR Fix für Spaghetti Bolognese
1 Packung KNORR Tomato al Gusto Krauter
3/8 l (375 ml) Milch
60 g Sahne-schmelzkäse
3 EL MONDAMIN Fix-Soßenbinder, hell
Pfeffer
50 g geriebener Käse

tipp

Jede Portion Nudelauflauf mit 1 Klecks Crème fraîche anrichten.

1. Nudeln in kochendem Salzwasser bissfest garen und abgießen. Hackfleisch in einem Topf in heißem Öl krümelig braun anbraten. 200 Milliliter Wasser dazugießen, Fix für Spaghetti Bolognese einrühren und aufkochen.
2. Tomato al Gusto zufügen und die Sauce im offenen Topf etwas einkochen lassen.
3. Milch mit Schmelzkäse aufkochen, Fix-Soßenbinder einrühren und 1 Minute kochen lassen. Mit Salz und Pfeffer würzen.
4. In eine gefettete Auflaufform abwechselnd Nudeln und Sauce Bolognese geben, helle Sauce zum Schluss darüber verteilen und mit Käse bestreuen. Im vorgeheizten Backofen bei 225 °C (Gas Stufe 4, Umluft 200 °C) etwa 25 Minuten backen.

Zubereitungszeit ca. 60 min

Auberginen-Moussaka

Pro Portion (bei 2 Port.): 2385 kJ/570 kcal, 34 g E, 35 g F, 30 g KH

1. Kartoffeln schälen und in dünne Scheiben schneiden. Aubergine waschen und würfeln. Hackfleisch in heißem Öl anbraten. Auberginenwürfel zugeben und kurz mitbraten.
2. 400 Milliliter Wasser zugießen, Fix für Spaghetti Bolognese einrühren und aufkochen. Kartoffelscheiben zugeben und zugedeckt bei schwacher Hitze 3 Minuten garen. Mit Paprika, Zimt, Salz und Zucker abschmecken.
3. Alles in eine gefettete Auflaufform geben, mit geriebenem Käse bestreuen und im vorgeheizten Backofen bei 200 °C (Gas Stufe 3, Umluft 175 °C) etwa 35 Minuten backen.

Zutaten für 2–3 Portionen:

300 g Kartoffeln
125 g Aubergine
250 g Hackfleisch
2 EL Öl
1 Beutel KNORR Fix für Spaghetti Bolognese
Edelsüß-Paprika, Zimt, Salz, 1 Prise Zucker
50 g geriebener Käse

tipp

Statt der Aubergine können Sie auch Zucchini oder frische Paprika verwenden.

Zubereitungszeit ca. 25 min

Chili-Bolognese

Pro Portion (bei 3 Port.): 2675 kJ/639 kcal, 26 g E, 29 g F, 68 g KH

1. Zwiebel abziehen und würfeln. Paprikaschote waschen, halbieren, entkernen und würfeln. Tomaten waschen, putzen und ebenfalls in Würfel schneiden. Chilischote entkernen und klein schneiden. Oliven in Ringe schneiden. Bandnudeln in Salzwasser bissfest kochen und in einem Sieb abgießen.
2. Hackfleisch zusammen mit vorbereitetem Gemüse, Chili und Oliven unter Rühren in heißem Öl anbraten. 1/4 Liter (250 Milliliter) Wasser dazugießen, Fix für Spaghetti Bolognese einrühren und aufkochen. Knoblauchzehe abziehen, zerdrücken und dazugeben.
3. Zugedeckt bei schwacher Hitze 5 Minuten garen. Mit Cayennepfeffer abschmecken.

Zutaten für 2–3 Portionen:

1 kleine Zwiebel
1 kleine rote Paprikaschote
2 Tomaten
1 Chilischote
schwarze Oliven (ohne Stein)
250 g Bandnudeln
Salz
200 g Hackfleisch
2 EL Öl
1 Beutel KNORR Fix für Spaghetti Bolognese
1 Knoblauchzehe
Cayennepfeffer

Zubereitungszeit ca. 45 min

Blätterteigtaschen

Pro Stück: 1240 kJ/296 kcal, 13 g E, 20 g F, 17 g KH

Zutaten für 6 Stück:

- 200 g Hackfleisch
- 2 EL Öl
- 1 Beutel KNORR Fix für Spaghetti Bolognese
- 100 g Schafskäse
- 3 Scheiben TK-Blätterteig (225 g)
- 1 Eigelb

tipp

Einen Hauch von Orient bekommt die Füllung, wenn 1 gewürfelte Tomate, Chilipulver und etwas Zimt zugefügt werden.

1. Hackfleisch in einem Topf in heißem Öl krümelig braun anbraten. 200 Milliliter Wasser dazugießen, Fix für Spaghetti Bolognese einrühren und aufkochen. Schafskäse in kleine Stücke schneiden und untermischen.
2. Blätterteigscheiben antauen lassen, halbieren und mit etwas Mehl auf die doppelte Größe ausrollen. Die Hackfleischmasse auf die Teigstücke verteilen und dabei jeweils die Ränder frei lassen. Eigelb verquirlen und die Ränder bestreichen. Teigecken über der Füllung zusammenschlagen und andrücken.
3. Die Blätterteigtaschen mit restlichem Eigelb bestreichen und im vorgeheizten Backofen bei 200 °C (Gas Stufe 3, Umluft 175 °C) in etwa 20 Minuten goldbraun backen.

Zubereitungszeit ca. 40 min

Gefüllte Pfannkuchen

Pro Stück: 1905 kJ/457 kcal, 23 g E, 24 g F, 37 g KH

Zutaten für 4 Stück:

- 2 Eier
- 1/4 l (250 ml) Milch
- 1 Prise Salz
- 150 g Mehl
- 2 EL Öl
- 400 g Champignons
- 200 g Hackfleisch
- 1 Beutel KNORR Fix für Spaghetti Bolognese
- 100 g TK-Erbsen
- 4 EL Crème fraîche

tipp

Die Fleischsauce in 4 Weizen-Pitas (Brottaschen) füllen.

1. Eier, Milch, Salz und Mehl verquirlen und 5 Minuten stehen lassen. In einer beschichteten Pfanne in heißem Öl nacheinander 4 Pfannkuchen backen und warm stellen.
2. Champignons putzen und in Scheiben schneiden. Zusammen mit dem Hackfleisch im restlichen Bratfett anbraten. 1/4 Liter (250 Milliliter) Wasser zugießen, Fix für Spaghetti Bolognese einrühren und aufkochen. Zugedeckt bei schwacher Hitze 5 Minuten garen. Kurz vor Ende der Garzeit die gefrorenen Erbsen zufügen.
3. Sauce auf den Pfannkuchen verteilen, jeweils 1 Esslöffel Crème fraîche darauf geben und die Pfannkuchen zusammenklappen.

Zubereitungszeit ca. 55 min

Pizza Bolognese

Gesamt: 3960 kJ/948 kcal, 36 g E, 86 g F, 50 g KH

Lecker
wie bei
gulasch anbr.

Zutaten für 1 Pizza, 26 cm Ø

1 Zwiebel
200 g Hackfleisch
2 EL Öl
1 Beutel KNORR Fix für Spaghetti Bolognese
1 Packung MONDAMIN Pizza-Teig
1 gelbe Paprikaschote
50 g geriebener Käse

1. Zwiebel abziehen und würfeln. Zusammen mit dem Hackfleisch in heißem Öl anbraten. 200 Milliliter Wasser dazugießen, Fix für Spaghetti Bolognese einrühren und aufkochen. Zugedeckt bei schwacher Hitze 5 Minuten garen.
2. 1 Beutel Pizza-Teig mit 1/8 Liter (125 Milliliter) lauwarmem Wasser verkneten. Den Teig zu einem runden Pizzaboden ausrollen. Paprikaschote waschen, putzen und in Streifen schneiden. Sauce Bolognese und Paprika auf dem Teig verteilen.
3. Mit geriebenem Käse bestreuen und im vorgeheizten Backofen bei 200 °C (Gas Stufe 3, Umluft 175 °C) 25 bis 30 Minuten backen.

tipp

Mit einem kühlen Bier serviert wird daraus eine zünftige Mahlzeit – nicht nur für Fußballabende vor dem Fernseher!

10 Rezept-Ideen

Fix für Spaghetti Napoli

Herrlich fruchtig,
nicht nur für Pasta

Zubereitungszeit ca. 20 min

Pasta Mozzarella

Pro Portion: 1060 kJ/278 kcal, 15 g E, 18 g F, 14 g KH

1. Spaghetti in kochendem Salzwasser bissfest garen und in einem Sieb abgießen. Mozzarella würfeln.
2. Fix für Spaghetti Napoli in 1/4 Liter (250 Milliliter) Wasser einrühren und das Olivenöl dazugeben. Unter Rühren aufkochen.
3. Abgetropfte Spaghetti mit Sauce und Mozzarella anrichten. Mit Basilikumblättchen bestreut servieren.

Zutaten für 2 Portionen:

250 g Spaghetti
Salz
125 g Mozzarella
1 Beutel KNORR Fix für Spaghetti Napoli
1 EL Olivenöl
Basilikumblätter

tipp

Fleischfans erhitzen 100 Gramm in Scheiben geschnittene Cabanossi oder TK-Fleischklößchen in der Sauce.

Zubereitungszeit ca. 35 min

Fischfilet Napoli

Pro Portion (bei 3 Port.): 2915 kJ/695 kcal, 51 g E, 20 g F, 75 g KH

1. Bandnudeln in reichlich Salzwasser bissfest garen und in einem Sieb abgießen.
2. Fischfilet in Portionsstücke schneiden, mit Zitronensaft beträufeln, mit Salz und Pfeffer würzen und in einer Pfanne in heißem Olivenöl goldbraun braten. Filets herausnehmen und warm stellen.
3. 1/2 Liter (500 Milliliter) kaltes Wasser in die Pfanne gießen, Fix für Spaghetti Napoli einrühren und unter Rühren aufkochen. Mit Sahne verfeinern.
4. Fischstücke und Sauce mit den Nudeln servieren.

Wenn Sie Fisch lieber gedünstet mögen, garen Sie ihn bei schwacher Hitze etwa 5 Minuten in der Tomatensauce.

Zutaten für 3–4 Portionen:

250 g grüne Bandnudeln
Salz
600 g Fischfilet (z.B. Rotbarsch, Seelachs oder Kabeljau)
1 EL Zitronensaft
Pfeffer
2 EL Olivenöl
2 Beutel KNORR Fix für Spaghetti Napoli
2–3 EL Schlagsahne

Zubereitungszeit ca. 35 min

Schnitzel mit Blauschimmelkäse

Pro Portion: 1850 kJ/444 kcal, 37 g E, 27 g F, 12 g KH

Zutaten für 3 Portionen:

- 3 Schweineschnitzel à ca. 125 g
- Salz, Pfeffer
- 1/2 Bund glatte Petersilie
- 100 g Blauschimmelkäse
- 2–3 EL Olivenöl
- 200 g frische Zuckerschoten
- 1 Beutel KNORR Fix für Spaghetti Napoli
- Petersilie zum Garnieren

1. Schweineschnitzel flach klopfen und halbieren, mit Salz und Pfeffer würzen. Petersilienblättchen auf 3 Schnitzelhälften verteilen. Blauschimmelkäse in Streifen schneiden und darüber legen, mit den anderen Schnitzelhälften bedecken. Mit Holzspießchen zusammenstecken und in heißem Olivenöl von beiden Seiten braten.
2. Zuckerschoten waschen, putzen und in kochendem Salzwasser 2 bis 3 Minuten garen.
3. Fleisch aus der Pfanne nehmen und warm stellen. 1/4 Liter (250 Milliliter) kaltes Wasser in die Pfanne gießen. Fix für Spaghetti Napoli einrühren und unter Rühren aufkochen. Schnitzel wieder dazugeben und kurz in der Sauce erhitzen. Mit Zuckerschoten und Petersilie anrichten.

tipp

Anstelle von Zuckerschoten TK-Erbsen dazu servieren.

Zubereitungszeit ca. 30 min

Spaghetti mit Möhren-Tomaten-Sauce

Pro Portion: 3025 kJ/725 kcal, 20 g E, 24 g F, 104 g KH

Zutaten für 2 Portionen:

250 g Spaghetti
Salz
1 kleine Zwiebel
150 g Möhren
1 EL Öl
100 ml Schlagsahne
1 Beutel KNORR Fix für Spaghetti Napoli
Pfeffer
Kräuter zum Garnieren

1. Spaghetti in reichlich Salzwasser bissfest garen und in einem Sieb abgießen.
2. Zwiebel abziehen und würfeln. Möhren putzen, waschen und fein raspeln. Zwiebelwürfel und Möhrenraspel in einer Pfanne in heißem Öl andünsten.
3. 350 Milliliter kaltes Wasser und Sahne dazugießen. Fix für Spaghetti Napoli einrühren und zugedeckt bei schwacher Hitze 10 Minuten kochen. Nach Belieben mit Salz und Pfeffer würzen.
4. Spaghetti mit der Sauce servieren. Kräuter darüber streuen.

tipp

Tiefgekühlte Fleischklößchen oder gebratene Hähnchenleber in der Sauce erwärmen.

Zubereitungszeit ca. 60 min

Geschmortes Kaninchen

Pro Portion: 1940 kJ/465 kcal, 43 g E, 23 g F, 15 g KH

Zutaten für 4 Portionen:

- 1 kg Kaninchenteile
- Salz, Pfeffer
- 3 EL Olivenöl
- 2 Beutel KNORR Fix für Spaghetti Napoli
- 100 ml Weißwein
- 1 Rosmarinzweig
- 1 Lorbeerblatt
- 2 EL Pinienkerne

tipp

Dazu passt ein trockener Welschriesling oder ein Weißburgunder aus Österreich.

1. Kaninchenteile waschen und trockentupfen, mit Salz und Pfeffer würzen. Fleischstücke in einem Schmortopf in heißem Olivenöl anbraten.
2. Fix für Spaghetti Napoli in 400 Milliliter kaltes Wasser und Weißwein einrühren und aufkochen. Rosmarinzweig und Lorbeerblatt zufügen und die Sauce in den Schmortopf zum Kaninchen geben.
3. Im vorgeheizten Backofen bei 200 °C (Gas Stufe 3, Umluft 175 °C) etwa 45 Minuten schmoren. Pinienkerne in einer beschichteten Pfanne ohne Fett rösten und über das geschmorte Kaninchen geben.

Zubereitungszeit ca. 25 min

Thunfisch-Spaghetti

Pro Portion: 2910 kJ/695 kcal, 28 g E, 17 g F, 106 g KH

1. Spaghetti in reichlich Salzwasser bissfest garen und in einem Sieb abgießen.
2. Frühlingszwiebeln putzen, waschen und klein schneiden. In einer Pfanne in heißem Öl andünsten.
3. 1/4 Liter (250 Milliliter) kaltes Wasser dazugießen. Fix für Spaghetti Napoli einrühren und unter Rühren aufkochen. Thunfisch abtropfen lassen, zusammen mit den Kapern zugeben und in der Sauce erwärmen.
4. Spaghetti mit der Sauce servieren.

Zutaten für 2 Portionen:

250 g Spaghetti
Salz
1/2 Bund Frühlingszwiebeln
1 EL Olivenöl
1 Beutel KNORR Fix für Spaghetti Napoli
80 g Thunfisch aus der Dose
1 EL Kapern

tipp

Noch pikanter: Statt Thunfisch Sardellenfilets verwenden.

Zubereitungszeit ca. 35 min

Pizza-Baguette

Pro Portion (bei 5 Port.): 1010 kJ/241 kcal, 12 g E, 8 g F, 31 g KH

1. Baguette in etwa 20 bis 25 Scheiben schneiden. Fix für Spaghetti Napoli in 1/2 Liter (500 Milliliter) kaltes Wasser einrühren und aufkochen.
2. Zucchini waschen und grob raspeln. Mais abtropfen lassen und zusammen mit den Zucchiniraspeln in die Sauce geben und verrühren. Gemüse portionsweise auf Baguettescheiben verteilen und mit Käse bestreuen.
3. Im vorgeheizten Backofen bei 225 °C (Gas Stufe 4, Umluft 200 °C) etwa 15 Minuten überbacken und warm servieren.

Zutaten für 4–5 Portionen:

1 großes Baguette
2 Beutel KNORR Fix für Spaghetti Napoli
250 g Zucchini
140 g Mais aus der Dose
100 g geriebener Emmentaler

tipp

Statt Mais klein gewürfelte Paprikaschoten oder getrocknete Tomaten in die Sauce geben.

Zubereitungszeit ca. 30 min

Pilze in Tomatensahne

Pro Portion: 940 kJ/225 kcal, 6 g E, 17 g F, 11 g KH

Zutaten für 3 Portionen:

500 g Champignons
1 Knoblauchzehe
2 EL Öl
100 ml Schlagsahne
1 Beutel KNORR Fix für Spaghetti Napoli
Basilikumblätter

tipp

Die Pilze mit 1 Klecks saurer Sahne oder Crème fraîche anrichten.

1. Champignons putzen und vierteln. Knoblauchzehe abziehen, zerdrücken und mit den Champignons in einer Pfanne in heißem Öl anbraten.
2. 300 Milliliter kaltes Wasser und die Sahne dazugießen. Fix für Spaghetti Napoli einrühren und bei schwacher Hitze 5 Minuten kochen lassen.
3. Basilikum in Streifen schneiden. Vor dem Servieren über die Champignons streuen.

Dazu: Gnocchi oder Reis.

Zubereitungszeit ca. 25 min

Pasta »Florentiner Art«

Pro Portion: 3005 kJ/718 kcal, 21 g E, 24 g F, 102 g KH

Zutaten für 2 Portionen:

100 g TK-Blattspinat
250 g Spaghetti
Salz
1 kleine Zwiebel
1 Knoblauchzehe
1 EL Öl
100 ml Schlagsahne
Pfeffer
1 Beutel KNORR Fix für Spaghetti Napoli

tipp

Geröstete Pinienkerne in die Sauce geben.

1. Blattspinat im Topf oder in der Mikrowelle auftauen. Spaghetti in reichlich Salzwasser bissfest kochen und in einem Sieb abgießen.
2. Zwiebel abziehen und in kleine Würfel schneiden. Knoblauchzehe abziehen und fein hacken. Zwiebelwürfel und Knoblauch in einer Pfanne in heißem Öl dünsten. Blattspinat und Sahne dazugeben. Bei schwacher Hitze 5 Minuten kochen. Nach Belieben mit Salz und Pfeffer würzen. Aus der Pfanne nehmen und warm stellen.
3. 1/4 Liter (250 Milliliter) kaltes Wasser in die Pfanne gießen. Fix für Spaghetti Napoli einrühren und unter Rühren aufkochen. Spaghetti mit Spinat und Sauce vermischen.

Zubereitungszeit ca. 50 min

Auberginen-Lasagne

Pro Portion: 1560 kJ/372 kcal, 12 g E, 18 g F, 40 g KH

Zutaten für 3 Portionen:

300 g Auberginen
2–3 EL Öl
1 Beutel KNORR Fix für Spaghetti Napoli
1 EL Tomatenmark
6 Lasagneplatten ohne Vorkochen
100 g Crème fraîche
30 g geriebener Käse

1. Die Auberginen waschen, putzen und in kleine Würfel schneiden. In heißem Öl anbraten, 3/8 Liter (375 Milliliter) kaltes Wasser dazugießen und Fix für Spaghetti Napoli einrühren. Tomatenmark zufügen und 3 Minuten kochen lassen.
2. In eine gefettete Auflaufform abwechselnd Gemüsesauce und Lasagneplatten schichten. Mit Sauce beginnen und abschließen. Zum Schluss Crème fraîche und Käse darüber verteilen.
3. Auberginen-Lasagne im vorgeheizten Backofen bei 200 °C (Gas Stufe 3, Umluft 175 °C) etwa 25 Minuten backen.

tipp

Dazu passt roter Corvo aus Sizilien oder ein spanischer Rotwein aus Valencia.

10 Rezept-Ideen

Fix für Spinat-Käse-Suppe

Starke Rezepte für eine neue Vielfalt

Zubereitungszeit ca. 45 min

Lauch-Schinken-Gratin

Pro Portion (bei 3 Port.): 1900 kJ/454 kcal, 24 g E, 34 g F, 12 g KH

Zutaten für 2–3 Portionen:

500 g Lauch

Salz

100 g gekochter Schinken

1 Beutel KNORR Fix für Spinat-Käse-Suppe

200 g Sahne-Schmelzkäse

50 g geriebener Käse

1. Lauch putzen, waschen und schräg in 1 Zentimeter dicke Scheiben schneiden. Lauch in einem Topf in 1/2 Liter (500 Milliliter) leicht gesalzenem Wasser etwa 2 Minuten garen. Herausnehmen und abtropfen lassen.
2. Schinken in kleine Würfel schneiden und mit dem Lauch in eine gefettete Auflaufform geben. Fix für Spinat-Käse-Suppe in 1/2 Liter (500 Milliliter) kaltes Wasser einrühren, unter Rühren aufkochen und den Schmelzkäse darin schmelzen lassen.
3. Sauce über den Lauch gießen und mit Käse bestreuen. Im vorgeheizten Backofen bei 200 °C (Gas Stufe 3, Umluft 175 °C) in etwa 30 Minuten goldbraun backen.

tipp

Ohne Beilage eine raffinierte Vorspeise, mit etwas Brot eine leichte Mahlzeit.

Zubereitungszeit ca. 45 min

Spinat-Fisch-Gratin

Pro Portion (bei 4 Port.): 1865 kJ/446 kcal, 36 g E, 29 g F, 9 g KH

Zutaten für 3–4 Portionen:

450 g TK-Blattspinat

3–4 tiefgekühlte Fischfilets (z.B. Kabeljau- oder Seelachsfilet)

1 Beutel KNORR Fix für Spinat-Käse-Suppe

1/4 l (250 ml) Schlagsahne

1 EL abgeriebene Zitronenschale

50 g geriebener Käse

1. Blattspinat im Topf oder in der Mikrowelle auftauen, abtropfen und etwas abkühlen lassen. Die gefrorenen Fischfilets in eine gefettete flache Auflaufform legen. Spinat grob hacken und auf dem Fisch verteilen.
2. Fix für Spinat-Käse-Suppe mit Sahne und Zitronenschale verrühren und auf dem Spinat-Fisch verteilen. Mit Käse bestreuen.
3. Im vorgeheizten Backofen bei 200 °C (Gas Stufe 3, Umluft 175 °C) etwa 25 Minuten garen und sofort servieren.

Dazu passen Pell- oder Salzkartoffeln.

Zutaten für 3 Portionen:

500 g Nudeln (z.B. Bandnudeln)
Salz
1 Zwiebel
1 Knoblauchzehe
1 EL Öl
1 Beutel KNORR Fix für Spinat-Käse-Suppe
200 g TK-Rahmspinat (portionierbar, z.B. IGLO Minis)
125 g tiefgekühltes Lachsfilet
Pfeffer
1 TL Zitronensaft

tipp

Zur Abwechslung frische Lachsforelle, Lengfisch oder Rotbarsch verwenden. Die Garzeit ändert sich nicht.

Zubereitungszeit ca. 25 min

Bandnudeln mit Spinat-Lachs-Sauce

Pro Portion: 3295 kJ/788 kcal, 32 g E, 17 g F, 123 g KH

1. Nudeln in reichlich Salzwasser bissfest garen und in einem Sieb abgießen. Zwiebel und Knoblauch abziehen, würfeln und in heißem Öl andünsten. 1/2 Liter (500 Milliliter) Wasser zugießen, Fix für Spinat-Käse-Suppe einrühren.
2. Gefrorenen Spinat zugeben, unter Rühren aufkochen und ohne Deckel bei schwacher Hitze etwa 5 Minuten garen.
3. Lachs antauen lassen, in kleine Würfel schneiden, zur Sauce geben und 1 bis 2 Minuten darin garen. Mit Salz, Pfeffer und Zitronensaft abschmecken. Sauce zu den abgetropften Nudeln servieren.

Zubereitungszeit ca. 20 min

Spinat-Curry-Suppe mit Garnelen

Pro Portion (bei 4 Port.): 1230 kJ/295 kcal, 8 g E, 24 g F, 10 g KH

Zutaten für 3–4 Portionen:

1 Zwiebel
1 Knoblauchzehe
1 EL Öl
2 EL Currypulver
1 Beutel KNORR Fix für Spinat-Käse-Suppe
200 g TK-Junger Spinat (portionierbar, z.B. IGLO Minis)
200 g Crème fraîche
100 g tiefgefrorene Garnelen ohne Schale
1 Prise Zucker
1/2–1 TL Zitronensaft
evtl. Koriander

1. Zwiebel und Knoblauch abziehen, würfeln und in heißem Öl andünsten. Currypulver darüber stäuben. 700 Milliliter kaltes Wasser zugießen und Fix für Spinat-Käse-Suppe einrühren.
2. Gefrorenen Spinat zugeben und unter Rühren aufkochen. Crème fraîche unterrühren und die Suppe bei schwacher Hitze weitere 5 Minuten garen.
3. Garnelen auftauen und in der Suppe erwärmen. Suppe mit Zucker und Zitronensaft abschmecken. Evtl. mit Korianderblättchen bestreuen.

tipp

Curry lieber probieren, bevor Sie ihn löffelweise verwenden. Es gibt milde und scharfe Sorten.

Zubereitungszeit ca. 35 min

Spinatrisotto

Pro Portion (bei 4 Port.): 780 kJ/186 kcal, 7 g E, 14 g F, 7 g KH

Zutaten für 3–4 Portionen:

1 Zwiebel

2 EL Öl

250 g Risotto- oder Langkornreis

200 g TK-Junger Spinat (portionierbar, z.B. IGLO Minis)

1 Beutel KNORR Fix für Spinat-Käse-Suppe

50 g frisch geriebener Parmesan

Salz, Pfeffer

tipp

Kleine dünne Kalbsschnitzelchen in heißem Öl von jeder Seite 2 bis 3 Minuten braten und zum Risotto servieren.

1. Zwiebel schälen, in Würfel schneiden und in heißem Öl andünsten. Reis dazugeben und glasig dünsten. 600 Milliliter heißes Wasser dazugießen, aufkochen und den Reis bei schwacher Hitze etwa 15 Minuten kochen.
2. Gefrorenen Spinat zufügen, Fix für Spinat-Käse-Suppe einrühren und alles aufkochen. Bei schwacher Hitze etwa 5 Minuten garen.
3. Parmesan unterrühren und das Risotto mit Salz und Pfeffer abschmecken.

Zubereitungszeit ca. 45 min

Spinat-Lasagne

Pro Portion (bei 3 Port.): 2540 kJ/607 kcal, 29 g E, 31 g F, 51 g KH

1. Fix für Spinat-Käse-Suppe in 1/2 Liter (500 Milliliter) Wasser einrühren, gefrorenen Spinat zugeben. Unter Rühren aufkochen und ohne Deckel bei schwacher Hitze etwa 3 Minuten garen. Gorgonzola unterrühren.
2. In eine gefettete Auflaufform zuerst etwas Spinatsauce geben. Dann abwechselnd Lasagneplatten und Spinatsauce schichten. Mit Sauce abschließen. Mozzarella in Scheiben schneiden und darauf verteilen.
3. Die Lasagne im vorgeheizten Backofen bei 200 °C (Gas Stufe 3, Umluft 175 °C) in etwa 30 Minuten goldbraun backen.

Zutaten für 2–3 Portionen:

1 Beutel KNORR Fix für Spinat-Käse-Suppe

225 g TK-Blattspinat (z.B. von IGLO)

150 g Gorgonzola oder anderer Blauschimmelkäse

9 Lasagneplatten (ohne Vorkochen)

125 g Mozzarella

tipp

Die Lasagne vor dem Backen mit 1 Esslöffel Pinienkernen oder gehackten Mandeln bestreuen.

Zubereitungszeit ca. 25 min

Maissuppe mit Schinken

Pro Portion (bei 3 Port.): 2275 kJ/544 kcal, 17 g E, 42 g F, 24 g KH

1. Zwiebel abziehen, würfeln und in Öl andünsten. 200 Gramm abgetropften Mais und 700 Milliliter Wasser zugeben. 3 Minuten garen. Sahne dazugießen und die Suppe mit einem Stabmixer pürieren.

3. Fix für Spinat-Käse-Suppe einrühren und unter Rühren aufkochen. Schmelzkäse zufügen und die Suppe bei schwacher Hitze etwa 5 Minuten garen.

4. Schinken in Streifen schneiden, in der Suppe erhitzen. Mit Salz und Pfeffer würzen. Mit dem restlichen Mais und Petersilie anrichten.

5. Suppe mit 1 bis 2 Esslöffel trockenem Sherry abschmecken.

Zutaten für 3–4 Portionen:

1 Zwiebel

1 EL Öl

285 g Mais aus der Dose

200 ml Schlagsahne

1 Beutel KNORR Fix für Spinat-Käse-Suppe

100 g Sahne-Schmelzkäse

100 g gekochter Schinken

Salz, Pfeffer

1 EL gehackte Petersilie

1–2 EL trockener Sherry

Zubereitungszeit ca. 30 min

Hackfleisch-Bohnen-Topf

Pro Portion (bei 4 Port.): 1605 kJ/398 kcal, 18 g E, 32 g F, 9 g KH

Zutaten für 3–4 Portionen:

200 g Hackfleisch
2 EL Öl
Salz, Pfeffer
1 Beutel KNORR Fix für Spinat-Käse-Suppe
200 g Sahne-Schmelzkäse
200 g tiefgekühlte grüne Bohnen
1 TL Oregano
1 Knoblauchzehe

1. Hackfleisch in 1 bis 2 Esslöffel heißem Öl anbraten. Mit Salz und Pfeffer würzen.
2. 600 Milliliter Wasser dazugießen. Fix für Spinat-Käse-Suppe einrühren, Schmelzkäse dazugeben und unter Rühren aufkochen.
3. Bohnen und Oregano dazugeben. Knoblauch abziehen, zerdrücken und zu den Bohnen geben. Alles ohne Deckel bei mittlerer Hitze etwa 15 Minuten garen. Nach Belieben mit Pfeffer abschmecken.

Dazu passen Röstkartoffeln.

Zubereitungszeit ca. 25 min

Spinatcremesuppe

Pro Portion (bei 3 Port.): 1595 kJ/381 kcal, 16 g E, 30 g F, 12 g KH

Zutaten für 3–4 Portionen:

1 Zwiebel
1 EL Öl
1 Beutel KNORR Fix für Spinat-Käse-Suppe
200 g TK-Junger Spinat (portionierbar, z.B. IGLO Minis)
100 g Frischkäse mit Kräutern
100 ml Schlagsahne
100 g Räucherlachs
2 EL geröstete Weißbrotwürfel (Croûtons)

1. Zwiebel abziehen, fein würfeln und in heißem Öl andünsten. 3/4 Liter (750 Milliliter) Wasser zugießen und Fix für Spinat-Käse-Suppe einrühren.
2. Gefrorenen Spinat zugeben, unter Rühren aufkochen und bei schwacher Hitze etwa 5 Minuten garen. Frischkäse unterrühren.
3. Sahne steif schlagen. Räucherlachs in Streifen schneiden. Die Suppe in Teller oder Tassen füllen. Auf jede Portion einen Klecks Sahne, einen Teil der Räucherlachsstreifen und einige Brotwürfel geben.

Zubereitungszeit ca. 35 min

Spinatomelett

Pro Portion (bei 4 Port.): 1280 kJ/306 kcal, 17 g E, 22 g F, 9 g KH

Zutaten für 3–4 Portionen:

1/8 l (125 ml) Milch
1 Beutel KNORR Fix für Spinat-Käse-Suppe
200 g TK-Junger Spinat (portionierbar, z.B. IGLO Minis)
6 Eier
50 g geriebener Käse
Butter oder Margarine

1. Die Milch mit 100 Milliliter Wasser in einen Topf geben, Fix für Spinat-Käse-Suppe einrühren, den gefrorenen Spinat dazugeben und unter Rühren aufkochen. Etwas abkühlen lassen.
2. Eier trennen, Eigelbe einzeln unter den Spinat rühren. Eiweiß steif schlagen und zusammen mit dem Käse unter die Spinatmischung heben.
3. In heißem Fett in einer beschichteten Pfanne aus dem Spinatteig 3 bis 4 Omeletts backen; das gelingt am besten bei mittlerer Hitze in der geschlossenen Pfanne.

tipp

Die Omeletts mit Tomaten-Rucola-Salat anrichten.

10 Rezept-Ideen

Fix für Tomaten-Bolognese

Köstliche Highlights
tomatig-fruchtig

Zubereitungszeit ca. 20 min

Auberginen-Hack-Sauce

Pro Portion (bei 3 Port.): 2050 kJ/489 kcal, 23 g E, 19 g F, 56 g KH

1. Nudeln in reichlich Salzwasser bissfest kochen und in einem Sieb abgießen.
2. Hackfleisch in 1 Esslöffel heißem Öl krümelig braten, herausnehmen und beiseite stellen. Aubergine waschen, würfeln und im restlichen, heißen Olivenöl braun anbraten. Knoblauchzehe abziehen, dazupressen und kurz mitbraten.
3. 300 Milliliter kaltes Wasser dazugießen, Fix für Tomaten-Bolognese einrühren und unter Rühren aufkochen. Hackfleisch zugeben und zugedeckt bei schwacher Hitze 5 Minuten kochen. Sauce mit Pfeffer und evtl. mit Zimt abschmecken und zu den abgetropften Nudeln servieren.

Zutaten für 2–3 Portionen:

200 g Nudeln (z.B. Penne)
Salz
200 g Hackfleisch
4 EL Olivenöl
1 Aubergine (ca. 250 g)
1 Knoblauchzehe
1 Beutel KNORR Fix für Tomaten-Bolognese
Pfeffer
evtl. 1 Prise Zimt

tipp

Wer es scharf liebt, würzt mit Cayennepfeffer nach.

Zubereitungszeit ca. 25 min

Tomaten-Hack-Suppe

Pro Portion (bei 2 Port.): 1860 kJ/444 kcal, 28 g E, 26 g F, 25 g KH

1. Das Hackfleisch in heißem Olivenöl rundum krümelig braten. Die Knoblauchzehe abziehen, fein würfeln, zum Fleisch geben und kurz mit anbraten.
2. 600 Milliliter kaltes Wasser dazugießen, Fix für Tomaten-Bolognese einrühren und unter Rühren aufkochen. Bohnen und fein gehackte Chilischote zufügen. Die Suppe zugedeckt bei schwacher Hitze etwa 5 Minuten garen.
3. Rucola waschen, die Blätter klein schneiden, zur Suppe geben und 2 Minuten mitgaren. Die Tomaten-Hack-Suppe mit Aceto balsamico, Salz und Pfeffer abschmecken.

Dazu passt Ciabattabrot.

Zutaten für 2–3 Portionen:

200 g Hackfleisch
1 EL Olivenöl
1 Knoblauchzehe
1 Beutel KNORR Fix für Tomaten-Bolognese
250 g italienische weiße Bohnen aus der Dose
1 rote Chilischote
50 g Rucola
1 EL Aceto balsamico (Balsamessig)
Salz, Pfeffer

Zubereitungszeit ca. 45 min

Bolognese-Pasta-Pizza mit Basilikum

Zutaten für 3 Portionen:

- 200 g Spaghetti
- 2 Eier
- Salz, Pfeffer
- 200 g Hackfleisch
- 2 EL Öl
- 1 Beutel KNORR Fix für Tomaten-Bolognese
- 125 g Mozzarella
- 5–10 Basilikumblätter

Pro Portion: 2785 kJ/666 kcal, 35 g E, 34 g F, 54 g KH

1. Spaghetti in reichlich kochendem Wasser bissfest garen und in einem Sieb abgießen. Nudeln mit Eiern verrühren, salzen und pfeffern.
2. Hackfleisch in 1 Esslöffel heißem Öl anbraten. 1/2 Liter (250 Milliliter) Wasser dazugießen, aufkochen und Fix für Tomaten-Bolognese einrühren. Zugedeckt bei schwacher Hitze 5 Minuten kochen.
3. Eier-Spaghetti im restlichen, heißen Öl zu einem Fladen braten, wenden und mit Bolognese bestreichen. Mozzarella in Scheiben darauf verteilen. Zugedeckt bei schwacher bis mittlerer Hitze in etwa 10 Minuten fertig backen. Mit Basilikum garnieren.

tipp

Mit gekochten Nudeln vom Vortag gelingt die Pasta-Pizza noch schneller.

Zubereitungszeit ca. 40 min

Herzhafte Weißkohl-Hackfleisch-Pfanne

Pro Portion (bei 3 Port.): 2460 kJ/587 kcal, 26 g E, 35 g F, 43 g KH

Zutaten für 2–3 Portionen:

500 g Weißkohl
200 g Hackfleisch
1 EL Öl
Salz, Pfeffer
1/2 TL Edelsüß-Paprika
1 Beutel KNORR Fix für Tomaten-Bolognese
1/2 Bund Dill

1. Weißkohl putzen, waschen und in Streifen schneiden. Hackfleisch in heißem Öl rundum krümelig anbraten. Kohlstreifen dazugeben und kurz mitbraten. Mit Salz, Pfeffer und Paprikapulver würzen.
2. 300 Milliliter kaltes Wasser dazugießen, Fix für Tomaten-Bolognese einrühren und unter Rühren aufkochen. Zugedeckt bei schwacher Hitze 15 Minuten garen.
3. Dill waschen, fein schneiden und die Kohl-Hackfleisch-Pfanne damit bestreuen.

tipp

Zum Schluss gekochte, gewürfelte Kartoffeln mit in die Pfanne geben.

Zubereitungszeit ca. 30 min

Bolognese-Wraps

Pro Portion (bei 2 Port.): 21605 kJ/516 kcal, 28 g E, 27 g F, 40 g KH

Zutaten für 2–3 Portionen:

1 kleine Zwiebel
1 rote Paprikaschote
2 Scheiben Parmaschinken
200 g Hackfleisch
2 EL Öl
1 Beutel KNORR Fix für Tomaten-Bolognese
2–3 Weizentortillas (Fertigprodukt)
2–3 Blätter Eisbergsalat

tipp

Tortillas schmecken frisch, wenn man sie ohne Fett in einer heißen, beschichteten Pfanne von jeder Seite etwa 1/2 Minute backt.

1. Zwiebel abziehen, Paprikaschote waschen, halbieren, entkernen und beide Gemüse in Ringe schneiden. Schinken in Streifen schneiden.
2. Hackfleisch in heißem Öl krümelig braten, 200 Milliliter kaltes Wasser dazugießen. Fix für Tomaten-Bolognese einrühren und unter Rühren aufkochen. Zugedeckt bei schwacher Hitze 5 Minuten kochen.
3. Tortillas aufbacken. Mit Salatblättern, Zwiebeln, Paprikaringen und Schinken belegen. Bolognese darauf verteilen und aufrollen. Vor dem Servieren die Wraps schräg durchschneiden.

Zubereitungszeit ca. 50 min

Gefülltes Baguette

Pro Portion (bei 3 Port.): 1765 kJ/421 kcal, 22 g E, 19 g F, 40 g KH

Zutaten für 2–3 Portionen:

200 g Hackfleisch
1 Beutel KNORR Fix für Tomaten-Bolognese
1 Ei
1 gelbe Paprikaschote
3–4 schwarze Oliven ohne Stein
60 g TK-Erbsen
2 EL Crème fraîche
3 Baguettebrötchen

1. Hackfleisch mit Fix für Tomaten-Bolognese und Ei vermischen. Paprikaschote waschen, halbieren, entkernen und würfeln. Oliven klein schneiden. Paprikawürfel und Oliven zusammen mit den unaufgetauten Erbsen und Crème fraîche unter die Hackfleischmasse mischen.
2. Von den Baguettebrötchen Deckel abschneiden und die Brötchen aushöhlen. Hackfleischmasse einfüllen und die Deckel wieder aufsetzen.
3. Brötchen in Alufolie wickeln und im vorgeheizten Backofen bei 175 °C (Gas Stufe 2, Umluft 150 °C) etwa 30 Minuten garen. Schmeckt heiß und kalt.

Dazu passt Chilisauce.

tipp

Gefülltes Baguette als Proviant auf Reisen mitnehmen.

Zubereitungszeit ca. 45 min

Makkaroni-Gratin

Pro Portion (bei 3 Port.): 2460 kJ/587 kcal, 26 g E, 35 g F, 43 g KH

Zutaten für 2–3 Portionen:

150 Makkaroni
Salz
2 grobe ungebrühte Bratwürste (ca. 250 g)
2 EL Öl
1 Beutel KNORR Fix für Tomaten-Bolognese
50 g geriebener Käse (z.B. Edamer)

1. Makkaroni in reichlich Salzwasser bissfest garen und in einem Sieb abgießen. Nudeln in eine gefettete Auflaufform geben.
2. Aus den Bratwürsten kleine Klöße herausdrücken und in heißem Öl rundherum braun anbraten. 300 Milliliter kaltes Wasser dazugießen, Fix für Tomaten-Bolognese einrühren und unter Rühren aufkochen. Die Sauce auf die Nudeln geben und alles mit Käse bestreuen.
3. Im vorgeheizten Backofen bei 200 °C (Gas Stufe 3, Umluft 175 °C) etwa 20 Minuten garen.

tipp

50 Gramm TK-Erbsen oder Maiskörner aus der Dose untermischen.

Zubereitungszeit ca. 30 min

Hackbällchen-Curry

Pro Portion (bei 3 Port.): 1495 kJ/357 kcal, 18 g E, 27 g F, 11 g KH

Zutaten für 2–3 Portionen:

250 g Schweinehack
1–2 EL gemahlene Mandeln
1 TL fein gehackter frischer Ingwer
Salz, Pfeffer
1–2 TL Currypulver
2 EL Öl
1 große Möhre
1 Beutel KNORR Fix für Tomaten-Bolognese
1 Msp. Kreuzkümmel
Koriander oder Petersilie

1. Schweinehack mit Mandeln, Ingwer, Salz, Pfeffer und Currypulver gut vermischen. Walnussgroße Bällchen formen und in heißem Öl rundherum anbraten.
2. Die Möhre schälen und der Länge nach zuerst in Scheiben, dann in Streifen schneiden. Zu den Hackbällchen geben und mitdünsten. 300 Milliliter kaltes Wasser dazugießen, Fix für Tomaten-Bolognese einrühren und unter Rühren aufkochen. Zugedeckt bei schwacher Hitze etwa 5 Minuten kochen.
3. Sauce mit Kreuzkümmel abschmecken. Mit Koriander- oder Petersilienblättchen bestreuen.

Dazu passt Basmati-Reis.

Zubereitungszeit ca. 30 min

Bologenese auf Rösti

Pro Portion (bei 2 Port.): 2815 kJ/672 kcal, 34 g E, 37 g F, 50 g KH

Zutaten für 2–3 Portionen:

250 g Kürbis (ersatzweise Möhren)
250 g Kartoffeln
2 Eier
5 EL Mehl
Salz, Pfeffer
4 EL Olivenöl
200 g Hackfleisch
1 Beutel KNORR Fix für Tomaten-Bolognese
1 EL Aceto balsamico (Balsamessig)
1 rote Zwiebel
1/2 Bund Schnittlauch

1. Kürbis und Kartoffeln schälen und grob raspeln. Eier und Mehl untermischen, mit Salz und Pfeffer würzen. Etwas Öl in einer großen Pfanne erhitzen und flache Rösti von etwa 5 Zentimeter Durchmesser braten.
2. Hackfleisch in heißem Olivenöl krümelig braten. 300 Milliliter kaltes Wasser dazugießen, Fix für Tomaten-Bolognese einrühren und unter Rühren aufkochen. Zugedeckt bei schwacher Hitze 5 Minuten kochen. Die Bolognese mit Aceto balsamico würzen.
3. Zwiebel abziehen und würfeln. Rösti mit Bolognese anrichten, mit Zwiebelwürfeln und Schnittlauch bestreuen.

Zubereitungszeit ca. 20 min

Hacksauce süß-sauer

Pro Portion (bei 3 Port.): 1710 kJ/408 kcal, 21 g E, 20 g F, 36 g KH

Zutaten für 2–3 Portionen:

100 g Mie-Nudeln (asiatische Instant-Nudeln)

1 Möhre

200 g Hackfleisch

2 EL Öl

1 Beutel KNORR Fix für Tomaten-Bolognese

50 g Sojasprossen, frisch, aus dem Glas oder aus der Dose

1/2 TL Zucker

2–3 EL Limettensaft

3–4 EL Sojasauce

2 Msp. Sambal oelek (scharfe Gewürzpaste)

1 EL Petersilienblättchen

1. Nudeln in kochendes Wasser geben, vom Herd nehmen und nach 4 Minuten in einem Sieb abgießen.
2. Möhre schälen und in Streifen schneiden. Hackfleisch in heißem Öl krümelig braten. 300 Milliliter Wasser dazugießen, aufkochen und Fix für Tomaten-Bolognese einrühren. Möhrenstreifen zufügen. Zugedeckt bei schwacher Hitze 5 Minuten kochen. Sojasprossen untermischen.
3. Sauce mit Zucker, Limettensaft, Sojasauce und Sambal oelek abschmecken. Nudeln mit Sauce mischen und mit Petersilie bestreuen.

tipp

Mie-Nudeln müssen nicht kochen. Einfach ins Kochwasser geben, einige Minuten warten, umrühren und abgießen.

10 Rezept-Ideen

Fix für Tomaten-Mozzarella-Schnitzel

Erfolgsrezepte
nach italienischer Art

Zubereitungszeit ca. 40 min

Scharfe Putenspieße

Pro Portion (bei 3 Port.): 1299 kJ/311 kcal, 31 g E, 12 g F, 11 g KH

1. Putenbrustfilet in etwa 2 Zentimeter große Würfel schneiden. Zucchini waschen und in etwa 1 1/2 Zentimeter dicke Scheiben schneiden. Fleischwürfel und Zucchinischeiben abwechselnd auf Holzspieße stecken. Mit 1 Esslöffel Olivenöl bestreichen. Die Spieße im restlichen Olivenöl rundherum etwa 15 Minuten braten und warm stellen.
2. Zwiebel und Knoblauch abziehen und fein würfeln. Pfeffer hacken. Alles im restlichen Bratfett andünsten. Mit Wein ablöschen. Tomatenstücke zugeben, Fix für Tomaten-Mozzarella-Schnitzel einrühren und aufkochen. Bei schwacher Hitze etwa 5 Minuten garen.
3. Petersilie unterrühren. Sauce mit Senf, Salz, Zucker und Tabasco abschmecken.

Zutaten für 2–3 Portionen:

- 350 g Putenbrustfilet
- 1 Zucchini
- 3 EL Olivenöl
- 1 Zwiebel
- 1–2 Knoblauchzehen
- 1 EL eingelegter grüner Pfeffer
- 100 ml Weißwein
- 400 g Tomatenstücke aus der Dose
- 1 Beutel KNORR Fix für Tomaten-Mozzarella-Schnitzel
- 2 EL gehackte Petersilie
- 1/2 TL Senf
- Salz, 1 Prise Zucker
- Tabasco

Zubereitungszeit ca. 30 min

Italienische Hacksauce

Pro Portion (bei 3 Port.): 1354 kJ/324 kcal, 29 g E, 14 g F, 19 g KH

1. Speck fein würfeln, in 1/2 Esslöffel heißem Öl knusprig ausbraten und herausnehmen. Hackfleisch im Bratfett krümelig braten und ebenfalls herausnehmen.
2. Suppengrün putzen, waschen, würfeln und im restlichen, heißen Öl anbraten. Tomatenstücke zugeben, 150 Milliliter Wasser zugießen, Fix für Tomaten-Mozzarella-Schnitzel einrühren. Zugedeckt bei schwacher Hitze etwa 5 Minuten garen.
3. Champignons putzen und in sehr feine Scheiben schneiden. Champignons, Speck und Hackfleisch in die Sauce geben und kurz erhitzen. Basilikum unterrühren. Die Sauce mit Zitronensaft und abgeriebene Zitronenschale, Salz, Pfeffer und Zucker abschmecken.

Zutaten für 3–4 Portionen:

- 50 g durchwachsener Speck
- 1 1/2 EL Öl
- 300 g Hackfleisch
- 1 Bund Suppengrün
- 400 g Tomatenstücke aus der Dose
- 1 Beutel KNORR Fix für Tomaten-Mozzarella-Schnitzel
- 100 g Champignons
- 2 EL fein geschnittenes Basilikum
- Saft und Schale von 1/2 unbeh. Zitrone
- Salz, Pfeffer
- 1 Prise Zucker

Zubereitungszeit ca. 35 min

Seelachs mit Paprika-Tomaten-Gemüse

Pro Portion (bei 3 Port.): 1532 kJ/366 kcal, 35 g E, 15 g F, 21 g KH

Zutaten für 2–3 Portionen:

1 Beutel KNORR Fix für Tomaten-Mozzarella-Schnitzel

680 g Paprikagemüse in Tomatensauce aus der Dose

450 g Seelachsfilet (frisch oder TK, aufgetaut)

Salz

2 Scheiben Toastbrot

1–2 EL Butter oder Margarine

etwas Petersilie

1. Fix für Tomaten-Mozzarella-Schnitzel mit Paprikagemüse verrühren und in eine flache Auflaufform geben. Seelachs leicht salzen und auf das Paprikagemüse setzen.
2. Toastbrot entrinden, in kleine Würfel schneiden, mit zerlassenem Fett mischen und auf die Fischfilets verteilen.
3. Im vorgeheizten Backofen bei 200 °C (Gas Stufe 3, Umluft 175 °C) etwa 25 Minuten garen. Mit Petersilienblättchen garnieren.

tipp

Das Gemüse mit frischem Thymian würzen.

Zubereitungszeit ca. 45 min

Hähnchenkeulen mit Ananas-Chili

Pro Portion: 1641 kJ/393 kcal, 23 g E, 21 g F, 26 g KH

Zutaten für 4 Portionen:

4 Hähnchenkeulen (frisch oder TK, aufgetaut)

Salz, Pfeffer

3 EL Öl

1 Ananas

1 Zwiebel

1–2 rote Chilischoten

400 g Tomatenstücke aus der Dose

1 Beutel KNORR Fix für Tomaten-Mozzarella-Schnitzel

1 TL Honig

Zitronensaft

1. Hähnchenkeulen mit Salz und Pfeffer bestreuen. In 2 Esslöffel heißem Öl rundum anbraten und im vorgeheizten Backofen bei 200 °C (Gas Stufe 3, Umluft 175 °C) etwa 30 Minuten garen.

2. Inzwischen die Ananas schälen, längs vierteln und den harten Strunk herausschneiden, Fruchtfleisch klein schneiden. Zwiebel abziehen und in feine Würfel schneiden. Chilischoten putzen, waschen und fein schneiden.

3. Zwiebel im restlichen, heißen Öl andünsten, Ananasstücke und Chili zugeben und mitbraten. Tomatenstücke und 50 Milliliter Wasser zugeben, Fix für Tomaten-Mozzarella-Schnitzel einrühren und aufkochen. Bei schwacher Hitze 1 bis 2 Minuten kochen. Mit etwas Honig und einem Spritzer Zitronensaft abschmecken. Hähnchenkeulen mit dem Ananas-Chili servieren.

Dazu passt Reis.

tipp

Keinen Honig im Hause? Dann mit Zucker oder flüssigem Süßstoff abschmecken.

Zubereitungszeit ca. 45 min

Ravioli-Broccoli-Gratin

Pro Portion (bei 3 Port.): 2125 kJ/508 kcal, 19 g E, 36 g F, 27 g KH

Zutaten für 2–3 Portionen:

250 g frische Ravioli aus dem Kühlregal

Salz

300 g Broccoli

Pfeffer

400 g Tomatenstücke aus der Dose

150 ml Schlagsahne

1 Beutel KNORR Fix für Tomaten-Mozzarella-Schnitzel

125 g Mozzarella

tipp

Anstelle von Ravioli Maultaschen verwenden.

1. Ravioli in Salzwasser aufkochen und abgießen. Broccoli putzen, waschen und in Röschen teilen. In kochendem Salzwasser 1 bis 2 Minuten garen und abtropfen lassen.
2. Ravioli und Broccoli in eine flache Auflaufform schichten. Mit Pfeffer bestreuen. Tomatenstücke und Sahne mit Fix für Tomaten-Mozzarella-Schnitzel verrühren und über Nudeln und Gemüse gießen.
3. Mozzarella in Würfel schneiden und darüber geben. Im vorgeheizten Backofen bei 200 °C (Gas Stufe 3, Umluft 175 °C) etwa 25 Minuten garen.

Zubereitungszeit ca. 50 min

Überbackener Blumenkohl

Pro Portion (bei 3 Port.): 1005 kJ/240 kcal, 13 g E, 13 g F, 16 g KH

1. Blumenkohl putzen, waschen und in Röschen teilen. In Salzwasser etwa 10 Minuten garen und abtropfen lassen.
2. Zwiebel abziehen, fein würfeln und in Öl andünsten. Tomatenstücke und 100 Milliliter Wasser zugeben, Fix für Tomaten-Mozzarella-Schnitzel einrühren und aufkochen lassen. Kapern und Oliven zur Tomatensauce geben.
3. Etwas Sauce in eine flache Auflaufform geben. Blumenkohl darauf verteilen und mit der restlichen Tomatensauce bedecken. Mit Käse bestreuen und im vorgeheizten Backofen bei 200 °C (Gas Stufe 3, Umluft 175 °C) etwa 25 Minuten backen.

Zutaten für 2–3 Portionen:

1 Blumenkohl (ca. 1 kg)
Salz
1 Zwiebel, 1 EL Öl
400 g Tomatenstücke aus der Dose
1 Beutel KNORR Fix für Tomaten-Mozzarella-Schnitzel
2 EL Kapern
2 EL schwarze Oliven in Scheiben
50 g geriebener Käse

tipp

Auflauf vorm Backen mit Pinienkernen oder gehackten Mandeln bestreuen.

Zubereitungszeit ca. 1 h 10 min

Steaks mit Salsa

Pro Portion (bei 3 Port.): 2605 kJ/623 kcal, 43 g E, 45 g F, 11 g KH

1. Knoblauchzehen abziehen und fein hacken. Mit Sambal oelek und 3 Esslöffel Olivenöl verrühren. Steaks mit der Marinade bestreichen und mindestens 1 Stunde ziehen lassen.
2. Zwiebel abziehen, fein würfeln und in 1 Esslöffel heißem Olivenöl glasig dünsten. Paprikaschote waschen, halbieren, entkernen und fein würfeln. Zu den Zwiebelwürfeln geben und kurz mitdünsten. Tomatenstücke zugeben, Fix für Tomaten-Mozzarella-Schnitzel einrühren und aufkochen. Aceto balsamico, restliches Olivenöl und Petersilie unterrühren.
3. Steaks abtupfen. Bei mittlerer Hitze von jeder Seite etwa 5 Minuten grillen oder in der Pfanne braten. Dazu: abgekühlte Tomatensalsa.

Zutaten für 2–3 Portionen:

1–2 Knoblauchzehen
1 TL Sambal oelek
5 EL Olivenöl
2–3 Schweinenacken-steaks à 200 g
1 Zwiebel
1 grüne Paprikaschote
400 g Tomatenstücke aus der Dose
1 Beutel KNORR Fix für Tomaten-Mozzarella-Schnitzel
2–3 EL Aceto balsamico (Balsamessig)
2 EL gehackte Petersilie

Zubereitungszeit ca. 60 min

Kartoffelpizza

Pro Portion (bei 3 Port.): 2226 kJ/529 kcal, 20 g E, 16 g F, 75 g KH

Zutaten für 2–3 Portionen:

750 g Kartoffelknödelteig aus dem Kühlregal
400 g Tomatenstücke aus der Dose
1 Beutel KNORR Fix für Tomaten-Mozzarella-Schnitzel
1 Zwiebel
1 EL Öl
300 g Champignons
50 g Schinkenwürfel
100 g geriebener Gouda
evtl. 1 EL Schnittlauchröllchen

1. Knödelteig in eine gefettete Pizza- oder Springform von 26 Zentimeter Durchmesser drücken und glatt streichen.
2. Tomatenstücke mit Fix für Tomaten-Mozzarella-Schnitzel verrühren und auf den Pizzaboden geben. Zwiebel abziehen, in feine Ringe schneiden und in heißem Öl andünsten. Champignons putzen, in Scheiben schneiden, zugeben und kräftig anbraten. Schinkenwürfel unterrühren und alles auf der Pizza verteilen. Zum Schluss Gouda darüber streuen.
3. Die Pizza im vorgeheizten Backofen bei 200 °C (Gas Stufe 3, Umluft 175 °C) etwa 45 Minuten backen. Nach Belieben mit Schnittlauchröllchen bestreuen.

Zubereitungszeit ca. 40 min

Tortilla-Spinat-Gratin

Pro Portion (bei 3 Port.): 2594 kJ/619 kcal, 29 g E, 70 g F, 24 g KH

Zutaten für 2–3 Portionen:

1 Zwiebel
1 Knoblauchzehe
1 EL Öl
450 g TK-Blattspinat
100 g Magerquark
100 g geriebener Emmentaler
Pfeffer, Salz, Muskat
400 g Tomatenstücke aus der Dose
1 Beutel KNORR Fix für Tomaten-Mozzarella-Schnitzel
5–6 Weizentortillas (Fertigprodukt)

1. Zwiebel und Knoblauchzehe abziehen, fein würfeln und in heißem Öl glasig dünsten. Gefrorenen Blattspinat zugeben, auftauen und garen. Quark und die Hälfte des Emmentalers unterrühren. Mit Pfeffer, Salz und Muskat würzen.
2. Tomatenstücke mit Fix für Tomaten-Mozzarella-Schnitzel verrühren. Weizentortillas damit bestreichen. Spinatfüllung darauf verteilen und aufrollen. Tortillas in der Mitte schräg durchschneiden. Die Rollen in eine flache Auflaufform schichten und mit dem restlichen Käse bestreuen.
3. Im vorgeheizten Backofen bei 200 °C (Gas Stufe 3, Umluft 175 °C) etwa 20 Minuten überbacken.

Zubereitungszeit ca. 30 min

Zucchini-Käse-Gratin

Pro Portion (bei 3 Port.): 1076 kJ/257 kcal, 15 g E, 17 g F, 10 g KH

Zutaten für 2–3 Portionen:

1 Zucchini (ca. 200 g)

200 g Schafskäse

400 g Tomatenstücke aus der Dose

1 Beutel KNORR Fix für Tomaten-Mozzarella-Schnitzel

1–2 EL Olivenöl

1. Zucchini waschen und in dünne Scheiben schneiden. Schafskäse in dünne Scheiben schneiden.
2. Tomatenstücke mit Fix für Tomaten-Mozzarella-Schnitzel verrühren und in eine flache Auflaufform geben. Zucchini- und Schafskäsescheiben abwechselnd dachziegelartig in die Form schichten. Mit Olivenöl beträufeln.
3. Im vorgeheizten Backofen bei 200 °C (Gas Stufe 3, Umluft 175 °C) etwa 20 Minuten überbacken.

Dazu passen Nudeln oder Kartoffeln.

tipp

Zucchini durch knapp gegarte, in schräge Scheiben geschnittene Möhren ersetzen.

10 Rezept-Ideen

Fix für knuspriges Wiener Schnitzel

Dacapo für einen Klassiker

Zubereitungszeit ca. 20 min

Blumenkohl mit Böseln

Pro Portion: 1365 kJ/326 kcal, 10 g E, 23 g F, 22 g KH

1. Blumenkohl putzen, in Röschen teilen und waschen. In kochendem Salzwasser etwa 10 Minuten garen, abtropfen lassen und in eine Servierschüssel geben.
2. Das Fett in einer Pfanne zerlassen. Fix für knuspriges Wiener Schnitzel dazugeben und bei mittlerer Hitze unter Rühren bräunen. Die Brösel auf dem Blumenkohl verteilen.

Dazu passen Rühreier oder Frikadellen und Kartoffelpüree.

Zutaten für 4 Portionen:

1 Blumenkohl (ca. 1 kg)

Salz

100 g Butter oder Margarine

1 Beutel KNORR Fix für knuspriges Wiener Schnitzel

tipp

Sie können auch Rosenkohl und Broccoli nach diesem Rezept zubereiten.

Zubereitungszeit ca. 25 min

Knuspriges Cordon bleu

Pro Portion: 2360 kJ/562 kcal, 57 g E, 27 g F, 23 g KH

1. Schnitzel flach klopfen, mit je 1 Scheibe Schinken und Käse belegen, zusammenklappen und mit Spießchen zustecken.
2. Fix für knuspriges Wiener Schnitzel auf einen flachen Teller geben. Schnitzel gut mit kaltem Wasser befeuchten. In die Panade legen, gut andrücken, wenden und wieder fest andrücken. Cordon bleu in einer Pfanne in heißem Öl bei mittlerer Hitze von beiden Seiten 5 bis 8 Minuten goldbraun braten.
3. Tomaten waschen und in Scheiben schneiden. Zwiebel abziehen und in feine Ringe schneiden. Tomaten und Zwiebel mit Salz und Pfeffer würzen und auf 3 Teller verteilen. Die Schnitzel darauf anrichten und mit Kräutern garnieren.

Zutaten für 3 Portionen:

3 Kalbs- oder Schweineschnitzel à 150 g

3 Scheiben gekochter Schinken

3 Scheiben Emmentaler

1 Beutel KNORR Fix für knuspriges Wiener Schnitzel

3–4 EL Öl

250 g kleine Tomaten

1 Zwiebel

Salz, Pfeffer

Kräuter zum Garnieren

Zubereitungszeit ca. 35 min

Ofenschnitzel mit Kräuterkruste

Pro Portion (bei 3 Port.): 2280 kJ/544 kcal, 37 g E, 35 g F, 21 g KH

Zutaten für 3–4 Portionen:

1 Beutel KNORR Fix für knuspriges Wiener Schnitzel

2 Knoblauchzehen

80 g weiche Margarine

1–2 TL Kräuter der Provence

3–4 Schweine- oder Putenschnitzel à 150 g

2–3 EL Öl

Kräuter zum Garnieren

1. Fix für knuspriges Wiener Schnitzel mit 8 Esslöffel Wasser verrühren. Knoblauchzehen abziehen, zerdrücken und zusammen mit der Margarine und den Provence-Kräutern untermischen.
2. Die Schnitzel zuerst in heißem Öl anbraten, dann mit der Kräuterpaste bestreichen. Schnitzel in eine gefettete Auflaufform legen und im vorgeheizten Backofen bei 250 °C (Gas Stufe 5, Umluft 225 °C) 15 bis 20 Minuten überbacken. Mit Kräutern garnieren.

Dazu: kleine in Olivenöl gebratene Pellkartoffeln und Salat.

tipp

Schweinekoteletts nach diesem Rezept mit einer Kräuterkruste zubereiten.

Zubereitungszeit ca. 25 min

Hähnchenbrustfilet mit Sesamkruste

Pro Portion (bei 3 Port.): 1630 kJ/390 kcal, 42 g E, 16 g F, 21 g KH

Zutaten für 3–4 Portionen:

1 Beutel KNORR Fix für knuspriges Wiener Schnitzel

2 EL Sesamsaat

3–4 Hähnchenbrustfilets à 150 g

3–4 EL Öl

2 EL Mayonnaise

1 EL Magerquark

2 TL Senf

Honig, Salz, Pfeffer

1. Fix für knuspriges Wiener Schnitzel mit Sesam auf einen flachen Teller geben und vermischen.
2. Hähnchenbrustfilets mit kaltem Wasser gut befeuchten. Das Fleisch in die Panade legen, fest andrücken, wenden und wieder andrücken.
3. In einer Pfanne in heißem Öl anbraten und bei mittlerer Hitze von jeder Seite etwa 5 bis 8 Minuten goldbraun braten. Mayonnaise mit Quark und Senf verrühren. Mit Honig, Salz und Pfeffer kräftig würzen.

tipp

Statt mit Sesam können Sie das Rezept auch mit geriebenem Parmesan, mit Röstzwiebeln oder Mandelblättchen zubereiten.

Zubereitungszeit ca. 20 min

Paniertes Fischfilet

Pro Portion: 1900 kJ/454 kcal, 41 g E, 24 g F, 19 g KH

Zutaten für 4 Portionen:

3 EL Zitronensaft

800 g Fischfilet (z.B. Seelachs oder Kabeljau)

1 Beutel KNORR Fix für knuspriges Wiener Schnitzel

3–4 EL Öl

Zitronenspalten zum Garnieren

4 EL Remouladensauce

tipp

Durch die knusprige Hülle bleibt das Fischfilet schön saftig.

1. 200 Milliliter kaltes Wasser mit Zitronensaft verrühren. Fischfilet in Portionsstücke schneiden und mit dem Zitronenwasser befeuchten.
2. Fix für knuspriges Wiener Schnitzel auf einen flachen Teller geben. Fischfilet in die Panade legen, gut andrücken, wenden und wieder gut andrücken.
3. In einer Pfanne in heißem Öl anbraten und bei mittlerer Hitze von beiden Seiten goldbraun braten. Den Fisch mit Zitronenspalten und Remouladensauce anrichten.

Zubereitungszeit ca. 25 min

Schnitzel mit Senfkruste

Pro Portion (bei 2 Port.): 2100 kJ/501 kcal, 42 g E, 23 g F, 33 g KH

Zutaten für 2–3 Portionen:

2 EL gehackter Kerbel oder Petersilie

2 EL Dijon-Senf

50 g Naturjoghurt

2–3 Kalbs-, Schweine- oder Putenschnitzel à 150 g

1 Beutel KNORR Fix für knuspriges Wiener Schnitzel

3–4 EL Öl

1. Kräuter mit Senf und Joghurt verrühren. Die Schnitzel in Mehl wenden und mit der Senf-Joghurt-Mischung bestreichen.
2. Fix für knuspriges Wiener Schnitzel auf einen flachen Teller geben. Schnitzel in die Panade legen, gut andrücken, wenden und wieder gut andrücken.
3. In einer Pfanne in heißem Öl bei mittlerer Hitze von beiden Seiten 5 bis 8 Minuten goldbraun braten.

Dazu: Kartoffelsalat.

Zubereitungszeit ca. 35 min

Hähnchen »China-Art«

Pro Portion: 1625 kJ/388 kcal, 40 g E, 12 g F, 29 g KH

Zutaten für 4 Portionen:

170 g Ananasscheiben aus der Dose

4 EL Öl

1 EL Sojasauce

1 EL Sherry

Ingwerpulver

Currypulver

4 Hähnchenbrustfilets à 150 g

1 Beutel KNORR Fix für knuspriges Wiener Schnitzel

1. Ananasscheiben in dünne Stifte schneiden und in 1 Esslöffel Öl anbraten. Sojasauce und Sherry dazugeben und mit Ingwer- und Currypulver abschmecken.
2. In die Hähnchenbrustfilets der Länge nach eine Tasche schneiden, die gewürzten Ananasstifte hineingeben und mit Holzspießchen zustecken.
3. Fix für knuspriges Wiener Schnitzel auf einen flachen Teller geben. Fleisch gut mit kaltem Wasser befeuchten. In die Panade legen, fest andrücken, wenden und wieder gut andrücken.
4. In einer Pfanne in restlichem, heißem Öl bei mittlerer Hitze von jeder Seite etwa 5 Minuten goldbraun braten.

Dazu passen gebratene Mungobohnensprossen und Reis.

tipp

Die Füllung zusätzlich mit geriebenen Möhren verfeinern.

Zubereitungszeit ca. 30 min

Gemüsebratlinge

Pro Portion (bei 2 Port.): 1605 kJ/381 kcal, 18 g E, 18 g F, 38 g KH

Zutaten für 2–3 Portionen:

1 Bund Suppengrün (ca. 400 g)

200 g Zucchini

2 Eier

1 Beutel KNORR Fix für knuspriges Wiener Schnitzel

2–3 EL Öl

tipp

Die Bratlinge auf frischen Sprossen anrichten.

1. Suppengrün und Zucchini waschen, putzen und fein raspeln.
2. Das zerkleinerte Gemüse mit den Eiern und Fix für knuspriges Wiener Schnitzel vermischen.
3. Öl in einer beschichteten Pfanne erhitzen. Gemüsemasse esslöffelweise hineingeben, etwas flach drücken. Von beiden Seiten etwa 8 Minuten braun braten.

Dazu schmeckt Tsatsiki oder Mayonnaise.

Zubereitungszeit ca. 40 min

Gemüse-Kroketten

Pro Stück: 304 kJ/92 kcal, 2 g E, 2 g F, 13 g KH

Zutaten für 20 Stück:

100 g Möhren

100 g Zucchini

1 Packung PFANNI Kartoffel-Teig »Der Vielseitige«

Salz, Pfeffer, Muskat

1 Beutel KNORR Fix für knuspriges Wiener Schnitzel

3–4 EL Öl

glatte Petersilie zum Garnieren

tipp

Für Vegetarier mit gemischtem Salat anrichten.

1. Möhren und Zucchini waschen, putzen und fein raspeln. Kartoffelteig in 1/2 Liter (500 Milliliter) kaltes Wasser rühren. Die Möhren- und Zucchiniraspel dazugeben und mit Salz, Pfeffer und Muskat würzen. 10 Minuten quellen lassen.
2. Aus dem Teig mit angefeuchteten Händen 20 Kroketten formen. Fix für knuspriges Wiener Schnitzel auf einen flachen Teller geben. Kroketten mit Wasser befeuchten und in der Panade wälzen.
3. Kroketten in einer Pfanne in heißem Öl bei mittlerer Hitze in 5 bis 8 Minuten von allen Seiten goldbraun braten. Mit Petersilienblättchen garnieren.

Zubereitungszeit ca. 35 min

Sesam-Käse-Häppchen

Pro Portion (bei 3 Port.): 3010 kJ/717 kcal, 48 g E, 50 g F, 21 g KH

Zutaten für
2–3 Portionen:

700 g Weichkäse (z.B. Schafskäse, Ziegenkäse, Mozzarella)

1 Beutel KNORR Fix für knuspriges Wiener Schnitzel

2–3 EL Sesamsaat

3–4 EL Öl

1. Den Käse in kleine Stücke oder längliche Streifen schneiden. Fix für knuspriges Wiener Schnitzel mit Sesam auf einen flachen Teller geben und mischen.
2. Die Käsestücke gut mit kaltem Wasser befeuchten. Käse in die Panade legen, fest andrücken, wenden und wieder gut andrücken.
3. In einer Pfanne in heißem Öl bei mittlerer Hitze von beiden Seiten goldbraun braten.

tipp

Panierte Käsewürfel zusammen mit Trauben oder Cocktailtomaten auf Spießchen stecken.

10 Rezept-Ideen

Fix für Würstchen-Gulasch

Neue Ideen für mehr Abwechslung

Zubereitungszeit ca. 35 min

Kartoffel-Wurst-Pfanne

Pro Portion (bei 2 Port.): 2690 kJ/643 kcal, 19 g E, 47 g F, 35 g KH

1. Kartoffeln schälen, in kleine Würfel schneiden und in einer Pfanne in heißem Öl etwa 10 Minuten unter Wenden goldbraun braten. Debrecziner Würstchen in Scheiben schneiden, dazugeben und kurz mitbraten.
2. 1/4 Liter (250 Milliliter) kaltes Wasser dazugießen, Fix für Würstchen-Gulasch einrühren und unter Rühren aufkochen. Zugedeckt bei schwacher Hitze 5 Minuten garen. Vor dem Servieren Crème fraîche und Kräuter darauf verteilen.

Zutaten für 2–3 Portionen:

450 g Kartoffeln
2 EL Öl
200 g Debrecziner Würstchen
1 Beutel KNORR Fix für Würstchen-Gulasch
3 EL Crème fraîche
Kräuter zum Garnieren

tipp

Mit eingelegtem Kürbis oder Mixed Pickles servieren.

Zubereitungszeit ca. 60 min

Gefüllte Paprikaschoten

Pro Portion: 2135 kJ/511 kcal, 20 g E, 20 g F, 59 g KH

1. 150 Milliliter Wasser mit Salz aufkochen und über den Couscous gießen. 5 Minuten quellen lassen, Butter untermischen. Frühlingszwiebeln putzen, waschen und in Ringe schneiden. Oliven in kleine Stücke schneiden. Frühlingszwiebeln, Oliven und Käse unter den Couscous mischen. Mit Salz und Pfeffer würzen.
2. Paprikaschoten waschen, halbieren, entkernen und mit der Couscousmischung füllen. Fix für Würstchen-Gulasch mit den Pizza-Tomaten verrühren und die Mischung in eine große Auflaufform geben.
3. Gefüllte Paprikaschoten darauf setzen und im vorgeheizten Backofen bei 200 °C (Gas Stufe 3, Umluft 175 °C) etwa 45 Minuten garen, für die letzten 15 Minuten mit Alufolie abdecken.

Zutaten für 3 Portionen:

Salz
125 g Instant-Couscous
10 g Butter
1 Bund Frühlingszwiebeln
10 schwarze Oliven ohne Stein
100 g geriebener Käse
Salz, Pfeffer
3 große gelbe Paprikaschoten
1 Beutel KNORR Fix für Würstchen-Gulasch
400 g Pizza-Tomaten aus der Dose

Zubereitungszeit ca. 30 min

Geschnetzeltes mit Champignons

Pro Portion: 1270 kJ/304 kcal, 36 g E, 13 g F, 9 g KH

Zutaten für 2 Portionen:

300 g Champignons
2 EL Öl
250 g Putenbrustfilet
1 Beutel KNORR Fix für Würstchen-Gulasch
2 EL Crème fraîche
Kräuter zum Garnieren

1. Champignons putzen, in Scheiben schneiden und bei starker Hitze in heißem Öl braten. Aus der Pfanne nehmen und warm stellen.
2. Putenfleisch in Streifen schneiden und in der Pfanne anbraten. 1/4 Liter (250 Milliliter) Wasser zugießen, Fix für Würstchen-Gulasch einrühren, unter Rühren aufkochen und bei schwacher Hitze 2 Minuten kochen.
3. Champignons zum Fleisch in die Pfanne geben. Geschnetzeltes mit Crème fraîche verfeinern. Mit Kräutern garnieren.

tipp

1 geraspelte Möhre und 1 gewürfelte Zwiebel mit den Champignons anbraten.

Zubereitungszeit ca. 35 min

Gemüseragout mit Mettbällchen

Pro Portion: 1880 kJ/451 kcal, 22 g E, 34 g F, 13 g KH

Zutaten für 2 Portionen:

200 g Mett (gewürztes Schweinehack)

2–3 EL Öl

1 rote Paprikaschote

250 g Zucchini

1 Beutel KNORR Fix für Würstchen-Gulasch

Kräuter zum Garnieren

1. Mett zu 16 Bällchen formen, in heißem Öl rundherum braun braten, aus der Pfanne nehmen und warm stellen.
2. Die Paprikaschote waschen, halbieren, entkernen und in Würfel schneiden. Zucchini waschen, putzen und in Scheiben bzw. Stücke schneiden. Gemüse im Bratfett 3 Minuten dünsten.
3. 1/4 Liter (250 Milliliter) kaltes Wasser zum Gemüse gießen, Fix für Würstchen-Gulasch einrühren, unter Rühren aufkochen. Mettbällchen wieder dazugeben und bei schwacher Hitze 5 Minuten garen. Mit frischen Kräutern garnieren.

tipp

Jede Portion mit 1 Esslöffel Hüttenkäse oder 1 Klecks griechischem Joghurt servieren.

Zubereitungszeit ca. 45 min

Gemüse-Obst-Pfannkuchen

Pro Portion (bei 2 Port.): 2865 kJ/687 kcal, 22 g E, 25 g F, 92 g KH

Zutaten für 2–3 Portionen:

2 Eier
1/4 l (250 ml) Milch
1 Prise Salz
150 g Mehl
4 EL Öl
135 g Pfirsichspalten aus der Dose
150 g Möhren
1 Bund Frühlingszwiebeln
1 Beutel KNORR Fix für Würstchen-Gulasch
evtl. Crème fraîche

tipp

Noch schneller geht's, wenn Sie fertige Pfannkuchen aus dem Kühlregal nehmen.

1. Eier, Milch, Salz und Mehl zu einem Pfannkuchenteig verrühren. In einer beschichteten Pfanne in 3 Esslöffel heißem Öl nacheinander 3 Pfannkuchen backen und warm stellen.
2. Pfirsichspalten abtropfen lassen und halbieren. 50 Milliliter Saft auffangen. Möhren waschen, putzen und in dünne Scheiben, Frühlingszwiebeln putzen, waschen und in Ringe schneiden. Das Gemüse im restlichen Öl 3 bis 5 Minuten dünsten.
3. 150 Milliliter kaltes Wasser und Pfirsichsaft zum Gemüse gießen. Fix für Würstchen-Gulasch einrühren, aufkochen und zugedeckt bei schwacher Hitze 5 Minuten garen. Pfirsiche zugeben und in der Sauce erwärmen. Pfannkuchen damit füllen und nach Belieben mit 1 Klecks Crème fraîche servieren.

Zubereitungszeit ca. 25 min

Paprika-Hack-Pfanne

Pro Portion: 2070 kJ/495 kcal, 33 g E, 30 g F, 22 g KH

Zutaten für 2 Portionen:

1 gelbe Paprikaschote
250 g Hackfleisch
2 EL Öl
1 Beutel KNORR Fix für Würstchen-Gulasch
250 g Kidney-Bohnen aus der Dose
Chilipulver, Pfeffer
2 EL Schnittlauchröllchen

1. Paprikaschote waschen, halbieren, entkernen und würfeln. Zusammen mit dem Hackfleisch in heißem Öl unter Rühren anbraten.
2. 1/4 Liter (250 Milliliter) kaltes Wasser dazugießen, Fix für Würstchen-Gulasch einrühren und unter Rühren aufkochen. Abgetropfte Kidney-Bohnen zugeben und zugedeckt bei schwacher Hitze 5 Minuten garen.
3. Mit Chilipulver und Pfeffer abschmecken. Mit Schnittlauchröllchen bestreut servieren.

tipp

Wenn Sie es scharf mögen, verwenden Sie frische, in feine Streifen geschnittene Chilischote.

Zubereitungszeit ca. 25 min

Cabanossi-Gulasch

Pro Portion: 1570 kJ/376 kcal, 14 g E, 31 g F, 9 g KH

Zutaten für 2 Portionen:

150 g Cabanossi
1–2 EL Öl
1 Beutel KNORR Fix für Würstchen-Gulasch
285 g Sauerkraut aus der Dose
Kräuter zum Garnieren

1. Cabanossi in Scheiben schneiden und in heißem Öl anbraten.
2. 1/4 Liter (250 Milliliter) kaltes Wasser dazugießen, Fix für Würstchen-Gulasch einrühren, unter Rühren aufkochen.
3. Sauerkraut abtropfen lassen, mit 2 Gabeln auflockern und zum Würstchengulasch geben. Zugedeckt bei schwacher Hitze etwa 10 Minuten kochen. Mit Kräutern garniert anrichten.

tipp

Einen klein geschnittenen Apfel mitgaren.

Zubereitungszeit ca. 40 min

Hähnchenpfanne mit Reis

Pro Portion: 1985 kJ/476 kcal, 31 g E, 10 g F, 64 g KH

Zutaten für 2 Portionen:

125 g Reismischung (Langkorn- und Wildreis)

Salz

200 g Hähnchenbrustfilet

1 rote Zwiebel

2 EL Öl

1 Beutel KNORR Fix für Würstchen-Gulasch

tipp

Statt Reis Streifen von geröstetem und gebuttertem Roggenmischbrot dazu servieren.

1. Reis in 350 Milliliter kochendes Salzwasser geben und 15 bis 20 Minuten garen. Hähnchenbrustfilet in Streifen schneiden. Zwiebel abziehen und in feine Spalten schneiden. Fleisch und Zwiebelspalten in heißem Öl anbraten, aus der Pfanne nehmen und warm stellen.
2. 1/4 Liter (250 Milliliter) kaltes Wasser in die Pfanne zum Bratfett geben, Fix für Würstchen-Gulasch einrühren, unter Rühren aufkochen. Fleisch und Zwiebel dazugeben und bei schwacher Hitze etwa 3 Minuten kochen.
3. Reis abtropfen lassen und in gefettete, hohe Soufléeförmchen oder Tassen drücken. Zum Servieren je 1 Portion Reis auf einen Teller stürzen und mit der Hähnchenpfanne anrichten.

Besonders dekorativ: Ein Teil des Reises mit 1/4 Teelöffel Kurkuma garen.

Zubereitungszeit ca. 20 min

Spätzle mit Linsen

Pro Portion: 1360 kJ/325 kcal, 16 g E, 22 g F, 17 g KH

Zutaten für 3 Portionen:

200 g Spätzle

Salz

180 g Cocktail-Würstchen aus dem Glas

1–2 EL Öl

1 Beutel KNORR Fix für Würstchen-Gulasch

265 g Linsen aus der Dose

1/2 EL Essig

Zucker, Salz

1. Nudeln in kochendem Salzwasser bissfest garen und in einem Sieb abgießen. Würstchen abtropfen lassen und in heißem Öl anbraten.
2. 200 Milliliter kaltes Wasser dazugießen, Fix für Würstchen-Gulasch einrühren und aufkochen. Zugedeckt bei schwacher Hitze etwa 3 Minuten garen.
3. Linsen abtropfen lassen, dazugeben und 2 Minuten mitgaren. Linsenpfanne mit Essig, Zucker und Salz abschmecken. Die abgetropften Nudeln mit den Linsen anrichten.

Zubereitungszeit ca. 25 min

Putenpfanne mit Ananas

Pro Portion (bei 2 Port.): 2130 kJ/510 kcal, 34 g E, 25 g F, 36 g KH

Zutaten für 2–3 Portionen:

250 g Putenbrustfilet

2 EL Öl

100 ml Schlagsahne

1 Beutel KNORR Fix für Würstchen-Gulasch

1 TL Currypulver

260 g Ananasstücke aus der Dose

1. Putenfleisch würfeln und in heißem Öl goldbraun braten. Herausnehmen und warm stellen.
2. In 150 Milliliter kaltes Wasser und Sahne Fix für Würstchen-Gulasch einrühren, Currypulver zugeben und aufkochen. Zugedeckt bei schwacher Hitze etwa 4 Minuten kochen.
3. Ananasstücke abtropfen lassen, mit dem gebratenen Fleisch in die Pfanne geben und in der Sauce erwärmen.

tipp

Frische Ananas gibt es in einigen Supermärkten auch fertig geschält und gewürfelt.

10 Rezept-Ideen

Fix für Zucchini-Pfanne Toscana

Mit Raffinesse
und guten Ideen

Zubereitungszeit ca. 30 min

Schupfnudelpfanne

Pro Portion (bei 3 Port.): 1240 kJ/297 kcal, 9 g E, 15 g F, 31 g KH

Zutaten für 2–3 Portionen:

150 g Zucchini
500 g Schupfnudeln aus dem Kühlregal
3 EL Öl
1 Beutel KNORR Fix für Zucchini-Pfanne Toscana
1 EL fein geschnittenes Basilikum
geriebener Käse

1. Zucchini waschen, putzen und in Scheiben schneiden. Schupfnudeln in einer Pfanne in heißem Öl 5 Minuten anbraten. Zucchini zugeben, bei schwacher Hitze etwa 3 Minuten mitdünsten und aus der Pfanne nehmen.
2. 150 Milliliter kaltes Wasser in die Pfanne gießen, Fix für Zucchini-Pfanne Toscana einrühren und 1 Minute kochen lassen. Schupfnudeln in die Sauce geben und gut vermischen. Mit Basilikum und Käse bestreut servieren.

tipp

Statt Schupfnudeln können Sie auch frische Spätzle verwenden.

Zubereitungszeit ca. 35 min

Zucchini-Hack-Pfanne

Pro Portion (bei 2 Port.): 2450 kJ/587 kcal, 32 g E, 44 g F, 17 g KH

Zutaten für 2–3 Portionen:

1 Zwiebel
1 Knoblauchzehe
250 g Hackfleisch
Salz, Pfeffer
4 EL Öl
100 g Zucchini
250 g kleine Champignons
1 Beutel KNORR Fix für Zucchini-Pfanne Toscana

1. Zwiebel abziehen und würfeln. Knoblauch abziehen und zerdrücken. Hackfleisch mit Zwiebelwürfeln, Knoblauch, Salz und Pfeffer gut vermischen. 10 kleine Hackbällchen formen, rundherum in heißem Öl braun anbraten, herausnehmen und warm stellen.
2. Zucchini waschen, putzen und in Stifte schneiden, Champignons putzen und halbieren. Beides in der Pfanne in dem verbliebenen Öl kurz dünsten. 150 Milliliter kaltes Wasser dazugießen, Fix für Zucchini-Pfanne Toscana einrühren und bei schwacher Hitze 2 bis 3 Minuten kochen.
3. Hackbällchen in die Sauce geben und heiß werden lassen.

Zubereitungszeit ca. 35 min

Mexikanische Chili-Gemüsepfanne

Pro Portion: 685 kJ/164 kcal, 8 g E, 5 g F, 20 g KH

Zutaten für 3 Portionen:

100 g Möhren
100 g Lauch
1 rote Paprikaschote
2 EL Öl
1 Beutel KNORR Fix für Zucchini-Pfanne Toscana
265 g Kidney-Bohnen aus der Dose
Kreuzkümmel
Chilipulver

1. Möhren schälen und in Scheiben schneiden. Lauch putzen, waschen und in feine Ringe schneiden. Paprikaschote waschen, halbieren, entkernen und in Streifen schneiden. Alles in einer Pfanne in heißem Öl dünsten.
2. 200 Milliliter kaltes Wasser dazugießen, Fix für Zucchini-Pfanne Toscana einrühren und unter Rühren aufkochen. Zugedeckt bei schwacher Hitze 5 bis 10 Minuten garen, bei Bedarf etwas Wasser nachgießen.
3. Kidney-Bohnen abtropfen lassen, dazugeben und mit Kreuzkümmel und Chilipulver abschmecken.

tipp

Genießen Sie dazu ein mexikanisches Bier, stilecht serviert mit einem Limonenschnitz im Flaschenhals.

Zubereitungszeit ca. 60 min

Pikante Mini-Calzone mit Oliven

Pro Stück: 510 kJ/123 kcal, 4 g E, 7 g F, 12 g KH

Zutaten für 15 Stück:

1 Packung MONDAMIN Pizza-Teig

1 Scheibe roher Schinken (ca. 100 g)

1 Knoblauchzehe

20 schwarze Oliven ohne Stein

1 EL Öl

1 Beutel KNORR Fix für Zucchini-Pfanne Toscana

1 Ei

Kräuter zum Garnieren

1. Den Inhalt von 1 Beutel Pizza-Teig mit 1/8 Liter (125 Milliliter) lauwarmem Wasser verkneten. Teig ausrollen und mit einem Glas 30 Kreise ausstechen.
2. Schinken würfeln, Knoblauchzehe abziehen und fein hacken, Oliven in Scheiben schneiden. Alles zusammen in heißem Öl dünsten.
3. 100 Milliliter kaltes Wasser dazugießen, Fix für Zucchini-Pfanne Toscana einrühren und 1 Minute kochen. Den Belag auf die Mitte von 15 Kreisen verteilen.
4. Ei verquirlen und die Teigränder damit bestreichen. Restliche Teigkreise auflegen und mit einer Gabel darauf festdrücken. Im vorgeheizten Backofen bei 200 °C (Gas Stufe 3, Umluft 175 °C) 20 Minuten backen. Mit Kräutern garnieren.

tipp

Die kleinen Pizzen sind ideal als Partysnack. Sie schmecken heiß und kalt.

Zubereitungszeit ca. 25 min

Minestrone mit Nudeln

Pro Portion: 665 kJ/160 kcal, 5 g E, 5 g F, 22 g KH

Zutaten für 3 Portionen:

200 g TK-Suppengemüse
2 EL Öl
50 g Suppennudeln
1 Beutel KNORR Fix für Zucchini-Pfanne Toscana
Salz, Pfeffer
1–2 EL geriebener Käse
Kräuter zum Garnieren

tipp

Zum Servieren gießen Italiener gern etwas aromatisches Olivenöl auf die fertige Suppe.

1. Suppengemüse in einem Topf in heißem Öl andünsten. 600 Milliliter Wasser dazugießen, die Suppennudeln zugeben und zugedeckt bei schwacher Hitze 10 bis 15 Minuten garen.
2. Fix für Zucchini-Pfanne Toscana einrühren, unter Rühren aufkochen und 1 Minute kochen lassen.
3. Suppe mit Salz und Pfeffer abschmecken. Mit Käse bestreuen und mit Kräutern garnieren.

Zubereitungszeit ca. 40 min

Thunfisch-Zucchini-Pizza

Pro Portion: 3890 kJ/931 kcal, 37 g E, 47 g F, 88 g KH

1. Pizzateig auf ein mit Backpapier ausgelegtes Backblech legen.
2. Zucchini waschen, putzen, in Stifte schneiden und in einer Pfanne in heißem Öl kurz dünsten. 150 Milliliter kaltes Wasser dazugießen, Fix für Zucchini-Pfanne Toscana einrühren und 2 bis 3 Minuten bei schwacher Hitze kochen lassen.
3. Thunfisch abtropfen lassen und zusammen mit dem Zucchinigemüse und Käse auf dem Pizzaboden verteilen. Im vorgeheizten Backofen bei 225 °C (Gas Stufe 4, Umluft 200 °C) 20 bis 25 Minuten backen.

Zutaten für 2 Portionen:

1 runder Pizzateig aus dem Kühlregal

300 g Zucchini

2 EL Öl

1 Beutel KNORR Fix für Zucchini-Pfanne Toscana

150 g Thunfisch aus der Dose

50 g geriebener Käse

tipp

Aus dem Teig kleine Pizzen ausstechen und belegen.

Zubereitungszeit ca. 30 min

Bohnenpfanne »Toscana«

Pro Portion (bei 2 Port.): 1800 kJ/430 kcal, 51 g E, 16 g F, 7 g KH

1. Fleisch in Portionsstücke schneiden und in heißem Öl von jeder Seite 6 bis 8 Minuten braten. In der Pfanne warm halten.
2. Bohnen putzen, eventuell halbieren und in ungesalzenem Wasser 10 bis 15 Minuten kochen. In einem Sieb abgießen.
3. Fix für Zucchini-Pfanne Toscana in 150 Milliliter kaltes Wasser einrühren, aufkochen, Bohnen zufügen und 2 bis 3 Minuten garen. Mit den Schweinefilets anrichten.

Dazu passen Gnocchi oder Salzkartoffeln.

Zutaten für 2–3 Portionen:

400 g Schweinefilet

2 EL Öl

400 g grüne Bohnen

1 Beutel KNORR Fix für Zucchini-Pfanne Toscana

tipp

Dazu einen italienischen Barbaresco aus dem Piemont oder roten Cahors aus dem Südwesten Frankreichs.

Zubereitungszeit ca. 35 min

Zucchini-Toasties

Pro Portion (bei 3 Port.): 1315 kJ/314 kcal, 13 g E, 15 g F, 30 g KH

Zutaten für 2–3 Portionen:

400 g Zucchini
2 EL Öl
1 Beutel KNORR Fix für Zucchini-Pfanne Toscana
100 g Schafskäse
6 halbe Weizen-Toasties
1/2 Knoblauchzehe
1 EL Olivenöl

tipp

Toasties mit in feine Streifen geschnittenen Basilikumblättchen bestreuen.

1. Zucchini waschen, putzen, in Stifte schneiden und in einer Pfanne in heißem Öl kurz dünsten. 150 Milliliter kaltes Wasser dazugießen, Fix für Zucchini-Pfanne Toscana einrühren und 2 bis 3 Minuten bei schwacher Hitze kochen lassen. Unter Rühren so lange weiter kochen, bis die Sauce cremig-dickflüssig ist.
2. Schafskäse in Würfel schneiden und zugeben. Weizen-Toasties toasten. Knoblauchzehe abziehen und halbieren. Die Toasties damit einreiben und mit etwas Olivenöl beträufeln.
3. Zucchinigemüse auf den Toasties verteilen und warm als Snack servieren.

Zubereitungszeit ca. 60 min

Polentaplätzchen

Pro Portion (bei 3 Port.): 2250 kJ/537 kcal, 23 g E, 25 g F, 55 g KH

Zutaten für 3–4 Portionen:

150 g Polenta (Maisgrieß)
600 ml Milch
Salz
1 Prise Muskat
100 g geriebener Käse
1 Beutel KNORR Fix für Zucchini-Pfanne Toscana
2–3 EL Schlagsahne
Kräuter zum Garnieren

1. Polenta mit Milch, Salz und Muskat kochen. Etwa 10 Minuten bei schwacher Hitze quellen lassen, dabei mehrmals umrühren. Polentabrei auf einem gefetteten Backblech etwa 1 Zentimeter dick ausstreichen und abkühlen lassen.
2. Plätzchen, z.B. Halbmonde, ausstechen, auf Backpapier setzen und mit Käse bestreuen. Im vorgeheizten Backofen bei 200 °C (Gas Stufe 3, Umluft 175 °C) in 15 Minuten goldbraun backen.
3. Fix für Zucchini-Pfanne Toscana in 150 Milliliter kaltes Wasser einrühren, unter Rühren aufkochen und 1 Minute kochen lassen. Mit Sahne verfeinern und auf Teller verteilen. Die Polentaplätzchen mit Kräutern darauf anrichten.

Zubereitungszeit ca. 25 min

Spätzle-Lauch-Pfanne

Pro Portion (bei 3 Port.): 1890 kJ/454 kcal, 18 g E, 14 g F, 62 g KH

Zutaten für 3–4 Portionen:

500 g Lauch

2 EL Öl

500 g Spätzle aus dem Kühlregal

1 Beutel KNORR Fix für Zucchini-Pfanne Toscana

50 g geriebener Parmesan

1. Lauch putzen, waschen, in dünne Streifen schneiden und in einer Pfanne in heißem Öl etwa 5 Minuten dünsten. Die Spätzle dazugeben.
2. 150 Milliliter Wasser dazugießen, Fix für Zucchini-Pfanne Toscana einrühren und alles kurz aufkochen lassen. Mit Parmesan bestreut servieren.

tipp

Halbierte Kirschtomaten in der Spätzle-Pfanne mit erwärmen.

10 Rezept-Ideen

Fix für Zwiebel-Rahmschnitzel

Starker Auftritt mit Biss

Zubereitungszeit ca. 20 min

Französische Zwiebelsuppe

Pro Portion (bei 2 Port.): 880 kJ/211 kcal, 8 g E, 8 g F, 24 g KH

1. 1/2 Liter (500 Milliliter) kaltes Wasser in einen Topf gießen. Fix für Zwiebel-Rahmschnitzel einrühren, unter Rühren aufkochen und zugedeckt bei schwacher Hitze 10 Minuten kochen.
2. Die Suppe mit 1/2 Teelöffel Thymian würzen. Weißwein und Sahne unterrühren.
3. Das Brötchen in dünne Scheiben schneiden und mit geriebenem Käse bestreuen. Unter dem vorgeheizten Grill oder im Backofen kurz überbacken. Die Scheiben mit restlichem, zerriebenem Thymian bestreuen.
4. Die Suppe in Suppentassen füllen und mit den gratinierten Käsebroten anrichten.

Zutaten für 2–3 Portionen:

1 Beutel KNORR Fix für Zwiebel-Rahmschnitzel
1 TL getrockneter Thymian
1–2 EL Weißwein
2 EL Schlagsahne
1 Brötchen
20 g geriebener Käse

tipp

Anstelle von Weißwein trockenen Sherry in die Suppe geben.

Zubereitungszeit ca. 55 min

Kartoffel-Zwiebel-Gratin

Pro Portion (bei 2 Port.): 1770 kJ/423 kcal, 16 g E, 17 g F, 49 g KH

1. Kartoffeln schälen, mit einem Gemüsehobel in dünne Scheiben hobeln oder in dünne Scheiben schneiden.
2. 300 Milliliter kaltes Wasser in einen Topf geben. Fix für Zwiebel-Rahmschnitzel einrühren und unter Rühren aufkochen. Kartoffelscheiben dazugeben und aufkochen. Sahne unterrühren.
3. Alles in eine gefettete Auflaufform geben und mit Käse bestreuen. Im vorgeheizten Backofen bei 200 °C (Gas Stufe 3, Umluft 175 °C) in etwa 30 Minuten goldbraun backen.

Zutaten für 2–3 Portionen:

500 g Kartoffeln
1 Beutel KNORR Fix für Zwiebel-Rahmschnitzel
50 ml Schlagsahne
50 g geriebener Käse

tipp

Mit Salat ein vegetarisches Hauptgericht. Auch gut als Beilage zu Schnitzel oder Lammfleisch.

Zubereitungszeit ca. 45 min

Kasseler mit Sauerkraut-Zwiebel-Haube

Pro Portion (bei 3 Port.): 2225 kJ/531 kcal, 42 g E, 36 g F, 10 g KH

Zutaten für 2–3 Portionen:

- 3 Scheiben Kasselerfleisch à 150 g
- 285 g Sauerkraut aus der Dose
- 1 Beutel KNORR Fix für Zwiebel-Rahmschnitzel
- 200 ml Schlagsahne
- 1/2 Bund gehackte Petersilie
- 50 g geriebener Käse

1. Kasseler nebeneinander in eine gefettete Auflaufform legen. Sauerkraut abtropfen lassen und ausdrücken.
2. Fix für Zwiebel-Rahmschnitzel in die Sahne einrühren. Sauerkraut und Petersilie untermischen. Auf jede Fleischscheibe 1 Portion der Kraut-Zwiebel-Mischung geben. Mit Käse bestreuen.
3. Das Fleisch im vorgeheizten Backofen bei 200 °C (Gas Stufe 3, Umluft 175 °C) etwa 30 Minuten backen.

tipp

Zum Kasseler eine Schale Apfelmus und Wildpreiselbeeren servieren.

Zubereitungszeit ca. 60 min

Putenröllchen mit Lauchfüllung

Pro Portion (bei 3 Port.): 3650 kJ/873 kcal, 84 g E, 51 g F, 18 g KH

Zutaten für 2–3 Portionen:

1 dicke Stange Lauch (ca. 250 g)
Salz
150 g Champignons
1 Scheibe roher Schinken (ca. 60 g)
2 EL Öl
2 EL gehackte Petersilie
Pfeffer
3 Putenschnitzel à 150 g
1 Beutel KNORR Fix für Zwiebel-Rahmschnitzel
200 ml Schlagsahne
100 g geriebener Käse

1. Lauch putzen, waschen, der Länge nach halbieren und in kochendem Salzwasser 2 bis 3 Minuten garen. Herausnehmen und abtropfen lassen.
2. Champignons putzen und würfeln. Schinken ebenfalls würfeln und mit den Pilzen in heißem Öl anbraten. Petersilie dazugeben, mit Salz und Pfeffer würzen.
3. Putenschnitzel flach klopfen und der Länge nach halbieren. Lauchblätter ablösen und die Fleischstreifen damit bedecken. Pilz-Schinken-Mischung darauf verteilen. Fleisch aufrollen und in eine gefettete Auflaufform geben.
4. Fix für Zwiebel-Rahmschnitzel in Sahne einrühren, darüber gießen und mit Käse bestreuen. Im vorgeheizten Backofen bei 200 °C (Gas Stufe 3, Umluft 175 °C) 30 Minuten backen.

tipp

Dazu einen Vino nobile oder einen Chianti aus der Toskana probieren.

Zubereitungszeit ca. 35 min

Kasseler in Zwiebelsauce

Pro Portion (bei 3 Port.): 1505 kJ/359 kcal, 39 g E, 11 g F, 23 g KH

Zutaten für 2–3 Portionen:

500 g Kasselerfleisch
2 EL Öl
200 ml Malzbier
1 Beutel KNORR Fix für Zwiebel-Rahmschnitzel
evtl. 1 EL Zitronensaft
evtl. 1–2 TL Honig

tipp

Sehr edel: Püree mit einem Eigelb mischen, mit einer Spritztüte Tupfen aufs Blech setzen und überbacken.

1. Kasseler in einem weiten Topf in heißem Öl anbraten. 1/4 Liter (250 Milliliter) kaltes Wasser und das Malzbier dazugießen. Fix für Zwiebel-Rahmschnitzel einrühren und unter Rühren aufkochen.
2. Zugedeckt bei schwacher Hitze 20 bis 30 Minuten garen, das Fleisch ab und zu wenden. Nach Belieben mit Zitronensaft und Honig verfeinern.

Dazu: Kartoffelpüree.

Zubereitungszeit ca. 25 min

Schupfnudeln mit Kraut

Pro Portion (bei 2 Port.): 2100 kJ/505 kcal, 22g E, 25 g F, 45 g KH

1. Schupfnudeln in einer Pfanne in heißem Öl in etwa 5 Minuten goldbraun braten. Schupfnudeln herausnehmen und warm stellen.
2. 400 Milliliter kaltes Wasser in die Pfanne gießen. Fix für Zwiebel-Rahmschnitzel einrühren und unter Rühren aufkochen. Sauerkraut abtropfen lassen, ausdrücken und dazugeben.
3. Zugedeckt bei schwacher Hitze 10 Minuten garen. Petersilie untermischen. Mit Salz, Pfeffer und eventuell Zucker abschmecken. Mit Käse bestreut servieren.

Statt der Schupfnudeln zur Abwechslung frische Spätzle verwenden.

Zutaten für 2–3 Portionen:

500 g Schupfnudeln aus dem Kühlregal

2 EL Öl

1 Beutel KNORR Fix für Zwiebel-Rahmschnitzel

285 g Sauerkraut aus der Dose

1/2 Bund gehackte Petersilie

Salz, Pfeffer

evtl. Zucker

50 g geriebener alter Gouda

Zubereitungszeit ca. 25 min

Zwiebelrostbraten

Pro Portion (bei 2 Port.): 2315 kJ/555 kcal, 53 g E, 31 g F, 14 g KH

1. Zwiebeln abziehen und in Ringe oder dünne Spalten schneiden. Rindersteaks in einer Pfanne in 2 Esslöffel heißem Öl anbraten, herausnehmen und warm stellen. Das restliche Öl in die Pfanne geben und die Zwiebeln darin glasig dünsten. Herausnehmen und warm stellen.
2. 300 Milliliter kaltes Wasser in die Pfanne gießen, Fix für Zwiebel-Rahmschnitzel einrühren und aufkochen.
3. Fleisch in die Sauce geben. Zugedeckt bei schwacher Hitze etwa 15 Minuten garen. Mit den gedünsteten Zwiebeln anrichten.

Dazu: Kartoffelpüree.

Zutaten für 2–3 Portionen:

3 Zwiebeln

450 g Rindersteaks (ca. 2–3 Stück)

3 EL Öl

1 Beutel KNORR Fix für Zwiebel-Rahmschnitzel

tipp

Zu dem Zwiebelrostbraten ein Glas Pilsner Urquell oder ein Weißbier servieren.

Zubereitungszeit ca. 45 min

Hähnchenleber mit Salbei

Pro Portion (bei 3 Port.): 2565 kJ/612 kcal, 48 g E, 35 g F, 26 g KH

Zutaten für 2–3 Portionen:

2 Fleischtomaten
600 g Hähnchenleber
2 EL Öl
150 g Lauch
1 Knoblauchzehe
8 Salbeiblätter
50 g luftgetrockneter Schinken
200 ml Schlagsahne
1 Beutel KNORR Fix für Zwiebel-Rahmschnitzel

1. Tomaten mit kochendem Wasser überbrühen und abziehen. Fruchtfleisch in Würfel schneiden.
2. Hähnchenleber von Fett und Sehnen befreien und in Stücke schneiden. Leicht mit Mehl bestäuben und in heißem Öl rundherum anbraten.
3. Lauch putzen, waschen und in Streifen schneiden. Knoblauchzehe abziehen, zerdrücken. Salbeiblätter klein schneiden. Alles zum Fleisch geben und kurz mitbraten.
4. Schinken in Streifen schneiden und mit den Tomatenwürfeln dazugeben. Sahne dazugießen, Fix für Zwiebel-Rahmschnitzel einrühren, unter Rühren aufkochen und zugedeckt bei schwacher Hitze 10 Minuten kochen.

Zubereitungszeit ca. 35 min

Zwiebel-Wurst-Gulasch

Pro Portion (bei 2 Port.): 2640 kJ/632 kcal, 23 g E, 53 g F, 18 g KH

Zutaten für 2–3 Portionen:

300 g Nürnberger Bratwürstchen (ca. 14 Stück)
2 EL Öl
1 Beutel KNORR Fix für Zwiebel-Rahmschnitzel
200 g Möhren
Salz, Pfeffer
1–2 TL mittelscharfer Senf
evtl. 2–3 EL Schlagsahne

1. Bratwürstchen in einer Pfanne in heißem Öl braten und herausnehmen.
2. 400 Milliliter kaltes Wasser in die Pfanne gießen, Fix für Zwiebel-Rahmschnitzel einrühren und unter Rühren aufkochen. Möhren schälen, in dünne Scheiben schneiden und zufügen. Zugedeckt bei schwacher Hitze 10 Minuten kochen. Sauce mit Salz, Pfeffer und Senf abschmecken. Nach Belieben mit Sahne verfeinern.
3. Würstchen schräg in Stücke schneiden und in der Sauce heiß werden lassen.

Zubereitungszeit ca. 45 min

Fleisch-Zwiebel-Topf

Pro Portion: 1970 kJ/472 kcal, 35 g E, 34 g F, 8 g KH

Zutaten für 3 Portionen:

500 g Schweinenacken

2 EL Öl

1 Beutel KNORR Fix für Zwiebel-Rahmschnitzel

Salz, Pfeffer

1. Schweinenacken in etwa 2 Zentimeter große Würfel schneiden und in einem weiten Topf in heißem Öl anbraten. 1/2 Liter (500 Milliliter) kaltes Wasser dazugießen, Fix für Zwiebel-Rahmschnitzel einrühren und unter Rühren aufkochen.
2. Fleisch-Zwiebel-Topf zugedeckt bei schwacher Hitze 30 Minuten garen. Mit Salz und Pfeffer abschmecken.

Dazu passen Broccoli und Spätzle.

tipp

Abgezupfte Blätter von 1 kleinen Bund frischem Thymian mitgaren.

Rezeptübersicht

Fleisch & Wurst

Rezeptübersicht

Geflügel & Wild

Rezeptübersicht

Fisch & Krustentiere

Gemüse & Pilze

Rezeptübersicht

Pasta & Pizza

Rezeptübersicht

Aufläufe & Gratins

Suppen & Eintöpfe

Rezeptübersicht

Saucen & Dips

Vegetarisches

Über dieses Buch

Hinweis

Das vorliegende Buch ist sorgfältig erarbeitet worden. Dennoch erfolgen alle Angaben ohne Gewähr. Für eventuelle Nachteile oder Schäden, die aus den im Buch gemachten praktischen Hinweisen resultieren, kann der Verlag keine Haftung übernehmen.

Impressum

9. Auflage 2006

Redaktion
Bookie & Partner, Hamburg/Irsee

Rezepte
Unilever Bestfoods *Deutschland GmbH*, Hamburg

Schlussredaktion
Karin Schanzenbach

Projektleitung
Susanne Kirstein

Umschlaggestaltung
Reinhard Soll

Layout
Büro N2, Andreas Lange (www.bn2.de)

DTP/Satz
Grizeto Produktionsverlag, Irsee

Lithografie
Onnen & Klein, Hamburg
Grizeto Produktionsverlag, Irsee

Druck und Bindung
Mohn Media · Mohndruck GmbH, Gütersloh

Printed in Germany
Gedruckt auf chlor- und säurearmem Papier

ISBN 3-517-06702-4

Bildnachweis

Alle Rezeptfotos stammen von der Unilever Bestfoods *Deutschland GmbH* (Fotograf: Sven Raben; Foodstyling: Thomas Lauterbach, Rocco Dressel).
Ebenfalls von Unilever Bestfoods *Deutschland GmbH*:
8, 9 Mitte, 26, 74, 114, 130, 138, 146, 162, 194, 210, 218, 250, 258, 274, 290, 314.
Außerdem Südwest Verlag:
U1 (2. v.u.), U4 (li.), 18 (Peter von Felbert u. Eickenberg), 34, 202, 242, 306;
gettyimages, München:
170, 282, 298; U4 o.re. (Champion Ship);
Jean-Blaise Hall/PhotoAlto: 66, 98, 234, 266, 322;
Francis Hammond/PhotoAlto: 10, 50, 90;
John Dowland/PhotoAlto: 9 o.r., 58, 106, 186, 226;
Stock Photo: 42, 82, 122, 154, 178.

www.fixibilitaet.de